KB123319

북한청년과 통일

북한청년과 통일

초판 1쇄 발행 2018년 11월 20일

지은이 | 김종수
펴낸이 | 윤관백
펴낸곳 | 도서출판 선인

등 록 | 제5-77호(1998.11.4)
주 소 | 서울시 마포구 마포대로 4다길 4 곶마루 B/D 1층
전 화 | 02)718-6252 / 6257 팩스 | 02)718-6253
E-mail | sunin72@chol.com
Homepage | www.suninbook.com

정가 24,000원
ISBN 979-11-6068-227-4 93300

· 잘못된 책은 바꿔 드립니다.

북한청년과 통일

김 종 수

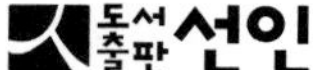

머리말

2018년 한반도가 격변의 시간을 겪고 있다. 한반도가 '평화, 새로운 미래'로 나가고 있다. 남북은 '판문점 선언', '9월 평양공동선언' 등을 통해 남북관계의 전면적이며 획기적인 개선과 발전, 전쟁 위험의 실질적 해소, 한반도의 항구적이며 공고한 평화체제 구축을 합의하고 실천해 가고 있다. 9월 평양 남북정상회담에서 문재인 대통령이 능라도 경기장에 모인 북한 주민에게 "백두에서 한라까지 아름다운 우리 강산을 영구히 핵무기와 핵 위협이 없는 평화의 터전으로 만들자"는 합의 내용을 공개적으로 밝힌 것이 가장 감동이었다. 남북은 이렇게 신뢰를 쌓으며 항구적 평화를 만들어 가고 있다. 미국과 북한도 역사적인 첫 정상회담을 개최하고 신뢰를 키워가고 있다. 조속한 2차 북미정상회담이 성사되어 북한의 완전한 비핵화의 큰 진전을 이루어내길 기대한다.

이 책은 필자가 지난 10년간 연구 발표한 논문들을 하나로 묶어낸 것이다. 이 책은 필자의 박사학위 논문을 단행본으로 출판한 2008년 이후부터 학술지 등에 발표한 논문들을 일부 보완, 수정한 것이다. 필자의 북한연구 '화두'인 북한 청년들에 대한 연구 논문들과 대북 · 통일 정책 관련 논문들을 엮은 것이다. 필자는 북한의 미래를 가름 할 수 있는 '북한 청년'에 주목했다. 김정은 시대, 북한 청년동맹은 모든 청년들을 '김일성-김정일주의화' 시키는 것을 핵심과제로 삼고 있다. 이러한 과제가 어떻게 실현되는지가 북한의 내일을 전망하는데 중요한 척도가 될 것이다. 필자는 더불어민주당 정책위원회 통일전문위원으로 활동하고 있기에 대북·통일정책의 현장에 서 있다고 생각한다. '민의의 전당'이라 하는 국회라는 현장에서 펼쳐지는 대북정책의 논의 과정에서 고민했던 통일방안, 독일의 통일정책, 남남갈등 해소 방안, 통일교육 관련 연구논문을 모은 것이다. '연구자'와 '현장 활동가', 두 개의 정체성을 지키기 위한 나름의 노력의 결실이다.

필자는 가끔 "우리의 잃어버린 본성을 찾아야 한다"는 것을 이야기한다. 분단으로 인해 지금 우리가 가지고 있는 '기질'은 온전하지 못한 것이라 생각한다. 분단으로 인해 우리는 '섬'처럼 살아가고 있는데, '잃어버린 본성'인 대륙성을 찾아야 한다. 분명 우리의 할아버지, 할머니들은 기차를 타고 저 먼 베를린까지 가면서 지평선을 보면서 대륙의 호연지기를 가지고 살아갔을 것이다. 분단으로 인해 닫힌 마음을 걷어내고 멀리멀리 보고, 생각하며 살아가야 한다. 이를 위해서는 통일을 만들어 가야 한다. 필자의 활동과 연구가 작은 힘이지만 통일에 보탬이 되길 기대한다.

이 책은 많은 분들의 도움으로 세상에 나올 수 있었다. 필자의 직장이면서 "더 나은 세상을 만들기 위해 노력하는" 민주당에 깊은 감사를 드린다. 이해찬 당 대표님과 '직속 상사'인 김태년 정책위원회 의장님께 특히 감사드린다. 정책위원회를 비롯해 당직자 선배, 후배, 동료들에게 고맙고 감사하다는 말을 전한다. 언제나 함께 하는 외교통일위원회 민주당 위원님들과 보좌진에게도 감사의 말씀을 드린다. 여전히 배움과 가르침의 기회를 주고 힘이 되는 동국대학교 북한학과 고유환, 박순성, 김용현 교수님과 김상범, 탁용달 등 선·후배에게 고마운 마음을 전한다. 북한연구에 헌신하고 있는 북한연구학회 많은 연구자 선생님들에게도 존경을 표한다.

기꺼이 책을 출간해주신 선인출판사 사장님과 직원들에게 감사드린다. 마지막으로 아내 김순이와 딸 김해민, 장모님, 형님 등 모든 가족에게 사랑과 감사의 말을 전한다. 격변의 한반도가 평화와 통일의 길로 나갈 수 있길 기대하며, 독자 여러분들의 건승을 기원한다.

2018년 10월

국회 의원회관 304호 김 종 수

차례

3장 6 · 25전쟁과 북한 '청년영웅'

4장 북한 김정은 시대 청년동맹 연구

2부 통일을 위한 노력

5장 '민족공동체통일방안'의 계승 · 발전 방안 연구

1부

북한체제와 청년

1장

북한 권력승계 담론 연구

북한체제의 특성에 대해 연구자들은 사회주의적 조합주의, 유격대국가, 수령제 사회, 유일체제 등 다양하게 설명한다.[1] 이 중에서 가장 통용되고 있는 개념 중 하나가 유일체제이다. 북한에서는 유일영도체계를 "수령의 사상을 지도적 지침으로 하여 혁명과 건설을 수행하며 수령의 사상과 명령, 지시에 따라 전당, 전국, 전민이 하나와 같이 움직이는 체계"라고 정의한다.[2] 북한은 권력승계에 대해 "공산주의를 실현하기 위한 노동계급의 위업은 당대에 끝날 수 없으며 장기성을 띠게 되고 공산주의 위업 실현과정에서 세대교체는 불가피하며 이미 개척한 혁명위업을 대를 이어 계승해 나가는 문제"로 설명한다.[3]

우리가 김정일 이후 북한 권력승계에서 주목해야 할 것은 '계승의 이론화'보다는 '이론의 계승' 내지 '이론의 실천' 문제이다. 즉 북한은 이미 1970년대 김일성-김정일 권력승계 과정에서 이를 합리화하기 위한 다양한 이론, 담론을 형성하고 유포했던 역사적 경험을 가지고 있다. 오늘날 김정일의 후계 '수령' 출현은 김일성-김정일 권력승계에서 만들어졌던 '계승 이론'에 부합하고 이를 얼마나 잘 실천할 수 있을 것인가가 관건이 될 가능성이 높은 것이다. 북한 자신 스스로가 만들고 선전해 온 '계승 이론'을 현실에 적용해야 할 상황이다.

---

1) 여기에 대한 설명은 경남대 북한대학원 엮음, 『북한연구방법론』, 서울: 한울, 2003, 25~31쪽 참고.

2) 사회과학원 철학연구소, 『철학사전』, 평양: 사회과학출판사, 1985, 388쪽.

3) 김재천, 『후계자문제의 이론과 실천』, 평양: 출판사미상, 1989, 30쪽.

1절
북한의 권력승계 경험

1. 김일성-김정일의 권력승계

김정일이 당 사업을 처음 시작한 것은 1964년 대학을 졸업하면서부터였다. 김정일은 당시 청년조직이었던 조선민주청년동맹 중앙위원회에서 활동할 의사를 표명했지만, 김일성이 직접 당 중앙위원회에서 활동할 것을 지시하였다. 이후 김정일은 지도원, 과장을 거쳐 1970년 9월부터는 부부장으로, 1973년 7월에는 부장으로 승진하였으며, 같은 해 9월부터는 비서직에까지 올랐다.

김정일이 권력후계자로서 부각하게 된 결정적 계기는 1967년 5월 당 중앙위 제4기 제15차 전원회의였다. 북한에서는 1965년 경부터 사상문화 분야 사업을 담당하던 김도만, 고혁, 허석선 등이 혁명전통을 기존의 유일 항일혁명전통에서 민족의 전 역사와 다양한 항일운동으로 전환하려는 시도가 있었다. 그들은 당간부에게 『목민심서』를 읽게 하였으며, 검덕광산 현지지도에서는 목표량을 무시하고 "알 맞춤 하라"고 지시하기도 하였다. '일편단심'이란 연극을 통해 부인의 수절을 형상화하는 등 김일성의 유일지도성과 항일유격대의 전통을 훼손시키는 활동을 벌였다. 이에 유일사상 위배, 지방주의 조장 등의 명목으로 조국광복회 출신들인 '갑산파' 박금철, 허석선, 리송운, 김왈룡, 허학송과 리효순 등이 숙청되었다. 이 회의에 대해 북한은 "당 안에 숨어있던 부르조아 및 수정주의 분자들의 반당 반혁명적 정체가 드러났으며, 이 음모를 짓부수기 위한 단호한 조치를 취하였으며 그 여독을 철저히 청산하고 당원들을 김일성동지의 혁명사상으로 확고히 무장시켜 당의 유일사상체계를 세우기 위한 투쟁을 강조"한 회의로 평가하고 있다.[4] 북한에서는 1967년 제4기 제15차 전원회의가 끝나고 김일성이 당 중앙위원회 일군들과 한 담화에서 '당의 유일사상체계'라는 말을 처음 사용하였으며, '유일'이라는 말이 중요하다고 강조하였다. 이 전원회의가 끝난 후 김일성의 항일무장투쟁의 상징적 전투인 보천보전투의 승리 30주년을 맞아 혜산시에 '보천보전투승리기념탑' 제막식을 5만여 명이 모인 가운데 개최하였다. 이 행사는 사실상 김일성의 수령 등극을 축하하는 행사였다.[5]

1974년 2월에 개최된 당 중앙위원회 제5기 제8차 전원회의에서 김정일은 김일성의 후계자로 공식화되었다. 당 중앙위원이었던 김일, 오진우, 림춘추와 같은 혁명 1세대들이 중심이 되어 김정일을 후계자로 추천하였으며, 참가자들은 "지난 10년 동안 당 중앙위원회에서 당 사업을 영도하면서 주체의 혁명위업을 완성하기 위해 노고를 다 바쳐 위대한 업적을 쌓은 김정일을 당의 수뇌부로 높이 추대하는 것을 열광적으로 찬동"하였다고 한다.[6]

---

4) 김종수, "북한 '청년동맹'의 정치적 역할에 관한 연구," 동국대 박사학위 논문, 2006, 169~170쪽.

5) 정영철, 『김정일 리더십 연구』, 서울: 선인, 2005, 158쪽.

후계자로 지명된 시점에 김정일은 무엇보다도 이데올로기 해석의 독점권을 확보하기 위해 노력하였다. 김정일이 공식적으로 북한의 권력 후계자로 지명되는 당 중앙위원회 제5기 제8차 전원회의가 개최되고 있던 같은 시기에 당 중앙위원회 선전선동부 주관의 당 선전일군 강습회가 15일 간의 긴 일정으로 진행되고 있었다. 김정일은 이 강습회 마지막날이자 후계자로 지명된 일주일 뒤인 1974년 2월 19일 "온 사회를 김일성주의화하기 위한 당사상사업의 당면한 몇 가지 과업에 대하여"[7]를 발표하였다. 이른바 '2월 선언'으로 불리는 이 연설에서 김정일은 김일성의 혁명사상, 즉 주체사상을 김일성주의로 정식화하고 '온 사회의 주체사상화'를 당의 최고강령으로 선포하였다. 이 선언은 김정일이 후계자로 지명된 이후 첫 공식활동이란 점과 주체사상의 해석권을 행사하여 승계의 정통성을 확보했다는 점에서 의미가 큰 것이다.[8] 결론적으로 북한은 이 시기부터 김정일이 "공산주의 강령으로서 온 사회의 김일성주의화를 선포하고 사회주의 건설 전반을 역사적 진군을 향도했다"고 설명하고 있다.[9]

---

6) 조선로동당출판사, 『위대한 수령 김일성동지의 불멸의 혁명업적 20권』, 평양: 조선로동당출판사, 2000, 201쪽; 이 시기 북한 주민들이 처음으로 김정일에게 충성을 맹세하는 '송가'를 바쳤다고 선전하고 있다. 첫 송가인 '대를 이어 충성을 다하렵니다'의 5절은 "위대한 수령님의 뜻을 이으신 친애하는 지도자께 맹세합니다 비바람 눈보라가 휘몰아쳐도 대를 이어 충성을 맹세합니다"로 끝난다. 재일본조선인총련합회 중앙상임위원회, 『위인실록 김정일장군 (2)』, 동경: 조선신보사, 1999, 411~412쪽.

7) 북한에서는 이 글을 '주체혁명위업' 발전의 새로운 단계를 알리는 것이었다고 평가한다. "주석께서 개척하신 혁명위업을 대를 이어 끝까지 계승완성하려는 조선로동당과 군대와 인민의 불변의 신념과 의지의 발현이였으며, 주체혁명위업발전의 새로운 단계를 알리는 시대의 포성" "조선로동당의 최고강령" 『조선중앙통신』, 2009년 2월 20일.

8) 김광인, "북한 권력승계에 관한 연구," 건국대 박사학위 논문, 1998, 142쪽.

9) 김인숙, 『김정일, 사회주의위업의 향도자』, 평양: 평양출판사, 1993, 61쪽.

1970년대 중반부터 김정일은 대중운동의 지도를 통해 권력 후계자로서의 대중적 위상을 확고히 다져 나갔다. 먼저 청년운동의 전통인 '돌격대'와 김정일이 창조한 대중운동 방식인 '속도전'의 결합인 '속도전청년돌격대'운동을 본격화하였다.[10] 북한의 '속도전'은 김정일이 1970년 '한 자위단원의 운명'을 영화로 옮기는 과정에서 제창한 방침으로 "혁명과 건설의 전진운동을 저해하는 소극과 보수, 침체와 답보를 배격하고 혁명과업을 가장 빠른 기간 내에 완수하게 하는 사회주의 건설의 기본 전투형식이며 혁명적인 사업전개 원칙"이다. 김정일은 '속도전'을 실제 처음으로 '70일 전투'라는 경제활동에 적용하고 대중을 지도하였다.[11]

1975년 11월 북한은 3대혁명운동을 "사상도 기술도 문화도 주체의 요구대로"라는 구호를 내 걸고 본격화하였다. 김정일은 3대혁명소조운동을 북한경제 모든 부문에 확대하고 소조운동에 대한 '3대혁명소조지휘부'를 설치하고 지도하였다. 각 지역으로 파견된 3대혁명소조원들은 당정책을 관철하기 위해 간부들이 가지고 있는 보수주의, 경험주의, 요령주의, 기관본위주의 등을 개조하는 등 3대혁명의 전위로서 역할을 수행하였다. 또한 사회주의 건설의 비약을 위해 모든 부문, 모든 단위에서 '3대혁명붉은기쟁취운동'이 강조되었다. 김정일은 검덕광업종합기업소와 청산협동농장에서 처음으로 '3대혁명붉은기쟁취운동'을 전개할 것을 지도한 것을 시작으로 하여, 한 달 사이에 공업, 농업, 교통운수, 과학 등 전 사회로 확산하였다. 김정일은 1976년 1월 1일 도당 책임비서, 당 중앙위원회 조직지도부, 선전선동부 부부장협의회를 주재하여 '3대혁명붉은기쟁취운동'을 적극적으로 벌릴 것을 지도하였다.[12]

---

10) 북한의 속도전청년돌격대는 "새로운 높은 단계에 올라선 혁명발전의 요구" 즉 '온 사회를 김일성주의화'하는 라는 시대적 요구에 부응하여 청년돌격대운동을 더욱 적극화하기 위해 1975년 5월 16일 창립되었다.

11) 김종수, 『북한 청년동맹 연구』, 서울: 한울, 2008, 322쪽.

이와 같이 1970년대 중반은 김정일이 권력 후계자로 공식화되고 실질적인 후계자로서 수업을 받는 중요한 시기였다. 이 시기는 사상분야에 대한 해석권 장악에 이어, 대중운동 지도를 통해 '대중 지도자'로서 면모를 갖추어 나간 시기였다고 평가할 수 있다.

조선노동당 제6차대회(1980년 10월 10일)에서 김정일은 당 중앙위원회 위원, 당 중앙위원회 정치국 상무위원, 당 중앙위원회 비서, 당 중앙위원회 군사위원으로 선출되어 북한의 사실상 제2인자이자 김일성의 후계자로 공식 등장했다. 이후 김일성은 1986년 5월 31일 김일성 고급당학교 창립 40주년에 즈음하여 집필한 강의록에서 후계자 문제를 "정치적 수령의 지위와 역할을 계승하는 문제"로 규정하고 "우리 당에서는 혁명위업의 계승문제가 만족스럽게 해결되었다"고 하여 후계 문제의 마무리 선언과 함께 후계자의 영도를 더욱 철저히 보장하는 체계의 구축이 중요하다고 지적하였다.[13)]

1990년대 들어서 김정일은 군대에 대한 지도력을 확보하여 명실상부한 북한의 최고권력자가 되었다. 북한은 1990년대 초반 대외환경의 변화에 따른 방위력 강화를 중요한 과제로 인식하였다. 즉, 사회주의권의 몰락을 목격하면서 "미제는 사회주의기치를 높이 들고나가는 이북을 군사적으로 압살하려는 야망 밑에 세계의 다른 지역들에 있는 침략무력을 조선과 극동지역에 배치하고 있다"고 인식하고 이에 대한 대응이 필요하다고 판단한 것이다. 이러한 위기인식으로 인해 북한권력의 핵심인 김정일로 하여금 군대에 대한 실질적인 지도력을 부여한 것으로 보인다. 따라서 김정일은 1991년 12월 24일 당 중앙위원회 제6기 제19차 전원회의에서 조선인민군 총사령관으로 되었으며, 1992년 4월

---

12) 조선로동당출판사, 『김정일동지략전』, 평양: 조선로동당출판사, 1999, 200쪽.
13) 이교덕, 『북한의 후계자론』, 서울: 통일연구원, 2003, 32~33쪽.

20일에는 조선민주주의인민공화국 원수 칭호를 받았다. 1993년 4월 9일 최고인민회의 제9기 제5차 회의에서 국방위원회 위원장으로 추대되어, 모든 국방사업, 인민군대에 대한 통솔권을 확보하게 되었다.[14)]

1994년 7월 김일성이 사망하였고 그 후 김정일은 명실상부한 북한의 '유일'지도자가 되었다. 김정일은 1964년 당 사업을 시작하여, 1974년 후계자로 지명되고, 김일성 사망으로 유일지도자로 확립되기까지 적어도 30년 이상 권력승계를 대비하여 지도자 수업을 받았음을 알 수 있다. 즉 김일성의 지도력이 항일투쟁의 '신화'와 건국과 산업화 과정에서 형성된 인격적 리더십을 기반으로 확립되었다고 한다면 김정일의 지도력은 김일성이 확립한 제도적 지위의 계승을 통해 확보한 제도적 리더십을 기반으로 한다.[15)] 김정일의 다음 권력 후계자 또한 김정일이 확립한 제도적 지위를 승계해야 한다고 전제했을 때, 이에 부응하는 후계자의 리더십 확보를 위해 북한주민에 대한 의식화 작업이 진행될 것이다. 이 과정에서 김정일의 권력승계 담론이 활용될 것을 예상할 수 있는 것이다.

---

14) 김봉호,『선군으로 위력떨치는 강국』, 평양: 평양출판사, 2005, 44쪽; 1998년 북한의 개정 헌법의 가장 큰 특징 중 하나가 국방위원회 강화이다. 국방위원회 위원장직은 "일체의 무력을 지휘통솔하며 국방사업 전반을 지도"하는 한정적인 역할이다. 그러나 김영남 최고인민회의 상임위원장은 김정일을 국방위원장직에 추대하면서 그 직책이 "나라의 정치, 군사, 경제역량의 총체를 통솔·지휘하며 사회주의 조국의 국가체제와 인민의 운명을 수호하며 나라의 방위력과 전반적 국력을 강화 발전시키는 사업을 조직 영도하는 국가의 최고직책"이라고 설명하였다. 국방위원회 위원장직에 대한 이 같은 해석은 북한 헌법상의 규정을 뛰어넘는 것으로서, 김정일이 국가기구를 영도하는 조선로동당의 총비서직을 맡고 있기에 가능한 설명이라 분석한다. 정성장, "포스트 김정일 시대 북한 권력체계의 변화 전망,"『한반도, 전환기의 사색』, 2008년 북한연구학회·통일연구원·고려대 북한학연구소 공동학술회의, 2008년 12월 4일, 265쪽.

15) 김일성과 김정일 리더십 비교의 자세한 내용은 정영철, 앞의 책, 2005, 450~455쪽 참고.

2. 권력승계 이론: 후계자론

북한의 후계자론은 김정일로의 권력승계를 정당화하기 위해 만들어진 이론이다. 북한의 수령과 수령의 후계자 논의는 궁극적으로 주체사상의 사회역사적 원리에서 지도와 대중의 관계에 대한 이론의 연장선이라 볼 수 있다. 북한 주체사상의 사회역사적 원리는 지도와 대중의 결합은 인민대중이 역사의 주체로서의 지위를 차지하고 역할을 다하기 위한 근본요구임을 밝히고 있다. 또한 사회역사적 원리는 혁명운동, 공산주의 운동에서 지도문제의 본질이 인민대중에 대한 당과 수령의 영도문제라는 것을 천명하고 수령의 지위와 역할을 과학적으로 해명한 이론이라 선전한다.[16] 특히 북한의 후계자론은 수령의 대를 잇는 문제를 이론화한 것으로, 혁명적 수령관에서 파생된 이론이다. 즉 후계자론은 혁명적 수령관이 낳은 파생물로, 독자적 이론영역이라기보다 혁명적 수령관의 종속개념으로 파악된다.[17]

북한 유일지도체계의 이론적 기초로서 '혁명적 수령관'은 "혁명투쟁에서 수령이 차지하는 지위와 역할"을 규정하고 있다. 수령은 "인민대중의 최고 뇌수이며 통일단결의 중심이며 자주성을 위한 혁명투쟁의 최고 영도자"이다. 즉 '혁명적 수령관'의 핵심은 수령 · 당 · 대중이라는 프롤레타리아 독재체제에서 인민대중에 대한 수령의 지도를 규정하는 것이다.[18] 수령은 단결과 영도의 중심으로서 인민대중의 운명을 개척하는데서 결정적 역할을 하게 된다. 따라서 북한에서는 인민대중에게

16) 사회과학출판사, 『주체사상 총서 2: 주체사상의 사회역사원리』, 평양: 사회과학출판사, 1982; 서울: 백산서당, 1989 재발간, 188쪽.

17) 이종석, 『조선로동당 연구』, 서울: 역사비평사, 1995, 121쪽.

18) 위의 책, 101~102쪽.

'혁명적 수령관'을 확립하고 수령에 대한 충실성을 제일생명으로 간직하는 '주체형의 공산주의 혁명가'가 되어야 한다고 강요한다. '주체형의 공산주의 혁명가'들은 오직 "당과 수령의 영도 밑에 혁명적 의리와 동지애로 굳게 뭉쳐 인민대중의 자주성을 실현하기 위한 공동 위업에 몸 바쳐 투쟁하는데서 참다운 삶의 보람과 행복을 체험"하게 되며, 이것은 곧 혁명적 수령관이 북한 주민의 인생관의 핵이라는 주장으로 이어지게 되는 것이다.[19)]

수령의 후계자 문제는 혁명위업 계승문제와 직결된 것이다. 수령의 영도적 지위와 역할은 그 후계자에 의해 변함없이 계승해야 할 문제이다.

> 당의 위업을 계승해 나가는데서 기본은 정치적 수령의 후계자 문제를 바로 해결하는 것입니다. 로동계급의 당 건설에서 후계자문제는 정치적 수령의 지위와 역할을 계승하는 문제입니다. 수령의 령도적 지위와 역할은 그 후계자에 의하여 변함없이 계승되여야 합니다. 대를 이어 계속되는 로동계급의 당의 위업을 누가 어떻게 계승하는가 하는 것은 당의 운명, 혁명의 운명과 관련되는 중대한 문제입니다. …… 당의 위업을 옳게 계승해 나가기 위하여서는 후계자를 바로 내세우는 것과 함께 그의 령도를 실현할 수 있는 조직사상적기초를 튼튼히 쌓고 령도체계를 철저히 세워야 합니다.[20)]

인용문을 통해 알 수 있듯이 북한의 수령 후계자는 수령이 이룩해 온 당 창건과 사업을 계승하고 발전시켜야 하는 임무를 수행해야 한

---

19) 김정일, "주체사상 교양에서 제기되는 몇 가지 문제에 대하여"(조선로동당 중앙위원회 책임일군들과 한 담화, 1986년 7월 15일), 『주체혁명위업의 완성을 위하여 5권』, 평양: 조선로동당출판사, 1988, 465~466쪽.

20) 김일성, "조선로동당 건설의 력사적경험," 김일성고급당학교창립 40돐에 즈음하여 집필한 강의록, 1986년 5월 31일, 『김일성 저작집 40권』, 평양: 조선로동당출판사, 1994, 100쪽.

다. 수령의 혁명위업 계승에서 후계자의 역할은 인민대중을 수령에게 끝없이 충실한 참다운 혁명가로 키우며, 수령의 혁명위업을 계승하기 위한 투쟁으로 조직하고 동원함으로써 혁명위업의 종국적 승리를 마련하는 데 있다. 수령의 후계자의 영도에 의하여 수령에게 끝없이 충직한 주체적인 혁명역량이 마련되게 되며 수령이 개척한 혁명위업을 종국으로 완성해나가기 위한 인민대중의 투쟁이 승리적으로 조직된다고 지적한다.[21)]

북한에서는 수령의 후계자가 되기 위한 네 가지 조건을 제시하고 있다. 이 중 가장 우선시 되는 덕목은 수령에 대한 충실성이다. 후계자가 지녀야 할 수령에 대한 충실성은 가장 철저하고 열렬하며 가장 진실하고 깨끗한 충실성, 한마디로 그 누구도 따를 수 없는 최고의 충실성을 갖추어야 한다고 강조한다. 두 번째 수령의 혁명사상을 완벽하게 체현하고 있어야 한다. 수령의 혁명위업을 계승해 나가는 과정이라는 본질에 맞게 수령이 창시한 혁명사상을 고수하고 그것을 혁명실천에 구현해 나갈 수 있어야 한다는 것이다. 세 번째 수령이 창시한 영도예술, 혁명적인 영도방법을 체현해야 한다는 것이다. 수령의 혁명위업을 계승하기 위해서는 혁명과 건설의 주인인 인민대중을 하나의 혁명역량으로 묶어야 하는데, 수령이 창조한 영도예술, 영도방법을 체득하지 않고서는 불가능하다고 강조한다. 네 번째 공산주의 덕성을 체현해야 한다. 공산주의 덕성은 수령과 인민대중을 밀접히 연결시키고 수령을 중심으로 단결을 실현하는 데 있어 중요한 역할을 한다는 것이다.[22)]

21) 사회과학출판사, 앞의 책, 1989, 198쪽.
22) 김유민, 『후계자론』, 동경: 구월서방, 1986, 73~77쪽.

2절
권력승계 담론

담론이란 단순히 하나의 주제나 문제를 둘러싸고 이루어진 언술들의 집합이 아니라, 담론 자체에 고유한 내적 규칙들을 갖는 언술들이 고도의 규칙성에 입각해서 모여 있는 것을 의미한다.[23] 특히 북한의 담론은 공간문헌(公刊文獻) 등에서 나타나는 서술양식의 소급변조(retrospective falsification), 기존의 논리적 맥락과 다르게 새로운 사건이 발생하면 이것에 기존의 구성과 논리적 일치성을 부여하기 위해 전체적 개정과정이 필연적으로 진행되는 특징을 보인다.[24] 1970년대 김일성-김정일의 권력승계 과정에서 강조되었던 담론들의 내용과 오늘날 이 담론들이 어떻게 유지 · 변화되는지 살펴보고자 한다.

---

23) 이승환, "2000년 이후 대북정책담론 연구," 경남대 북한대학원 석사학위 논문, 2008, 12쪽.

24) 서유석, "북한 통치담론의 재생과정에 관한 연구,"『북한학 연구』제4권 제1호, 동국대 북한학연구소, 2008, 99쪽.

1. '계속혁명' 담론

북한에서는 '계속혁명' 이론이 맑스레닌주의 창시자들로부터 만들어졌다고 설명한다. 부르조아민주주의 혁명을 철저히 수행하여 사회주의 혁명의 유리한 조건을 마련하며 나아가 계속 사회주의 혁명을 수행해야 한다는 것이다.[25] 레닌은 자본주의가 제국주의 단계로 들어섬에 따라 부르조아 계급이 '반동'계급으로 변질됨에 따라 노동계급이 혁명의 주도권을 가지게 되었으며 부르조아민주주의 혁명으로부터 사회주의 혁명으로의 '계속혁명'을 실질적으로 구현한 인물로 평가받는다.[26] 중국 또한 문화대혁명 기간 마오쩌둥이 "인민전정(專政)하에서의 부단혁명"이라는 이른바 '부단혁명론'을 주장하였다. 중국의 부단혁명론은 마오쩌둥이 『중국혁명과 중국공산당』이란 저서에서 "민주주의 혁명은 사회주의 혁명의 필요한 준비이며, 사회주의 혁명은 민주주의 혁명의 필연적인 추세"라고 한 것이 핵심이다.[27] 1969년 4월에 개최된 제9차 중국공산당 전국인민대표대회에서 린바오(林彪)는 그것을 마오쩌둥에 의해서 공표된 '위대한 이론'이라고 찬사를 보냈으며, 1973년 8월에 개최된 제10차 대회에서는 주언라이(周恩來)는 부단혁명론을 더욱 강조하였다.[28] 북한은 이러한 사례를 들어 '계속혁명'론의 보편성을 강조한다.

다른 한편으로는 계속혁명 이론은 김일성이 혁명투쟁 과정에서 쌓은 경험을 토대로 만든 '독창적'인 이론으로, 주체혁명위업의 계승자인 김정일에 의해 심화·발전되었다고 설명하고 있다.[29] 북한은 자신들

---

25) 함치영, 『계속혁명에 관한 주체적리해』, 평양: 사회과학출판사, 1992, 5쪽.
26) 위의 책, 13쪽.
27) 한수산 책임편집, 『정치사전』, 흑룡강성: 흑룡강조선민족출판사, 1991, 430쪽.
28) 김달중·스칼라피노, 『아시아공산주의의 지속과 변화』, 서울: 법문사, 1989, 93쪽.

의 '계속혁명'이론이 "제국주의 예속에서 해방된 식민지, 반식민지 나라 인민들이 민족적 독립을 공고히 하고 계급해방의 위업을 완성하기 위해서는 반제반봉건민주주의혁명으로부터 사회주의혁명에로의 계속 이행의 독창적인 길"을 밝혀 주고 있다고 주장한다.[30] 북한의 프롤레타리아 독재 이론 또한 사회주의 하에서의 계급투쟁과 결합으로써 계속혁명 담론의 근거로 작용한다. 프롤레타리아 독재는 "노동계급의 손에 쥐어진 계급투쟁의 무기이며 사회주의, 공산주의 건설의 무기"로서, "과도기는 말할 것도 없고 과도기가 끝난 다음 공산주의의 높은 단계까지 반드시 계속 되어야 한다"라고 주장한다.[31]

북한의 '계속혁명'의 본질적 내용은 여러 단계의 혁명과업을 연이어 수행해 나간다는 것과 궁극적으로 공산주의사회를 건설할 때까지 혁명을 끊임없이 계속해 나간다는 것이다. 혁명의 한 단계 과업을 수행한 즉시 지체 없이 다음 단계 과업에 진입함으로써 단계와 단계 사이의 시간적인 연속성을 보장해야 하며, 원칙성과 일관성을 고수하고 계승하여 혁명을 끊임없이 진전시켜야 한다는 것이다. 이러한 계속혁명은 북한이 "인민대중의 자주성이 완전히 실현되는 인류의 이상사회"라고 생각하는 공산주의사회를 건설할 때까지 해야 한다는 것이다.[32]

계속혁명 담론이 북한에서 본격적으로 유포된 계기는 조선사회주의노동청년동맹 제6차 대회였다. 이 대회에서 김일성은 '청년들은 대를 이어 혁명을 계속하여야 한다'는 제목의 연설을 하였다.

---

29) 함치영, 앞의 책, 1992, 3쪽.
30) 함치영, 앞의 책, 1992, 28쪽.
31) 전미영, 『김일성의 말, 그 대중설득의 전략』, 서울: 책세상, 2001, 91쪽.
32) 함치영, 앞의 책, 1992, 31~35쪽.

> 청년들은 우리 혁명위업의 계승자들입니다. …… 혁명은 계속되며 세대는 끊임없이 바뀌여집니다. 혁명의 과녁은 변하지 않았는데 세대는 바뀌여 벌써 해방 후 자라난 세대들이 우리 국가와 사회의 주인으로 등장하고 있습니다. 자라나는 새세대들이 혁명을 계속하여야만 혁명의 대를 이어나갈 수 있으며 우리의 성스러운 혁명위업을 완수할 수 있습니다.[33)]

김일성은 이 연설을 통해 '계속혁명'을 성공적으로 이루기 위해서는 새 시대의 주역인 청년들이 혁명정신을 철저히 체득할 것을 강조하였다. 이는 자연스럽게 새로운 시대의 새로운 지도자가 필요하다는 것을 암시하고 있는 것이다. '대를 이어'라는 표현에서 후계자가 수령의 다음 대에서 선출되어야 한다는 것을 밝히고 있다.[34)]

북한은 계속혁명 담론을 대중운동으로 발전시키기 위해 3대혁명운동을 전개하였다. 북한은 사회주의 제도가 수립된 다음 사상, 기술, 문화의 3대혁명을 사회주의 사회에서 수행해야 할 혁명의 기본내용, 공산주의를 건설할 때까지 수행해야 할 '계속혁명'의 과업으로 규정하였다.[35)] 3대혁명은 사상, 기술, 문화 분야에서 낡은 사회의 유물을 청산하고 새로운 공산주의적 사상과 기술, 문화를 창조하기 위한 투쟁이며 사회주의 사회에서 계속 진행해야 할 사업인 것이다. 3대혁명은 사회주의 제도의 본성과 인민대중의 의사에 맞는 혁명방식으로, 반드시 이러한 방식으로 혁명을 하여야 인민대중의 통일과 단결을 강화하고 그들의 혁명적 열의와 창조적 능력을 높여 사회주의, 공산주의 건설을

---

33) 김일성, "청년들은 대를 이어 혁명을 계속하여야 한다."(1971년 6월 24일), 조선중앙통신사, 『조선중앙연감 1972』, 평양: 조선중앙통신사, 1972, 19~20쪽.

34) 김종수, 앞의 논문, 2006, 183쪽.

35) 김일성, "조선로동당 제6차대회에서 한 중앙위원회 사업총화 보고(1980년 10월 10일),"『김일성 저작집 35권』, 평양: 조선로동당출판사, 1987, 293쪽.

성과적으로 진행할 수 있다고 강조한다.[36)]

북한의 3대혁명소조운동은 한 동안 언론과 공식 문헌에서 사라졌다가 2000년대 초반에 되어서야 다시 보도되기 시작하였다. 1995년 말경부터 2001년까지 3대혁명소조운동의 공백이 있었던 것이다.[37)] 『로동신문』 기사에서 "각지 공장과 기업소, 농업부문에 파견된 3대혁명소조원들이 생산에서 걸리고 있는 문제들을 해결하기 위해 기술혁신을 힘있게 벌여 최근연간 1천 150여건의 혁신안을 생산에 반영했다"라는 내용이 알려짐으로써 3대혁명소조운동의 재개를 공식 확인할 수 있다.[38)]

북한에서는 1970년대를 회상하며 '계속혁명'을 강조하는 사설을 게재하여 관심을 끌고 있다. 북한에서는 1970년대를 '주체혁명의 자랑찬 70년대'[39)]로 규정한다. 김일성-김정일 권력승계 과정에서 살펴보았듯이, 1970년대는 김정일이 북한의 권력후계자로 자리매김 되던 시기였다. 김정일의 후계자가 나타나야 할 오늘날의 시점에서 1970년대는 북한의 역사에서 전형(典型)시기였음을 알 수 있다.

> 1970년 사업기풍, 투쟁기풍은 수령의 위업계승의 새시대를 개척하고 사회주의 건설의 일대 전성기를 펼쳐놓은 가장 혁명적이며 위력한 투쟁방식이다 …… 세월이 흐르고 세기가 바뀌어도 우리 혁명전사들의 심장마다에는 언제나 '대를 이어 충성을 다하렵니다'는 신념

---

36) 김일성, "온 사회를 주체사상화하기 위한 인민정권의 과업,"(조선로동당 중앙위원회, 조선민주주의인민공화국 최고인민회의 합동회의에서 한 시정연설, 1984년 4월 14일), 『김일성 저작집 37권』, 평양: 조선로동당출판사, 1992, 114~115쪽.

37) 정성장, "김정일 조선로동당 총비서의 후계 문제: 현황과 향후 전망," 『정책보고서』 통권 52호, 세종연구소, 2004년 8월, 30쪽.

38) 『로동신문』, 2003년 12월 12일.

39) "선군조선의 피줄기," 『로동신문』, 2006년 6월 3일.

의 노래를 높이 부르며 기적과 위훈의 서사시를 창조하던 그 때의 열성과 투지, 기백이 그대로 맥박쳐야 한다. …… 위대한 장군님을 따라 선군혁명의 천만리를 끝까지 가야 할 우리에게 1970년대의 투쟁정신과 기풍은 오늘도 귀중하고 내일도 귀중하다[40]

2009년 신년 공동사설에서도 "당 조직들이 김정일동지를 당과 혁명의 진두에 높이 모신 격정과 환희에 넘쳐 모든 분야에서 일대 앙양을 일으켜나가던 1970년대처럼 당 사업에서 새로운 전환을 가져와야 한다"라고 하면서, 이를 통해 김정일의 선군영도업적을 철저히 구현하면서 당의 유일적 영도체계를 더욱 심화시켜 나가야 한다고 강조하였다.[41] 『로동신문』 정론 '강선의 불길'에서는 강선의 '천리마제강연합기업소'의 현대화 사업에서 평균나이 25살의 혁명의 3세, 4세들이 성과를 낳았다고 하면서 "혁명의 3세, 4세들이 강선땅에서 혁명위업계승의 불길을 높이 추켜들었다"고 선전하였다. 또한 "전(前) 세대들의 투쟁정신의 빛나는 계승 속에 혁명이 승승장구하고 조국이 융성발전"한다[42]고 하면서 1970년대 정신을 이어 받아 '계속혁명'에 매진하여 혁명위업을 계승할 것을 독려하고 있다. 궁극적으로 북한의 1970년대 강조는 '계속혁명' 담론을 효과적으로 유포하는 매개로 활용되고 있음을 알 수 있다.

---

40) "1970년대의 사업기풍, 투쟁기풍으로 일해나가자," 『로동신문』, 2004년 2월 9일.

41) "총진군의 나팔소리 높이 울리며 올해를 새로운 혁명적대고조의 해로 빛내이자," 『로동신문』, 2009년 1월 1일.

42) "강선의 불길," 『로동신문』, 2008년 11월 6일; '강선'의 정신은 수령에 대한 충실성 정신, 자력갱생 정신으로 21세기 북한의 강성대국의 대문을 향해 가는 총진군 길에 가져야 정신으로 강조되고 있다. "강선의 붉은 노을 안고 살자," 『로동신문』, 2008년 1월 18일.

2. 세대 담론: 청년세대 담론을 중심으로

북한에서는 세대문제를 “인민대중의 자주성을 실현하기 위한 투쟁이 세대에 세대를 이어 완성되어 나가는 장기적인 투쟁”으로 여기며 중요한 문제로 인식한다. 북한은 세대를 단순히 사회연령적 집단이 아니라 수령의 영도 밑에 혁명과 건설을 위하여 투쟁하는 혁명대오, 사회적 집단으로 보고 있다. 이것이 단순한 혈연적 위계 또는 일정한 연령적 집단으로 보는 기존 사회학의 개념[43]과 차별되는 세대에 대한 자신들만의 근본적인 특징으로 내세운다. 특히 세대의 계승은 사회역사발전, 혁명발전 과정에서 자연발생적인 것이 아니라 목적의식적 투쟁으로 실현될 수 있다고 본다. 특히 수령이 개척한 혁명위업, 인민대중의 자주위업을 완성하기 위한 문제로, 노세대는 수령의 현명한 영도

---

43) 사회학에서 세대라는 용어는 오늘날 다양한 의미로 사용되고 있으나, 기본적으로 집단 내 유사성과 집단 간 차이라는 함의를 기본적으로 유지한다. 컬처(Kertzer)는 세대의 네 가지 용법으로서 ① 조부모-부모-자녀 세대와 같이 친족계보(kinship descent)에서 동일항렬에 속하는 사람들 ② 비슷한 시기에 태어나 동일한 생애주기 단계에서 동일한 역사적 경험하는 출생코호트(cohort) ③ 청소년 세대, 대학생 세대와 같이 동일한 생애주기 단계에 있는 사람들 ④ 1914년 세대, 전쟁 전·후세대와 같이 특정 역사적 시기에 생존한 사람들이라는 용법을 제시한다. 한편 세대에 관한 체계적인 사회학적 연구의 효시로 볼 수 있는 만하임(Mannheim)은 세대개념을 ‘세대위치’, ‘실제세대’, ‘세대단위’로 구분했다. ‘세대위치’는 동일한 역사적·문화적 권역에서 비슷한 시기에 출생한 사람들의 사회적 위치 개념이다. ‘세대위치’를 공유하는 사람들은 “‘역동적 동요’(dynamic de-stabilization)과정의 사회적·지적 징후에 노출됨으로써 상호간에 구체적 연대감이 형성”되고 “새로운 환경을 창출하는 힘의 상호작용을 능동적·수동적으로 경험”할 때에야 비로소 ‘실제세대’로 발전한다. ‘세대단위’는 ‘실제세대’보다 강고한 연대는 갖는 분파(分派)를 가리킨다. 이러한 만하임의 세대개념에 대해 연구자들은 사회변동과 사회운동을 명시적 의도에서 구성된 개념으로 보고 있다. 박재홍, 『한국의 세대문제』, 서울: 나남, 2005, 73~74쪽, 102쪽.

밑에 이룩한 모든 재부들을 후세대에 물려주며 새 세대들은 올바르게 물려받아 혁명을 지속시켜야 한다고 강조한다.[44]

북한은 수령의 대는 적어도 인간세대 교체의 한 주기를 가지고 바뀌는 것이 합리적이라고 여긴다.[45] 그래야 수령의 영도가 일정한 역사적 기간을 걸쳐 정책실현의 일관성을 보장할 수 있으며, 이를 통해 안정된 정치를 할 수 있다고 설명한다. 여기에서 권력승계에서 세대 담론, 청년세대 담론이 중요하게 제기되는 것이다. 지난 시기 노농동맹에만 국한한 채 청년문제는 당의 전략적인 근본문제의 하나로 제기하지 못했다고 평가한다. 국제공산주의운동의 역사적 경험은 청년문제를 해결하지 못한다면 혁명의 대는 끊어지고 사회주의, 공산주의 위업은 중단되게 되며, 따라서 청년문제가 중요하다고 역설한다. 북한은 청년들을 혁명의 중요한 혁명 역량으로, 대를 이어 혁명을 계속해 나갈 전략적인 후비력으로 키워내야 한다는 것이다.[46]

북한이 권력승계 시기에 청년세대에 주목하게 된 것은 사회주의 역사의 사례에서도 찾을 수 있다. 소련의 체제 몰락 과정에서 '흐루시초프 세대'가 주도적 역할을 하였다. 1953년부터 1964년까지 흐루시초프의 해빙기를 경험했던 '흐루시초프 세대'가 페레스트로이카를 주도했다. 이들은 주로 1925년부터 1935년 사이에 태어났는데, 새로운 사상에 예민하던 청년기에 흐루시초프의 스탈린 격하 운동을 경험함으로써

---

44) 리광선, "세대에 대한 주체적리해," 『철학연구』 제3호, 과학백과사전출판사, 2001, 32~33쪽.

45) 김일성의 후계자가 김정일로 확정되기 이전 김정일의 경쟁자였던 김일성의 동생인 김영주를 견제하기 위해 '대를 이어 충성하자'라는 구호가 나왔다는 주장이 있다. 곽승지, "북한의 후계자론과 권력승계 과정," 『안보연구』 23호, 동국대 안보연구소, 1993, 52~53쪽.

46) 금성청년출판사, 『위대한 수령 김일성원수님의 청년문제에 관한 독창적인 사상』, 평양: 금성청년출판사, 1978, 12쪽.

스탈린 체제에 대한 신뢰를 잃었다. 이들은 그 대신에 문화적 자유, 경제 분야에서의 유연성, 사회 정의, 개인에 대한 신뢰 등을 받아들인 세대로 평가받는다. 이들을 스탈린주의적 병폐를 극복하기 위해 페레스트로이카를 추진했으며, 그 과정에서 레닌주의로의 복귀를 강조하면서 스탈린과 그의 시대를 근본적으로 재평가할 것을 촉구했다.[47] 북한은 흐루시초프의 스탈린 '격하운동'을 반혁명적인 책동으로 국제공산주의운동을 엄혹한 시련에 빠지게 했다고 평가한다.[48]

이에 북한은 청년들을 "혁명의 대를 이어나갈 계승자"로 규정한다. 혁명을 계속하는 과정은 이미 이룩한 혁명의 성과물을 고수하고 발전시켜 나가는 것으로, 청년들이 '주체혁명의 계승자'로서 책임을 다 해야 한다고 주장한다. 따라서 청년들을 어떻게 키우는가 하는 것은 북한의 앞날과 민족의 장래에 관련하는 중대한 문제라고 강조한다. 이를 위해 청년들이 혁명적 세계관, 즉 주체사상으로 무장해야 한다고 강조하면서 청년사업을 강화하는 데 아낌없는 노력을 다 해야 한다고 말한다.[49]

현재 북한 권력구조의 최상층은 1, 2세대가 차지하고 있으나 중추적인 허리역할을 하는 세대는 3세대들이다.[50] 북한의 세대를 정치적, 사회경제적 경험을 기준으로 구분하면 혁명 1세대는 항일빨치산세대, 2세대는 전쟁 및 전후 복구세대, 3세대는 3대혁명 세대, 4세대는 그 이후의 세대이다.

---

47) 김종수, 앞의 책, 2008, 419쪽.

48) 김유민, 앞의 책, 1986, 54쪽.

49) 김정일, "청년들을 계속혁명의 정신으로 무장시키자," 조선로동당 중앙위원회 청년사업부, 사로청 중앙위원회 책임일군들과 한 담화, 1971년 10월 1일, 『김정일 선집 2권』, 평양: 조선로동당출판사, 1993, 305~306쪽.

50) 이교덕 외, 『새터민의 증언으로 본 북한의 변화』, 서울: 통일연구원, 2007, 193쪽.

> 혁명의 1세들은 백두의 흰눈 우에 붉은 피를 뿌리며 항일대전을 벌려 조국을 해방하였고 혁명의 2세들은 하나밖에 없는 목숨을 바쳐 전승을 안아오고 잿더미 우에 부강조국의 기둥을 세움으로써 자기 세대의 영예로운 과제를 빛나게 수행하였다. …… 백두의 영장 김정일장군님의 품속에서 자라난 세대인 3·4세들은 …… 1970년대 주체혁명위업 계승의 역사적인 시기에 자라난 세대들이 21세기 강성대국 건설의 돌파구를 앞장에서 열어나가는 주력군으로 되었다[51)]
>
> 제국주의자들과 총포성없는 대결전에서 억세게 자라난 '고난의 행군' 동이들, 바로 이들이 부강조국 건설의 영웅적 바통을 넘겨받은 오늘의 10대, 20대 청년들이다. …… 혁명의 계승은 정신력의 계승이다. 정신력은 혁명의 한 세대가 다음 세대에 넘겨주는 유산 가운데서 가장 귀중한 유산이다. 전세대의 정신력이 다음 세대에 와서 식어지고 약해지면 혁명이 생기를 잃고 전진을 멈추게 되며 사회주의 위업의 최후승리를 이룩할 수 없다. 우리가 전세대를 잊지 않고 따라배운다고 할 때 그들이 이룩한 전변의 거창함과 놀라운 전진속도를 아는 것도 중요하다. 그러나 더 중요한 것은 그 전변, 그 기적을 안아 온 사상과 정신을 아는 것이다.[52)]

인용문에서 살펴본 것과 같이 "김정일 장군님의 품속에서 자라난 세대인 3세, 4세는 1세, 2세들이 넘겨준 주체의 붉은기를 변함없이 추켜들고 선군의 위력으로 사회주의강성대국을 일떠세우며 그들이 이룩한 업적과 전통을 5세, 6세와 그 다음세대들도 변함없이 계승해 나갈 수 있는 믿음직한 세대"라고 믿음을 표하고 있다. 그러나 '세대의 혁명성'은 유전되는 것이 아니라고 하면서 '수령의 혁명사상과 정신'을 순결하게 계승할 것을 강조하였다. 북한이 3·4세대를 '계승의 세대, 김정일 장군의 세대'로 규정하고 이들의 역할을 강조하는 것은 다음 세대도

---

51) "혁명의 3세, 4세," 『로동신문』, 2006년 2월 28일.

52) "조국은 청년영웅을 부른다," 『로동신문』, 2008년 3월 28일.

이들과 같이 주체혁명 위업 계승이라는 '민족사적 임무' 수행할 것을 독려하기 위함이다.[53)]

북한의 소설에서도 청년세대에게 혁명위업 계승을 강조한다. 소설에서 긍정인물로 등장하는 대부분의 새 세대들이 자신의 적성이나 취향을 고려한 직업을 선택하기보다는 부모가 해오던 일을 기꺼운 마음으로 이어받는다는 것이다. 장편소설 『열망』에서는 제대군인이며 당원인 새 세대 청년이 대학추천을 받고도 아버지가 하는 일을 따라 배우기 위해 대학을 포기하고 아버지가 일하는 공장으로 내려오며, 이러한 아들의 행동에 대해 아버지는 매우 만족하며 자랑스러워한다. 이러한 서사는 중편소설 『우리도시』, 단편소설 『고향』, 『젊어지는 교단』 등에서 찾아 볼 수 있다. 이와 같이 북한 소설에서는 새 세대들이 부모의 직업을 이어받게 되는 동기 내지 계기가 당과 수령의 뜻을 관철하기 위해 온갖 어려움을 감내하는 부모에 대한 감동과 존경심에 비롯되는 것으로 그려져 있다. 또한 부모들이 자녀에 대해 자신들이 하던 일을 이어받기를 바라는 것도 역시 당과 수령의 뜻을 받든다는 데에 의의를 두고 있는 것이다.[54)] 40대 전후의 3세대와 20세 전후의 4세대들이 혁명 1, 2세대가 살아왔던 자세로 혁명위업을 계승하도록 하는데 초점

53) "조국이 우리를 지켜본다," 『로동신문』, 2006년 10월 15일.

54) 임순희, 『북한 새 세대의 가치관 변화와 전망』, 서울: 통일연구원, 2006, 47~48쪽; 부모 직업의 계승이란 측면에서 '수령의 혈통계승'을 암시하는 측면도 있다고 본다. 2005년 1월 27일 북한 중앙방송의 정론 '선군의 길'에서 "대를 이어서라도 가야 할 선군혁명 천만리가 앞에 있다. 천리길 끝난 곳에 만리길 또 있고 가고 가다 쓰러져도 영원할 이 길, 선군의 길은 영원히 가야할 계속혁명의 길"임을 강조하였다. 또한 김일성의 아버지인 김형직과 김일성이 각기 '나라의 본분'과 '조국광복과 사회주의 사회 건설'이라는 과업을 자신이 다하지 못하면 대를 이어 아들이 하고 아들이 못한다면 손자 대에 가서라도 기어이 성취해야 한다고 주장하였는데, 이는 '3대 세습'을 정당화하는 논리로 보인다.

이 두어진 '예방적 조치'의 일환이었다. 특히 1990년대 초에 발표된 소설들에 등장하는 2세대들은 전후 천리마운동 시기의 국가 건설의 과정을 4세대에게 들려줌으로써 혁명정신의 세대 간 계승을 강조하고 있다.[55)]

김정일의 후계자가 권력을 승계하기 위해서는 역사적 · 도덕적 정통성을 확보해야 한다. 김정일의 후계자로 김정남 · 김정철 등이 거론되지만 현 상황에서 어느 누구도 후계자로서의 기본 토대는 부실하다. 따라서 최근 '혁명 3 · 4세'의 역할이 강조되는 것은 김정일 권위를 통해 후계문제를 풀어나가기 위한 초기 조치로 해석할 수 있다. 따라서 불안정한 권력 후계자의 승계 토대를 보완하기 위해 '계속혁명'과 '혁명 3 · 4세' 담론의 강조는 앞으로도 지속될 것으로 보인다.[56)]

55) 조정아, 『경제난 이후 북한 문학에 나타난 주민생활 변화』, 서울: 통일연구원, 2006, 104~105쪽.

56) 김종수, 앞의 책, 2008, 422쪽.

3절
권력승계 담론에 대한 평가

선행연구를 분석해 보면 북한이 나름대로 김일성 부자의 권력승계에 대한 담론 유포와 이론은 체계화하였지만, 이에 대한 북한주민들의 내재화 정도가 예상보다 높다고 보기엔 부족한 부분이 있다. 김일성-김정일 권력승계의 결과로서 북한주민들 사이에서 김일성에 대한 지지 내지 충성의 정도가 김정일에 비해 높다는 것을 통해서 확인할 수 있는 것이다. 이 같은 현상은 김일성의 인격적 리더십과 김정일의 제도적 리더십의 차이를 반영한 것이라 볼 수 있다. 따라서 김정일의 제도적 리더십을 강화하기 위해서는 이에 대한 상징조작을 비롯한 사상에 대한 내면화 사업이 강조되는 것이다. 김일성의 후계자인 김정일에 대한 권력승계가 안정적으로 보이지만 허점 또한 상존하고 있다는 것을 보여주는 것으로, 김정일 이후 북한 권력승계자가 극복해야 할 점으로 평가할 수 있는 것이다.

이우영의 연구에 활용된 인터뷰[57] 자료에 의하면, 인터뷰에 응한 북

57) 북한대학원대학교 이우영 교수가 2006년에 실시한 “북한 ‘인민’의 체제 순응도 및 사회통합 조사” 자료를 활용한 것이다.

한이탈주민 79%가 김일성에 대한 존경도가 높다고 답했다. 존경도가 높다고 답한 사람 중에 35세 기준으로 그 미만과 이상이 각각 58명 중 45명, 34명 중 25명을 차지하였다. 2006년 기준 35세 이하 세대들도 김일성에 대한 존경도가 높아 북한에서 김일성에 대한 의식화 작업이 얼마나 철저히 이루어지고 있는지 유추해 볼 수 있다. 이와 대조적으로 북한주민의 증언을 통해 김정일에 대한 충성도가 김일성에 비해 떨어진다는 것을 간접적으로 확인할 수 있다.[58]

다른 연구에서도 김정일의 권위가 김일성에 비해 상대적으로 약하다는 것을 알 수 있다. 탈북자 대상 설문조사와 면접 결과를 통해 북한체제의 내구력을 평가한 연구 결과에 따르면, 경제난이 가중되면서 김정일의 권위에 도전하는 사례가 증가하고 있고, 심지어 김일성에서 김정일로의 후계구도 자체에 대해 회의하는 풍조가 늘고 있다고 한다. 이러한 풍조는 김정일 후계자로 김정일 아들 중 하나가 되는 것에 대한 거부반응으로 나타나고 있다는 것이다. 북한의 일반주민들이 김정일 후계구도에 대해 잘 모르고 있는 점을 감안하더라도, 대체로 김정일 아들에 의한 세습구도에 대해서는 부정적인 입장인 것을 알 수 있다.[59]

2장에서 살펴본 것과 같이 북한의 후계자는 수령의 사상을 체현하고, 이를 영도예술로 실천해야 한다. 김정일이 1974년 2월 선언을 통해

---

58) "김일성에 대해서는 좋은 인상을 갖고 있다. 나도 여기 와서도 김일성이 나쁘다고 하는 말을 들어도 피부로 느끼기에는 조금 부담스럽다. 그 만큼 김일성이 정치를 할 때는 어떡하든 잘 살았다. ……그런데 김일성이 죽고 김정일 정치하면서 경제가 아예 파산 만나게 되지 않았는가. 결국은 여기 와서 보건 데는 김일성이가 죽기 전에 파산 몰락이 되기 시작했지 않는가. 그 때는 오직 김정일만 욕했다."(여성, 40대 초반, 대졸, 함경남도 거주, 2005년 탈북), 성창권, "'고난의 행군 세대'의 정치의식 연구," 북한대학원대학교 석사학위 논문, 2007, 70~71쪽.

59) 전현준 외, 『북한체제의 내구력 평가』, 서울: 통일연구원, 2006, 41~42쪽.

주체사상의 해석권을 행사하면서 후계자로서의 위상을 확보한 것처럼 김정일의 후계자 또한 새로운 담론의 생산과 유포, 새로운 해석 작업을 이루어야 한다. 그러나 현재 권력승계의 행위 주체가 마련되지 않는 제한적인 상황인 점을 감안하면, 새로운 담론의 형성[60] 내지는 기존 담론에 대한 재강조에 주목할 필요가 있다.

'계속혁명' 담론 차원에서 활동이 재개되고 있는 3대혁명소조운동에 주목할 필요가 있다. 북한에서는 2006년 2월 23일 '제3차 3대혁명붉은기쟁취운동 선구자대회'가 개최되었다. 이 대회는 3대혁명운동을 선군시대에 맞게 군사중시의 원칙을 전 사회적으로 확산하기 위해 재발기된 것으로 추정된다. '계속혁명'의 주요 내용인 3대혁명을 이끌어 가는 소조운동은 '수령의 후계자'가 청년층을 중심으로 펼치게 된다. 김정일이 3대혁명소조원들을 자신의 전위대로 만들었던 것처럼, 자신의 권력승계자에게 정치적 기반 확대를 위한 친위대 · 전위대를 구축할 수 있도록 지원할 필요가 있는 것이다. 지명된 후계자가 권력을 안정적으로 구축하는 것이 궁극적으로 감정일 자신의 위치를 보장받는 것이다. 김일성이 조직한 후 김정일에게 지도권을 넘겨준 것처럼 김정일도 자신이 3대혁명소조운동을 재조직한 후 일정한 시점에 후계자에게 지도권을 넘겨줄 가능성을 예상할 수 있다. 김정일이 신진 청년간부들을 적극적으로 발탁하고 3대혁명소조와 속도전청년돌격대라는 친위부대 구축했던 것처럼 김정일의 후계자 또한 청년동맹을 장악하여 청년들이 사회에 새로운 '바람'을 일으키며 지도체제 확보에 주력할 것으로 예상할 수 있다.[61]

60) 북한은 2012년 김일성 출생 100년을 맞아 '강성대국 대문을 활짝 여는 해'로 규정하고 국가의 모든 역량을 결집시키고자 하고 있다. 이런 측면에서 '강성대국' 담론이 더 가공되어 유포될 가능성도 있다고 추측할 수 있다.

북한에서는 구체적인 후계 '인물'이 부각되지 않는 상황에서 세대에 대한 강조, 청년에 대한 강조 현상을 보이고 있다. 북한 청년들의 유일한 조직인 김일성사회주의청년동맹은 어느 계급, 집단보다 앞에 서서 김정일의 지시를 관철하는 체제수호의 전위대로서의 임무를 수행한다. 1990년대 체제위기가 조성되자 북한 지도부는 '청년중시' 담론을 확산하고, '청년절' 제정과 청년동맹 조직 이름에 '김일성'의 이름을 넣는 등 '청년중시' 정책을 펼치고 있다. 특히 경제난의 심화 이후 청년동맹 활동은 경제건설 부문에서 두드러지고 있다. 청년동맹은 '청년영웅도로' 건설을 비롯해 원산 청년발전소 건설을 진행하였으며, 최근에는 '백두산선군청년발전소'(백암발전소) 건설을 비롯해 '어렵고 힘든 부문'에 진출하여 북한 경제난 해결에 매진하고 있다. 북한 지도부가 청년들을 경제활동에 동원하여 경제적 목표달성에 몰두시킴으로서 체제불안 요소를 최소화하고 있는 것이다.[62]

최근 북한에서 김정일 이후 권력 승계를 암시하는 징후가 청년들을 대상으로 하는 사업에서 나타나고 있다. 2006년 1월 17일 개최된 청년동맹 창립 60주년 기념 보고대회 참가자들은 김일성 연설 "청년들은 주체혁명위업의 믿음직한 계승자가 되자"의 육성 녹음을 청취하였다. 이 연설은 청년동맹 7차 대회(1981년)에서 한 연설로서, 청년들의 임무와 사명을 "주체의 혁명위업을 대를 이어 계승완성"하는 것이라 규정하고 이것이 청년들 앞에 나선 '지상의 혁명과업'이라고 강조한 연설이다. 청년동맹 60주년 자체가 갖는 의미와 보고대회에서 연설 녹음을 청취하는 이례적인 상황, 연설 주제가 '혁명위업 계승'이란 점에서 귀추가 주목된다. 이것은 1971년 청년동맹 6차 대회의 김일성 연설 "청년

---

61) 김종수, 앞의 책, 2008, 317~318쪽.

62) 김종수, 앞의 책, 2008, 443쪽.

들은 대를 이어 혁명을 계속하여야 한다"를 계기로 김정일로의 권력승계 담론이 전체 북한 사회로 확산되었던 사례와 유사하기 때문이다. 또한 청년동맹 60주년 기념대회 개최 한 달 후 『로동신문』 정론을 통해 '혁명위업 계승'이 강조되었다. 청년동맹의 '대회'라는 계기로 '영원한 수령'의 육성으로 '계속혁명, 혁명위업 계승' 교시가 내려지고, 이것을 『로동신문』 정론을 통해 다시 강조하는 것을 보았을 때 북한 사회의 변화가 있지 않을까 추측된다.[63]

---

63) 김종수, 앞의 책, 2008, 420~422쪽.

4절
결론

북한의 권력승계 개괄적 과정과 이 과정에서 강조되었던 담론, '계속혁명' 담론과 '세대담론'을 중심으로 살펴보았다. 김정일은 1967년 제4기 제15차 전원회의를 계기로 권력후계자로 부상하였고, 1974년 2월에는 후계자로 공식화되었다. 김정일이 후계자로 공식화되기 전인 1971년에 김일성은 청년동맹 6차 대회 연설을 통해 '계속혁명'을 성공적으로 이루기 위해서는 청년들이 '대를 이어' 혁명위업을 완수해야 할 것을 강조하였다.

권력승계 담론은 북한주민들의 무의식적 심상의 형성을 위해 반복되고 있다. 원형(archetype)이란 한 집단의 구성원 대다수가 공유하고 있는 무의식적 심상을 말한다. 집단의 오랜 경험이 누적돼 구성원들의 마음속에 내면화되어 있는 이 원형은 개인의 생각과 행동을 조정한다.[64] 담론은 이데올로기의 언어적인 존재양식으로서, 한 사회의 지배 이데올로기가 그 기능을 수행하는 것은 궁극적으로 담론을 통해서 가능해 지는 것이다.[65] 북한의 계속혁명 담론, 세대담론과 같은 권력승

64) 지상현, 『호모 데지그난스, 세상을 디자인하라』, 서울: 프레시안북, 2008, 15쪽.

계 담론은 김일성, 김정일 등 수령에 대한 절대화를 북한의 원형으로 수용하도록 만들어 수령의 후계자를 자연스럽게 받아들이도록 하는데 기여한다.

'계속혁명' 담론은 대중운동의 모티브로 활용되었다. 계속혁명 담론은 공산주의 사회 건설 때까지 혁명을 끊임없이 계속해 나가야 한다는 것으로, 사상, 기술, 문화 3대혁명 추진의 정당성을 부여하고 있는 것이다. 또한 권력후계자였던 김정일의 지도로 3대혁명운동이 본격적으로 추진되었던 1970년대는 '사회주의 건설의 일대 전성기'로 규정되고 그 정신과 기풍을 모든 주민들이 배워야 한다고 강조하고 있다.

북한은 '계속혁명'을 수행하기 위해 주요 역사적 사건을 기준으로 세대를 구분하고, 각 세대에게 혁명을 계승할 것을 강조한다. 김정일이 권력후계자로 부상하던 시기에 태어난 세대를 혁명의 3,4세로 규정하고, "1970년대 주체혁명 위업 계승 시기에 자라난 세대들이 21세기 강성대국 건설"의 주력군이 될 것을 강조하고 있다. 혁명위업 계승에서 어느 세대보다 청년세대가 중요하다고 강조하면서, 청년들의 조직인 청년동맹이 김정일 체제의 전위대가 될 것을 독려한다. 이에 청년동맹은 수령의 전위대, 경제건설의 돌격대, 당의 후비대로서 자기 역할을 수행하기 위해 노력하고 있는 것이다.

65) 김석향·권혜진, "김정일 시대(1998~2007) 북한당국의 통일담론 분석: 노동신문 구호를 중심으로," 『통일정책연구』 제17권 2호, 통일연구원, 2008, 156쪽.

참고문헌

▶ 단행본

금성청년출판사, 『위대한 수령 김일성원수님의 청년문제에 관한 독창적인 사상』, 평양: 금성청년출판사, 1978.
김달중·스칼라피노, 『아시아공산주의의 지속과 변화』, 서울: 법문사, 1989.
김봉호, 『선군으로 위력떨치는 강국』, 평양: 평양출판사, 2005.
김유민, 『후계자론』, 동경: 구월서방, 1986.
김인숙, 『김정일, 사회주의위업의 향도자』, 평양: 평양출판사, 1993.
김재천, 『후계자문제의 이론과 실천』, 평양: 출판사미상, 1989.
김종수, 『북한 청년동맹 연구』, 서울: 한울, 2008.
박재흥, 『한국의 세대문제』, 서울: 나남, 2005.
사회과학원 철학연구소, 『철학사전』, 평양: 사회과학출판사, 1985.
사회과학출판사, 『주체사상 총서 2: 주체사상의 사회역사원리』, 평양: 사회과학출판사, 1982; 서울: 백산서당 1989 재발간.
이교덕 외, 『새터민의 증언으로 본 북한의 변화』, 서울: 통일연구원, 2007.
이교덕, 『북한의 후계자론』, 서울: 통일연구원, 2003.
이종석, 『조선로동당 연구』, 서울: 역사비평사, 1995.
임순희, 『북한 새 세대의 가치관 변화와 전망』, 서울: 통일연구원, 2006.
재일본조선인총련합회 중앙상임위원회, 『위인실록 김정일장군 (2)』, 동경: 조선신보사, 1999.
전미영, 『김일성의 말, 그 대중설득의 전략』, 서울: 책세상, 2001.
전현준 외, 『북한체제의 내구력 평가』, 서울: 통일연구원, 2006.
정영철, 『김정일 리더십 연구』, 서울: 선인, 2005.
조선로동당출판사, 『김정일동지략전』, 평양: 조선로동당출판사, 1999.
＿＿＿＿＿＿＿＿, 『위대한 수령 김일성동지의 불멸의 혁명업적 20권』, 평양:조선로동당출판사, 2000.
조정아, 『경제난 이후 북한 문학에 나타난 주민생활 변화』, 서울: 통일연구원, 2006.
지상현, 『호모 데지그나스, 세상을 디자인하라』, 서울: 프레시안북, 2008.
한수산 책임편집, 『정치사전』, 흑룡강성: 흑룡강조선민족출판사, 1991.
함치영, 『계속혁명에 관한 주체적리해』, 평양: 사회과학출판사, 1992.

▶ 논문

곽승지, "북한의 후계자론과 권력승계 과정," 동국대 안보연구소, 『안보연구』 23호, 1993.

김광인, "북한 권력승계에 관한 연구," 건국대 박사학위 논문, 1998.

김석향·권혜진, "김정일 시대(1998~2007) 북한당국의 통일담론 분석: 노동신문구호를 중심으로," 통일연구원, 『통일정책연구』 제17권 2호, 2008.

김일성, "온 사회를 주체사상화하기 위한 인민정권의 과업"(조선로동당 중앙위원회, 조선민주주의인민공화국 최고인민회의 합동회의에서 한 시정연설, 1984년 4월 14일), 『김일성 저작집 37권』, 평양: 조선로동당출판사, 1992.

______, "조선로동당 건설의 력사적경험"(김일성고급당학교창립 40돐에 즈음하여 집필한 강의록, 1986년 5월 31일), 『김일성 저작집 40권』, 평양: 조선로동당출판사, 1994.

______, "조선로동당 제6차대회에서 한 중앙위원회 사업총화 보고(1980년 10월 10일)," 『김일성 저작집 35권』, 평양: 조선로동당출판사, 1987.

______, "청년들은 대를 이어 혁명을 계속하여야 한다."(1971년 6월 24일), 조선중앙통신사, 『조선중앙연감 1972』, 평양: 조선중앙통신사, 1972.

김정일, "주체사상 교양에서 제기되는 몇 가지 문제에 대하여"(조선로동당 중앙위원회 책임 일군들과 한 담화, 1986년 7월 15일), 『주체혁명위업의 완성을 위하여』 5권, 평양: 조선로동당출판사, 1988.

______, "청년들을 계속혁명의 정신으로 무장시키자"(조선로동당 중앙위원회청년사업부, 사로청 중앙위원회 책임일군들과 한 담화, 1971년 10월 1일), 『김정일 선집 2권』, 평양: 조선로동당출판사, 1993.

김종수, "북한 '청년동맹'의 정치적 역할에 관한 연구," 동국대 박사학위 논문, 2006.

리광선, "세대에 대한 주체적리해," 과학백과사전출판사, 『철학연구』 제3호, 2001.

서유석, "북한 통치담론의 재생과정에 관한 연구," 동국대 북한학연구소, 『북한학 연구』 제4권 제1호, 2008.

성창권, "'고난의 행군 세대'의 정치의식 연구," 북한대학원대학교 석사학위 논문, 2007.

이승환, "2000년 이후 대북정책담론 연구," 경남대 북한대학원 석사학위 논문, 2008.

정성장, "김정일 조선로동당 총비서의 후계 문제: 현황과 향후 전망," 『정책보고서』 통권 52호, 2004년 8월.

______, "포스트 김정일 시대 북한 권력체계의 변화 전망," 『한반도, 전환기의 사색』, 2008년 북한연구학회·통일연구원·고려대 북한학연구소 공동학술회의, 2008년 12월 4일.

▶ 기타

"1970년대의 사업기풍, 투쟁기풍으로 일해나가자," 『로동신문』, 2004년 2월 9일.

"3대혁명붉은기쟁취운동 30여년의 빛나는 결실," 『조선중앙통신』, 2006년 2월 18일.

"3대혁명의 기치밑에 강성대국건설에서 새로운 비약을 이룩해나가자," 『로동신문』, 2006년 2월 23일.

"강선의 불길," 『로동신문』, 2008년 11월 6일.

"강선의 붉은 노을 안고 살자," 『로동신문』, 2008년 1월 18일.

"북, 3남 김정은을 '김 대장'으로 호칭," 『연합뉴스』, 2009년 2월 15일.

"선군의 길," 조선중앙방송, 2005년 1월 27일.

"선군조선의 피줄기," 『로동신문』, 2006년 6월 3일.

"조국은 청년영웅을 부른다," 『로동신문』, 2008년 3월 28일.

"조국이 우리를 지켜본다," 『로동신문』, 2006년 10월 15일.

"조선로동당의 최고강령," 『조선중앙통신』, 2009년 2월 20일.

"총진군의 나팔소리 높이 울리며 올해를 새로운 혁명적대고조의 해로 빛내이자," 『로동신문』, 2009년 1월 1일.

"혁명의 3세, 4세," 『로동신문』, 2006년 2월 28일.

『로동신문』, 2003년 12월 12일.

2장

북한 체제 변화와 '청년동맹'

동유럽 사례와 비교

2008년 김정일의 건강 이상이 외부에 알려지자 북한 체제의 '내일'에 대한 다양한 논의가 전개되었다.[1] 급기야 정부가 국책연구기관을 통해 북한체제의 급변사태를 대비한 '부흥'계획을 수립한 것이 언론에 공개되기도 하였다. 이에 북한은 처음으로 국방위원회 대변인 명의의 성명을 통해 '보복성전의 개시'를 언급하는 등 남북관계의 불안이 조성되었다.

체제 붕괴를 포함해 정치체제의 변화는 두 측면에서 검토할 수 있다. 하나는 체제 변화의 구조적 측면을 살피는 것이며, 다른 하나는 변화의 과정에 초점을 맞추는 것이다. 구조적 측면을 강조하는 입장은 체제의 변화를 촉발하는 객관적 조건들, 즉 사회 · 경제적 발전, 정치문화, 국민적 통합 등에 주의를 기울인다. 특히 경제적 여건이 중시되고 있다. 이와는 대조적으로 과정적 측면을 강조하는 입장은 체제 변화와 관련한 주요 행위자들의 선택과 전략 및 이들의 상호작용에 초점을 맞춘다.[2]

북한체제의 내구력은 과거 동유럽 사회주의 국가들보다 상대적 지속성을 가지고 있는 것으로 평가되기도 하나, 만성적 경제난의 지속과 외부로부터의 정보 유입 등으로 사회 내부의 변화가 발생하고 있고, 체제의 내구력도 점차 소진하고 있다고 평가받기도 한다. 즉 포스트 김정일 체제로의 전환과정에서 장래가 밝지 못하다는 평가인 것이다.[3]

---

* 이 논문은 필자의 박사학위 논문 "북한 '청년동맹'의 정치적 역할에 관한 연구," 동국대 박사학위 논문, 2006의 1장 3절과 4장을 토대로 하고 있으며, 현재 상황에 맞게 일부 내용을 보완, 수정한 것이다.

1) 주요 연구로는 박관용 외, 『북한의 급변사태와 우리의 대응』, 서울: 한울, 2007; 월간조선편, 『한반도의 대전환』, 서울: 월간조선사, 2003; 고재홍, "Post-김정일체제와 북한 정세 전망," 『군사논단』 2009년 겨울호 등이 있다.

2) 정한구, "북한은 붕괴될 것인가?," 『세종정책연구』 제5권 2호, 2009, 49쪽.

3) 배정호 외, 『북한체제 전환을 위한 전략적 과제와 동북아 4국 협력전략』, 서

이 글은 북한 체제 변화의 구조적 측면을 살펴봄과 동시에 잠정적으로 체제 변화를 추동할 수 있는 세력인 청년들의 조직인 청년동맹이 체제 변화의 주도세력으로 부상할 수 있을 지 그 가능성을 살펴보고자 한다. 따라서 이 글은 북한의 청년동맹이 체제변화의 주도세력으로 부상할 수 있을 것인지 그 가능성을 분석하는 것을 연구목적으로 한다. 이를 위해 북한 청년동맹의 정치적 역할에 대해 비교연구를 통해 살펴보고, 동유럽의 체제 전환 과정에 접목해 보고자 한다. 이 글은 북한의 1차 문헌을 분석하는 문헌분석방법을 중심으로, 청년동맹의 역사 분석을 통해 역할을 파악하는 역사적 연구방법, 동유럽 사례와 청년동맹을 비교하는 비교적 연구방법을 활용하였다.

울: 통일연구원, 2009, 3쪽.

1절
청년동맹의 약사(略史)와 역할 비교

1. 청년동맹의 약사와 역할

북한의 청년동맹은 근로단체 중 하나이다. 북한에서는 근로단체를 "광범함 군중에 대한 사상교양단체이며 당의 외곽단체"로 규정하고 있다. 근로단체들은 각계각층의 광범한 군중을 망라한 조직으로서 영도체계에서 당과 대중을 연결하는 중요한 조직이다. 북한은 당과 대중을 지도하는 수령의 영도만이 유일한 지도 방침으로 삼고 있다. 즉 "노동계급의 당과 국가, 근로단체를 비롯한 프롤레타리아 독재체계의 모든 조직들과 기구들은 수령의 유일적 영도를 받을 때 하나의 정연한 체계를 이루고 수령의 명령, 지시에 따라 한결같이 움직임으로써 대중 지도에서의 유일성과 통일성을 확고히 보장할 수 있다"고 강조하고 있다.[4] 이런 점에서 북한의 근로단체들은 혁명의 주체의 필수적 구성 부분이 되며, 수령을 중심으로 당과 인민대중을 사회정치적 생명체로 결

4) 사회과학출판사, 『주체사상총서 9: 영도체계』, 평양: 사회과학출판사, 1985; 서울: 지평, 1989 재발간, 50쪽.

합시키는 역할을 한다.[5)]

레닌과 스탈린의 인전대 이론은 '단순'하게 프롤레타리아 독재 실현을 위한 당과 대중의 연결 기능을 중심으로 설명하고 있다. 이에 반해 북한의 인전대 이론은 수령 · 당 · 대중의 관계에서 수령의 사상과 당의 정책을 대중에게 전달하는 기능을 수행함으로써 사회정치적 생명체의 완전한 실현과 이러한 논리에 자리 잡고 있는 혁명적 수령관의 확립에 기여하고 있는 특징이 있다. 즉 북한은 맑스-레닌주의의 보편적 논리와는 달리 당 국가, 근로단체라는 프롤레타리아독재체계의 상위에 '수령'이라는 절대권력자의 존재를 설정하고, 그가 프롤레타리아독재체계의 총체를 유일적으로 움직이며 영도한다는 것을 특별히 강조하고 있다.[6)]

청년동맹은 북한의 유일(唯一) 청년조직으로서, 만 14세에서 30세까지의 청년들은 당원을 제외하고는 전원이 청년동맹에 가입하여 활동하고 있다. 즉 북한의 거의 모든 청년들을 청년동맹이 포괄하고 있어, 북한 청년들의 정치적 활동을 청년동맹으로 등치시켜 설명할 수 있다. 북한의 청년동맹은 광범한 청년들의 대중조직이며 유일한 조직으로 청년들의 '통일단결'을 위해 노력하는 조직이다. 현재 북한의 청년동맹원 수는 500만 명으로 추정되며, 청년동맹이 직접 지도하는 소년단원 300만 명을 포함하면 전체 800만 명이 청년동맹 사업의 대상이 된다. 이 숫자는 북한 전체 인구 약 2천 2백만 명의 30% 넘어 청년동맹에 대한 지도 사업이 얼마나 중요한 지를 단적으로 보여주는 수치이다.[7)]

---

5) 김일성, 『위대한 수령 김일성동지의 불멸의 혁명위업』 10권, 평양: 조선로동당출판사, 1998, 28쪽.

6) 고유환, "북한 정치체제와 권력구조," 민병천 외, 『북한학 입문』, 서울: 들녘, 2001, 70쪽.

7) 김종수, "북한의 위기대응 전략; '청년중시' 정책을 중심으로," 『통일문제연구』 통권 43호, 2005, 252쪽.

북한 청년동맹은 1946년 1월 17일 ‘민주청년동맹’으로 창립하였다. 초기 민청은 청년들의 통일전선조직으로서 활용되었다. 김일성은 소수의 청년공산주의자들로만 공산당의 정권 획득·유지 및 ‘민주개혁’ 수행이 곤란하다고 판단하고 광범한 청년들을 망라한 대중적인 청년단체를 조직하여 자신의 지지 세력으로 만들고자 하였다. “혁명의 성패는 결국 누가 대중을 더 많이 전취하는가에 달려 있다”는 김일성의 인식이 ‘공산주의’를 표방하는 청년조직이 아닌 ‘민주’ 청년조직을 결성하게 된 것이다. 궁극적으로 민청창립 노선은 박헌영에 비해 권력 기반이 약했던 김일성의 대중 포섭 전술 차원에서 이해할 수 있다. 김일성은 소수정예의 청년 공산주의자들을 위한 청년조직이 아닌 ‘민주주의’를 표방한 조직을 내세움으로써 많은 청년들을 포섭하고 이들을 자신의 지지 세력으로 확대해 나간 것이다. 민청 결성 과정에서 국내파 공산주의자들의 반대와 저항이 존재하였으나 통일전선의 ‘정당성’으로 인해 큰 효과를 발휘하지 못하였다.[8)]

‘조선민주청년동맹’은 5차 대회(1967년)에서 ‘조선사회주의로동청년동맹’(이하 사로청으로 줄임)으로 ‘발전’하였다. 사로청으로의 변화는 1958년 북한사회에서의 사회주의적 개조가 완료되어 개인상공업자와 개인농이 사라짐에 따라 형식상으로 적대적 계급이 존재하지 않는 사회주의 사회가 되었다는 것을 의미한다. 이러한 사회발전의 결과로 근로단체들도 과거 반제반봉건혁명시기에서 사회주의사회로 이행하는 시기와는 다른 성격과 임무를 가지게 되었다. 북한 사회 구조 변화가 청년동맹의 ‘질적’ 변화를 가져온 것이다. 이전 민청이 다양한 각계각층의 청년들이 망라되었다고 한다면, 이 시기에 와서는 노동청년들이

8) 김종수, “북한 초기 청년동맹의 성격과 역할에 관한 연구,” 『평화연구』 제15권 1호, 2007, 26~32쪽 재인용.

핵심이 되어 근로농민청년, 근로인텔리청년, 학생청년으로 구성의 변화가 이루어졌다는 것이다. 사로청은 사회주의적 개조와 함께 유일체제를 확립해 나감에 있어 당에 대한 충실성과 노동계급의 혁명 사상의 교육과 확립을 본격적으로 담당해 나갈 것을 요구 받았다.[9] 따라서 사로청의 기본 임무는 주체사상에 대한 교양 사업과 사회주의 제도 공고화를 위한 경제건설의 돌격대 역할로 변하게 된다.

사회주의 국가들의 몰락 이후 북한은 체제 위기에 대응하기 위하여 청년들에 사상교육 강조와 함께 청년들을 독려하고 앞세우기 위한 유인책으로 '청년절'을 제정하였다. 김일성이 항일운동 시기 창립했다고 주장하는 '조선공산주의청년동맹' 결성일인 8월 28일을 국가 기념일인 '청년절'을 제정한 것이다. 또한 김일성 사망 이후인 1995년부터 한 해의 국가 정책 방향을 제시하는 신년 공동사설의 주체로 청년동맹의 기관지인 '청년전위'가 포함되었다. 이전에는 신년사 명의로 한 해의 정책방향을 발표했지만 김일성 사망 후에는 당보(로동신문), 군보(조선인민보), 청년보(청년전위)의 공동사설이 신년사를 대체해 오고 있는 것이다. 이는 당, 군, 청년이 북한 사회의 주요 축을 형성하고 있다는 것을 반증하는 또 하나의 예라 할 수 있을 것이다.

1996년 1월에 개최된 사로청 대표자회의를 계기로 청년동맹은 다시 변화한다. 김일성 사망 3년째를 맞이해 '영원한 수령' 김일성의 이름을 따 청년들이 '제국주의의 고립정책'과 경제적 파탄의 위기 상황에도 동요하지 않고 체제에 충성하도록 하는 조치로 풀이된다. 이 같은 개명은 김정일이 직접 지시에 의해 이루어 진 것으로, "청년조직을 영원히 수령님의 청년조직으로 강화발전시키고 주체의 혁명위업을 대를 이어

9) 금성청년출판사, 『조선공산주의청년운동사』 2, 평양: 금성청년출판사, 1982, 348쪽.

빛나게 계승 완성해나가려는 우리당의 철석같은 의지와 청년들의 확고한 결심을 엄숙히 선언한 특기할 사변"이라고 강조하였다.[10]

북한의 청년동맹은 체제수호의 '전위대'·'돌격대' 역할을 수행하고 있다. 청년동맹은 체제 위기 상황에 맞서 어느 계급, 집단보다 앞에 서서 김정일의 지시를 관철하는 체제수호의 전위로서의 임무를 수행하여 체제 안정화에 기여하고 있다. 이는 '고난의 행군' 기간 평양-남포 구간 고속도로인 '청년영웅도로'를 건설한 것이 대표적이라 할 수 있다. 현재 북한은 혁명 1·2세대가 퇴진하고 3·4세대가 부상하는 제2의 전환의 시대를 맞이하고 있다. 김일성에서 김정일로의 권력승계 시기에 성장했던 사람들이 기성세대가 되었고, 1980년~1990년대 출생한 세대가 청년으로 성장하여 청년동맹을 구성하고 있다. 김정일 이후의 '수령' 탄생을 위해서 조선로동당의 인전대·후비대인 청년동맹이 자신에게 부여된 임무를 얼마나 잘 수행해 왔는지에 대한 '검증'의 시기가 다가오고 있는 것이다.

2. 청년조직 비교 연구

북한의 청년동맹과 구소련 콤소몰, 중국의 공산주의청년단의 비교를 통해 사회주의 청년조직의 보편성과 북한 청년동맹의 특수성을 규명하고자 한다. 이 과정에서 체제 유지에 있어 북한 청년동맹이 어떤 특정한 역할을 지속적으로 수행하는지 살펴보고, 그 변화 가능성을 검

---

10) 김정일, "김일성사회주의청년동맹의 사명과 임무에 대하여"(김일성사회주의청년동맹 중앙위원회 책임일군과 한 담화, 1996년 1월 20일), 『김정일 선집 14권』, 평양: 조선로동당출판사, 2000, 138쪽.

토해 보고자 한다.

일반적으로 사회주의 청년조직은 당의 인전대와 후비대로서 역할을 수행한다. 인전대의 기본 임무는 동맹원들에 대한 사상교양이다. 사상교양은 체제의 정당성의 원천을 교육하는 것으로서, 체제 유지를 위한 중요한 수단이다. 당 정책 수행을 위해 청년조직이 주체가 되어 당의 사업과 정책을 청년 대중들에게 해설하고, 동원해야 한다. 이를 위해 청년조직의 조직원의 의무로 규정되어 맑스 · 레닌주의 학습, 최고지도자의 사상 학습, 당 노선 해설 · 관철, 규율 준수 등을 강조하고 있는 것이다. 북한 청년동맹의 경우 혁명전통 체득을 조직원의 의무로 규정하여 공청단과 콤소몰에 비해 체제 지속을 위한 사상교양을 강조하는 특징을 보이고 있다.

청년조직에 대한 가입 연령이 공청단과 콤소몰이 14~28세로 같으며, 이에 반해 북한 청년동맹은 14~30세로 상한 연령이 차이가 있다. 북한 청년동맹의 제한 연령이 공청단과 콤소몰보다 높은 것은 비당원 전원이 청년동맹원으로 되어 있는 북한 군대에서 군인들의 복무연한이 길어지면서 나타난 현상이란 분석이 있다.[11] 청년조직의 조직 구조도 유사하다. 전체 총회(대회)가 최고 의사결정기구로 존재하며, 중앙위원회가 주요 사업을 관장하도록 되어 있다.

중국 공산당은 공청단이 청년들의 '특수이익'에도 복무하도록 함으로써 청년계층에 대한 통제 기능을 수행하도록 보장하고 있다.[12] 공청

---

11) 조한범 외, 『비정부기구(NGO)를 통한 남북한 교류·협력 증진 방안 연구』, 서울: 통일연구원, 2000, 104쪽.

12) 중국 '공청단 규약'에서는 "당이 청년들과 연계를 맺는데 있어서의 교량적 작용을 충분히 발휘하여 국가와 인민의 이익을 수호하는 동시에 청년들의 권익을 수호하며 당의 중심과업을 에워싸고 청년들의 특성에 맞는 독자적 활동을 진행 한다"라고 밝히고 있다. 공청단은 청년들의 사상동태와 현황을 조사하

단은 청년들을 사랑하며 국가와 인민의 근본적 이익을 수호하는 기초에서 청년들의 특수 이익을 복무하기 위해 주의를 돌리며 힘써야 한다고 주장한다.[13] 소련의 콤소몰 또한 "모든 청년이 소비에트애국주의, 소비에트의 국가적 자존심, 사회주의 국가를 보다 강하게 만들려는 열성을 가지도록 만드는 것"이 당의 의도와 목표이다.[14] 이에 콤소몰원들은 맑스·레닌주의 학습, 당과 콤소몰의 정치노선 해설, 국가의 정치생활에 적극 참여하도록 하였다. 소련 공산당은 콤소몰에게 기업소, 집단농장, 교육기관들에서 발생하는 청년들의 문제에 대해 당 기관에 제기하고 토의할 수 있는 '광범위한 권한'을 부여하고 청년들의 생활과 노동 문제의 해결 주체로서 보장하였다.

이와 같이 콤소몰과 공청단이 청년 계층의 이익을 반영하는 조직인데 반해, 북한의 청년동맹은 철저하게 계층적 이해 실현을 배제한다. 즉 북한의 청년동맹은 당의 사상교양단체로서의 기능 이외에 특수한 자신의 이익을 전혀 표현할 수 없는 것이다. 이와 더불어 북한의 청년조직은 사회주의 청년 조직이 가지는 인전대로서의 역할 중에서 특히 사상교양 사업 중에서 '혁명위업' 계승을 강조하고 있다. 이것은 권력의 '부자세습'이라는 북한의 특수한 상황이 반영된 것으로 볼 수 있다.

사회주의 국가의 청년조직 역할 중 하나가 당의 '후비대' 역할이다. 당의 후비대라고 하는 것은 당원과 간부의 양성과 함께 당의 정책과

여 정부가 청소년정책과 법률을 제정하는데 근거를 제공하여 청소년들의 이익을 보호한다. 리슈펑, 『중국의 청소년조직과 활동』, 서울: 한국청소년개발원, 1998, 39쪽 강조는 필자.

13) 중국청년출판사, 『중국공산주의청년단 제11차 전국대표대회 문헌집』, 북경: 중국청년출판사, 1983, 41쪽.

14) 서홍교, "소련의 정치사회화로서 콤소몰의 역할," 『자유아카데미연구논총』 8, 1978, 42쪽.

노선을 지지하고 실천하는 역할을 의미한다. 당과 대중의 연결이라는 인전대의 역할은 근로단체 전체가 수행하지만, 후비대 역할은 청년동맹만이 가지는 독특한 역할이다. 근로단체들이 당의 정책과 노선을 지지하고 실천하는 후비대의 일부 역할을 수행하지만 연령적으로 예비당원을 가장 많이 포괄하고 있는 청년동맹에게서 그 성격이 가장 강하게 나타난다. 따라서 청년동맹은 동맹원들에게 다른 근로단체들보다도 상대적으로 높은 조직규율과 당성을 요구하게 된다.[15)]

오늘날 중국의 간부 정책은 1978년 개혁개방 이후 확립된 '간부 4화 정책'에 기초를 두고 있다. 특히 간부 연경화(年輕化)는 지도자의 나이를 낮춘다는 의미로 1982년 9월 12차 대회에서 처음 등장한 이래 지속적으로 추진되고 있다.[16)] 중국 4세대 지도부는 문화대혁명 세대들이다.[17)] 중국의 4세대 간부들은 1944~1958년 사이에 출생하였으며, 정치적으로는 대학생 또는 청년기에 문화대혁명을 공통적으로 경험한 세대들이다.[18)] 제4세대 지도부내에 존재하는 관계망 가운데 대표적인 것이 공청단이다. 1984년 공청단 제1서기를 지낸 후진타오가 공산당 총서기를 역임하였다. 그의 선임자인 왕자오궈(王兆國)가 당 통일전선부장을 거쳐 전인대 부위원장 겸 중화전국총공회 회장, 후진타오의 후임자인 리커창(李克强)은 랴오닝성 당서기를 거쳐 중국공산당 정치국 상무위원이자 국무원 총리로 일하고 있다.

---

15) 이종석, 『새로 쓴 현대북한의 이해』, 서울: 역사비평사, 2000, 313쪽.

16) 장경섭, "중국의 체제 개혁과 지배엘리트의 성격 변화," 서재진 외, 『사회주의 지배엘리트와 체제변화』, 서울: 생각의 나무, 1998, 87쪽.

17) 중국의 정치적 세대 구분은 리청 지음·강준영 외 옮김, 『차이나스 리더스』, 서울: 예담, 2002, 19쪽 참고.

18) 이면우 편, 『정치엘리트연구, 2002 : 중국, 일본, 러시아를 중심으로』, 성남: 세종연구소, 2002, 27쪽.

개혁개방 이후 중국공산당의 연경화 정책에 의해 '청년'들의 당 지도부 진출이 제도적으로 보장되고 있다는 것을 알 수 있다. 중국은 신진 간부들을 청년 사업을 '검증'과 '단련' 과정으로 활용하고 있으며, 이러한 과정을 거친 자들을 권력 최고 지도부로 기용하는 유형을 보이고 있다. 그 결과 현 중국 지도부 구성에 있어 공청단 출신이 하나의 파벌을 형성할 수 있는 세력으로 구축되었음을 알 수 있다.

소련에서도 간부가 되기 위해서는 당원이 기본 요건이다. 소련의 간부 충원 조건은 공산당원 내지는 콤소몰원이어야 하며 전문성을 갖추어야 한다.[19] 소련공산당 후보당원 충원에 있어 콤소몰원 비율이 흐루시초프 시대에는 약 절반 정도의 비율을 보이다가 점차 감소하여 1967년에는 39.5%로 떨어진 것을 알 수 있다. 1968년부터 증가하기 시작했고 1981년에는 73.1%에 도달하여, 소련 사회에서 당원의 충원은 콤소몰 출신 중에서 선발되었다는 것을 알 수 있다.[20] 즉 콤소몰이 소련공산당의 후비대로서 당원 양성의 역할을 수행하였음을 확인할 수 있다.

개혁개방 이후 콤소몰의 후비대로서의 역할에서 문제가 나타나기 시작하였다. 고르바초프의 개혁개방 정책이 가속화 되자 콤소몰의 신입회원 가입이 급격히 감소하였다. 1987년에는 2,284,105명이 들어왔는데 반해 1989년에는 1,746,527명으로 감소하였으며 신입회원을 한 명도 못 받은 조직이 1935년에는 30,926개였으며 1989년에는 91,814개였다. 1987년 4월에 개최된 콤소몰 20차 총회에서 1서기 미로렌코(Mironenko)는 "페레스트로이카의 운명이 국가와 청년의 운명을 결정하기에 청년들은 반드시 페레스트로이카를 지지해야 한다"라고 강조하였다. 그러나

19) 전현준, 『김정일 정권의 권력엘리트 연구』, 서울: 민족통일연구원, 1995, 8쪽.
20) Bohdan Harasymiw, *Political Elite Recruitment in the Soviet Union,* New York: St. Martin's Press, 1984, p. 86.

학생들은 그들의 문제를 스스로 결정할 수 있기를 원했으며, 심지어 몇 몇 대표들은 콤소몰 역사상 처음으로 투표에서 당의 노선을 맹목적으로 따르는 콤소몰 결정에 반대표를 던지거나 기권하는 현상까지 발생하였다.[21]

공청단과 콤소몰의 간부들에 비해 북한의 청년동맹 간부들의 당 간부로의 기용이 제도화 되지 못한 부분이 비교된다. 북한의 경우 유일체제 형성으로 인해 청년동맹 간부들을 비롯해 권력엘리트들의 특정한 관계망 형성이 이루어지지 못하고 있다.[22] 이와 함께 청년동맹 위원장의 공적 지위를 보장하지 않고 있다. 이러한 경향의 증거로 공식적인 권력 서열에서 청년동맹 간부들의 이름을 찾을 수 없다는 것을 들 수 있다.

북한에서는 김일성의 친 · 인척 관계, 학벌과 같은 귀속적 지위가 권력엘리트 부상에 중요한 변수로 작용하고 있는 것이다. 귀속적 지위로 연결된 집단은 강한 응집력을 띤다는 점에서 북한 권력엘리트는 기존 체제 고수에 집착할 가능성이 크다.[23] 김정일은 측근들을 기용하면서

---

21) Kitty Weaver, *Bushels of Rubles*, London: Praeger, 1992, pp. 159~160.

22) 북한에서 파벌형성을 억제하는 요인은 다음과 같다. ① 혁명1세대의 사멸이나 권력교체 없이 한 지도자 장기집권하여 권력엘리트 집단내의 파벌형성을 억제하는 가장 중요한 요인이다. ② 권력승계를 장기간 준비하면서 승계체제에 반대할 소지가 있는 자들은 권력엘리트 충원에서 배제되어 파벌형성 가능성 매우 적었다. ③ 유일사상체제 확립으로 인해 경쟁적인 사상의 출현을 봉쇄함으로써 발전노선 차이에서 발생하는 파벌 등장을 억제하였다. ④ 전문관료의 수가 점증하는 등 권력엘리트의 특성에 약간의 변화가 있으나 그들도 '선 당성·후 전문성'에 입각해 등용되었기 때문에 중국이나 소련에서처럼 파벌화되기는 어려울 것으로 보인다. 그러나 해외유학이나 해외경험을 가진 전문관료의 숫자 증가는 경제위기나 대외적 고립 해결을 위한 현실주의적 정책을 선택할 가능성이 높으며, 핵심집단을 제외한 소외엘리트들의 잠재적 불만이 현재화될 가능성 등이 파벌형성을 촉진하는 요인으로 볼 수 있다. 전현준·안인해·이우영, 『북한의 권력엘리트 연구』, 서울: 민족통일연구원, 1992, 21~22쪽.

상호간 동향이나 동창, 친인척 관계나 안면관계, 사제관계 등으로 서로 연결되어 있지 않다. 즉 이들이 조직적인 세력으로 형성될 계기와 원인이 마련되어 있지 않다는 것이다.

23) 이교덕, 『북한체제의 변화주도세력 연구』, 서울: 민족통일연구원, 1996, 53쪽.

2절
체제변화 요인 검토

북한의 변화를 설명하는 개념으로 체제의 전반적 변화(holistic change) 차원에서 관찰하지만 그 정도와 범위에 있어서는 '체제전환'(systemic transition)과 '체제내 변화'(change within the system)로 나눌 수 있다. 체제전환은 사회주의 국가에서 구제도와 정권의 몰락을 전제로 한 정치적 자유화와 시장경제화를 의미한다. 비교적 단기간에 급속히 체제전환을 이루어낸 소련과 동구 사회주의권에 적용할 수 있는 개념이다. 구조기능주의 이론의 '체제내 변화'는 "사회체제의 각 부분이 전체 체제에 기능적으로 연결되어 있기 때문에 갑자기 변화할 수 없으며 변화하더라도 점진적인 진화의 방식으로 변화 한다"고 본다.[24)]

사회주의 체제 변화[25)] 과정상의 주도권[26)]을 기준으로 보면, 중국과

24) 박선원, "김정일시대 북한의 변화: 진화론적 접근," 『한국정치학회보』 36집 3호, 2002, 158쪽; 이 논문에서는 체제 변화를 '체제 전환'과 '체제내 변화'를 다 포괄하는 넓은 의미로 사용하였다.

25) 이 논문에서 체제 변화라고 하는 것은 북한에서 사회주의 체제의 변화, 김정일 정권의 몰락, 북한이란 국가의 변화 등을 포함하는 개념으로 규정한다. 따라서 어느 특정한 변화 유형을 한정해서 논의하는 것이 아니라 다양한 가능성을 상정하여 논의하고자 한다. 함택영·류길재 연구에서는 북한의 변동에

소련처럼 공산당 주도하에 위로부터의 개혁을 추진한 사례와 동유럽 사회주의 국가들과 같이 대체로 밑으로부터의 조직적이고 강력한 개혁요구가 전면적인 체제전환으로 이어진 사례로 분류할 수 있다.[27] 전자의 경우 공산당이 변화를 주도하는 세력이 되기에 이 글에서는 논의 대상이 되지 않으며 후자를 북한체제 변화 유형으로 상정하고자 한다. 아래로부터의 변화는 정권내 개혁세력이 미약하거나 존재하지 않을 때 발생하는데,[28] 현재까지 북한 지배집단에서 구체적인 변화 징후가 포착되지 않고 있어 위로부터의 변화 추동은 가능성이 낮다.

동유럽 사회주의 국가의 위기를 분석한 이반 셀레니(Ivan Szeleny)과 발라즈 셀레니(Balazs Szeleny)의 핵심적 가정논제는 국가사회주의 붕괴는 불가능한 문제이기보다는 내 · 외적 요인의 상호작용의 결과로 가능했다는 데 있다. 먼저 위기의 기원은 경제의 악화에 있었다.[29] 동

관해 5가지의 시나리오를 제시한 바 있다. 자세한 내용은 함택영·류길재, "북한의 변화 예측과 조기통일의 문제점," 김재한, 『북한체제의 변화와 통합한국』, 서울: 소화, 1998, 110~111쪽 참고.

26) 체제 전환 과정에서 정부 내의 수구파와 개혁파, 그리고 반체제운동 내의 온건파와 급진파, 이러한 네 개의 세력이 서로 전략적인 상호작용을 함으로써 결정된다. 여기에서 무엇보다 중요한 것은 힘을 가지고 있는 공산당의 생각과 의도, 이익 그리고 전략이다. 양운철 편, 『사회주의 경제체제의 전환』, 성남: 세종연구소, 1999, 142쪽.

27) 정웅은 사회주의 국가들의 체제 유형을 변화 속도와 중점적 개혁부문을 기준으로 구분하였다. 체제변화의 속도측면에서 볼 때 중국·헝가리의 점진적 유형에서부터 상대적으로 급진적인 베트남의 유형과 급진적 체제변화를 겪은 러시아·폴란드 등 급진적 유형으로 구분한다. 자세한 내용은 정웅, "북한 사회주의체제의 변화경로에 대한 연구," 한국정신문화연구원 박사학위 논문, 2003 참고.

28) 이교덕, 앞의 책, 1996, 25쪽.

29) 경제 붕괴가 체제 변화의 충분조건은 되지만 필요조건은 아니라는 주장이 있다. 쿠바나 북한과 같은 현존 사회주의 국가들은 극심한 경제난과 경제위기 속에서도 버텨오고 있기 때문이라고 설명한다. 소련의 고르바초프가 개혁을

유럽이 석유 가격 폭등과 이로 인한 아랍으로부터의 들여 온 대규모 차관을 해결하지 못한 것에서 출발한 경제 침체로 위기가 시작한 것과 같이[30] 북한체제 변화 가능성 또한 경제 붕괴에서 찾을 수 있다. 이반과 발라즈는 국가 사회주의 위기의 내부요인과 외부요인을 다음과 같이 설명한다.

〈표 2-1〉 이반과 발라즈의 논제

내부적 요인	외부적 요인
- 구엘리트와 신엘리트(기술자, 전문지식인)사이의 투쟁 - 정치불만자의 정치세력화 - 대중의 풀뿌리 운동: 헝가리	- 세계경제 소용돌이에 종속 - 시나트라 독트린: 고르바초프의 동유럽 포기 결정(동독, 체코)

※ 출처: 정흥모, 『체제전환기의 동유럽 국가 연구』, 서울: 오름, 2001, 42쪽.

신엘리트와 구엘리트 사이 갈등은 경제 위기 해결에 대한 처방 차이에서 발생한 것이다. 신엘리트들이 스탈린주의적 관료 행태의 변화를 유도하면서, 동시에 자율적 행동 · 경제적 행동 · 정치적 행동에 유리한 정치공간의 개방을 요구하였기 때문이다.[31] 소련에서도 고르바초프 집권 이래 개혁을 뒷받침할 엘리트의 집단적 성격은 연령구조나 학력과 같은 부분에서 변화를 보였다. 이념 지향적 인물보다 전문적 지식

시도하지 않았다면, 경제위기가 지속되는 상황 속에서도 소련이라는 체제가 오래 지속될 수 있었다는 것이다. 북한의 경제위기가 정치체제 변화에 '의미' 있는 영향을 주지 못하고 있는 것을 통해 볼 때 시사하는 바가 있다. 신율, "북한의 체제전환의 가능성과 전략적 한계," 『21세기 정치학회보』 제13집 1호, 2003, 137쪽.

30) 정흥모, 『체제전환기의 동유럽 국가 연구』, 서울: 오름, 2001, 41쪽.

31) 위의 책, 42쪽.

이나 학식을 가진 젊고 개혁지향적인 인물들이 등장하여 체제개혁을 추진하였다.[32] 그러나 소련의 사례를 북한에 적용하기에는 한계를 갖고 있다. 전망이론(prospect theory)의 주장을 빌리자면 북한 엘리트는 아직 "현상상태에서 이득(domain of gaing)"을 얻고 있다고 믿기 때문에 현상유지라는 소극적인 태도를 취한다. 따라서 급진적 개혁정책의 도입 등 현상변경을 둘러싼 엘리트의 정책갈등이 발생한 소지는 약하다.[33]

이와 함께 공식적인 공산주의 이데올로기 교육의 실패도 하나의 원인으로 꼽는다. 이데올로기는 새로운 사회주의적 인간을 낳고자 하였다. 즉 공동체를 위하여 비이기적으로 일하는 인간, 비민족주의적 신념을 가진 인간, 그리고 교육에 근거하여 모든 사회적 위치에서 긍정적 기능을 수행할 수 있는 인간을 낳고자 하였다. 그러나 사람들은 오히려 오직 이익을 얻을 때에만 동기화될 수 있었고, 종교심과 자신의 인종집단, 민족과의 결부가 중심적 역할을 연출하였다.[34]

북한의 위기 요인을 내·외적 요인으로 나누어 살펴 볼 수 있다. 북한의 내적 위기 요인으로는 앞에서 언급한 것과 같이 경제 침체이며 외적 요인으로는 국제적 고립과 미국과의 대결정책으로 인한 안보 불안을 들 수 있다. 북한에서는 동유럽에서 경제 위기 해결 방안을 둘러싸고 신·구 엘리트들이 갈등을 연출했던 것과는 다른 양상을 보인다. 북한은 정치경제 위기를 맞아 '선군정치'로 대처하고 있다. 경제부문 개혁도 북한 지도부 차원에서 2002년 7·1경제관리개선조치를 발표하였다. 북한이 취한 7·1경제관리개선조치가 체제 변화의 동인이 될 수

32) 이교덕, 앞의 책, 1996, 19쪽.

33) 한병진, "북한정권의 내구성에 대한 이론적 고찰,"『국가전략』제15권 1호, 2009, 135쪽.

34) 전국태,『국가사회주의의 몰락』, 서울: 한울, 1998, 26쪽.

있다. 즉 북한 지도부의 의도하지 않은 결과가 변화의 동인이 되어 변화 '과정'에서 '아래로부터의 변화'가 이루어 질 수 있는 것이다. 이런 측면에서 북한의 변화 유형을 '아래로부터의 변화'로 상정할 수 있는 것이다.

그러나 경제적 위기가 곧바로 주민들의 집단 저항으로 이어질 가능성도 크진 않다. 이는 동유럽의 사례에서도 확인할 수 있는데 그 이유로 첫째 이념적으로 사회주의체제의 우월성에 대한 엘리트 및 인민들의 묵시적 동의가 유지되고 있었기 때문이다. 둘째 비록 반체제 엘리트에 의한 체제 비판이 제기되고 있음에도 지배엘리트들이 국가 통치수단을 동원하여 체제를 고수할 수 있었기 때문이다. 이런 상황에서 소수 저항 엘리트들은 체제를 비판하고 체제 개혁을 위해 조직화를 시도하더라도 일반 인민들은 이에 가담하거나 동조하기가 쉽지 않다.[35] 폴란드와 헝가리에서 위로부터 타협에 의한 점진적인 정치적 개혁이 이루어지자 동독, 체코, 불가리아, 루마니아 등으로 확산되는 '역도미노' 현상이 발생한 것이다.

동유럽 사례를 곧바로 북한에 적용하기는 어렵다. 위아르다(Wiarda)가 쿠바 정권이 오랜 기간 붕괴되지 않고 버티는 이유를 설명하기 위해 고안한 '전략적 엘리트들의 충성심과 상대적 일체감'(The Loyalty and Relative Cohesion of Strategic Elite)이란 개념을 북한에도 적용 가능하다.[36] 북한의 제도와 정책이 자기 강화적으로 결합되면서 극히 보수적 체제수호에 용이한 엘리트연합을 형성했다. 김일성은 강력한 통치

35) 민족통일연구원, 『사회주의체제 개혁·개방 사례 비교연구』, 서울: 민족통일연구원, 1993, 264쪽.

36) 쿠바에서는 군대가 카스트로를 적극 지지하는 충성세력으로 남아 있으며, 장성들의 정계 진출이 두드러진 현상이다. 배정호 외, 앞의 책, 2009, 28쪽.

능력을 갖춘 당·국가를 건설했다. 성공적인 숙청과 주체사상과 혁명적 수령관에 기초한 주체의 사회주의 건설을 독재자의 권력유지에 필요한 지배연합의 규모를 축소했다. 이는 독재자에 대한 엘리트의 종속성을 심화시켰고 독재자의 지배 업무를 용이하게 했다. 고도로 발달한 국가억압기구와 사회통제력, 외부행위자의 내부 간섭의 부재, 적대국가의 위협행위에 대한 억지력 등은 지배자에게 현상 유지에 대한 정치적 자신감과 엘리트에게 정권의 미래에 대한 기대를 제공한다.[37)]

---

37) 한병진, 앞의 책, 2009, 122쪽.

3절
청년동맹의 체제변화 주도세력으로의 부상 가능성

1. 동유럽 사례와의 비교 검토

청년이 가지고 있는 변화의 민감함은 체제 변화 세력으로서의 잠재성을 의미한다. 청년동맹이 체제변화를 주도할 수 있을지에 대한 본격적인 검토에 앞서 동유럽 사회주의국가들의 체제전환 과정에서 주도했던 시민사회, 지식인 등의 역할을 살펴보고자 한다.

동유럽에서는 체제 저항세력으로서 시민사회가 꾸준히 성장하여 변화를 주도하였다. 시민사회의 개념을 국가와 대립, 대비되는 독립적인 사회단체의 조직체 또는 연결망으로써 국가 영역 안에서 활동하지만 국가에 대한 압력을 가하는 것으로 파악할 수 있다. 동유럽의 시민사회는 4단계의 성장단계를 거쳐 최종적으로는 사회세력들의 자율권을 입법화하고 궁극적으로 자유선거를 통해 시민사회와 국가가 일종의 계약을 체결하는 단계까지 이르렀다.[38)]

동유럽에서 가장 먼저 조직적으로, 그리고 정치적 의미를 지닌 채 등장한 시민사회로 폴란드의 '자유노조'(Solidarity)가 있다. 또한 헝가리는 '민주포럼'을 비롯한 '자유민주주의동맹', '청년민주주의자 연방' 등이 연합전선을 형성하여 집권당에 도전하였다. 동독의 경우 지식인, 문화인사, 환경 · 평화운동가, 교회종사자들이 '뉴 포럼'(New Forum)을 결성하여 체제 변화운동을 주도하였다. 체코는 하벨을 포함한 지식인들과 학생들이 '시민포럼'(Civil Forum)을 결성하여 반정부 총파업 투쟁을 지도하였다. 동유럽의 시민사회는 사적 자율화 및 탈국가화가 상당히 진전되어 공적 제도적으로 제1사회로부터 일정한 자율성을 확보하고 있는 상황이었다.

이에 반해서 표면적으로 가시화되어 있다기보다는 숨어있는 지하사회, 즉 시민사회의 맹아 단계이며 시민사회의 전조가 되는 제2사회도 존재한다. 제2사회 개념은 헨키스(Elemer Hankiss)가 헝가리의 사회주의 체제의 변화과정을 설명하는 개념이다. 헨키스는 제1사회는 공식적이고 제도적인 영역인 반면에 제2사회는 비공식적이고 사적 영역에 해당한다고 본다. 사회주의 체제의 변화를 설명하는 제2사회의 구체적인 형태로는 암시장 등의 제2경제영역, 비밀 학습과 지하신문 제작 등의 제2공공영역, 하위문화 혹은 반문화, 대체문화로 대표되는 제2문화영역 등이 헝가리에서는 존재하여 왔다. 이 때문에 제2사회의 성장은

---

38) 동유럽의 시민사회 형성 단계를 구분하면 다음과 같다. 첫째 단계는 당-국가에 대항하여 사적 단체나 세력이 자율권을 확보하는 단계 둘째 단계는 이러한 단체나 세력들이 공적 영역에서 제한된 목표를 추구하는 단계 셋째 단계 기존의 당-국가의 정통성에 도전하여 정치화되기 시작한 사회에 대한 통치권자로의 가능성을 제시하는 단계 넷째 단계 사회세력들의 자율권을 입법화하고 궁극적으로는 자유선거를 통해 시민사회와 국가가 일종의 계약을 체결하는 단계이다. 민족통일연구원, 앞의 책, 1993, 266~268쪽.

결과적으로 주민들에게 제1사회에 대한 신뢰도를 떨어뜨리게 되어 결국 사회주의 체제의 변화를 수반하게 되는 것이다.[39] 제2사회 특히 제2경제의 확산이 갖는 중요성은 사회주의 체제의 변화를 설명하는데 주요한 변수들의 하나이며, 이를 통해서 국가통제경제의 약화 원인에 대한 다양한 진단과 아울러 결과적으로 이데올로기의 위기 상황을 초래하게 되었다는 예측을 할 수 있기 때문이다.

북한에서도 제2사회 형성의 징후가 있다는 주장하는 연구자가 있다. 서재진은 북한 주민들이 공적 원칙의 준수보다는 개인적 이익의 추구를 더 선호하고, 이념적 가치보다는 물질적 가치를 중시하는 방향으로 사회의식이 변화하고 있으며 사적 자율화(privatization)가 진전되고 있다고 분석한다. 사회주의적 · 집단주의적 공적 세계가 개인주의적 · 자유주의적 사적 세계에 의하여 침식당하고 있다고 보는 것이다. 이러한 제2사회는 공적 사회 또는 사회주의적 원칙을 대체하기보다는 오히려 병존하면서 이중 구조를 이루고 있다고 분석한다. 결정적으로 정치적 영역에서의 변화는 다른 영역에 비해서 미약한 편으로 소련이나 동유럽처럼 반체제 지식인이 존재하지 않으며 반체제 운동을 지도하는 사상이나 이론이 없다고 지적한다.[40]

동유럽의 급격한 전화과정에서 체제에 대한 개인적 불만이 도미노 현상에 의해 갑작스럽게 군중적 소요와 혁명으로 전개할 수 있었던 것처럼 북한의 핵심 불만 계층을 살펴볼 필요가 있다. 북한의 직업총동맹은 단계적으로 ① 문화예술인, 지식인 단체들과 혼합(노동자 조직의

39) 홍철, "북한체제변화에 대한 제2사회 개념의 적용가능성 분석," 『대한정치학회보』 11집 1호, 2003, 7~8쪽; 원문은 Hankiss, Elemer, "The Second Society: Is There an Alternative Social Model Emerging in Contemporary Hungary?", *Social Research*, Vol.55, Nos.1~2, Spring/Summer, 1988 참고

40) 서재진, 『또 하나의 북한사회』, 서울: 나남출판, 1995, 458쪽.

정체성 흐려짐) → ② 당원들의 직업총동맹 내 침투(당과 노동자출신 간부들과 갈등 조성) → ③ 당에 충성하는 열성노동자들을 직업총동맹의 간부로 승진(노동자 조직의 내분, 위화감 조성) → ④ 공장 · 기업소 내 경영조직에 공장 당위원회 구성(기업관리 운영을 당이 지배) → ⑤ 상부에서 하부까지 당조직 구성, 직업총동맹 직접 지배(직업총동맹에 대한 당의 지배 일상화)라는 과정을 거쳐 로동당의 '인전대'이며 '방조자', '후비대'로서 "비당원 군중을 잘 교양하여 당의 두리에 굳게 묶어세우고 그들을 당의 정책관철에로 힘차게 조직동원하는 것"으로 만들었다. 그럼에도 불구하고 식량난과 그에 따른 배급제의 붕괴, 사적 부문의 성장, 미미한 수준이지만 노동자나 주민들의 일탈적인 움직임이 나타나고 있는 것을 토대로 직업동맹 내부 또는 노동자들의 자발성에 의해서 노동자들의 권익을 대변하는 논리나 움직임이 일어날 잠재적 가능성은 있다고 분석한다.[41]

비판적 사고 또는 의식과 도덕적 정열을 지닌 사람들인 지식인들의 체제 변화에서의 역할을 검토해 볼 필요가 있다. 지식인은 한 사회체계의 질서에 저항적이거나 옹호적일 수 있는 2중적 성격을 지닌다.[42] 동유럽 체제 변화 과정에서 폴란드, 헝가리, 체코의 지식인은 체제변혁에 중대한 역할을 수행한 반면, 나머지 국가들의 지식인들은 그렇지

41) 권오윤, "북한의 변화추진 가능세력으로서 직업총동맹의 검토," 『대한정치학회보』 제13집 2호, 2005, 45~47쪽.

42) 립셋(Seymour Martin Lipset)와 바수(Asoke Basu)는 지식인을 비판자와 기능인이란 개념으로 설명한다. 비판자로서의 지식인은 경쟁적인 사조의 혁신적 대변자가 되어 기존의 가치체계에 대한 거부를 표현한다. 기능인으로서의 지식인은 특정한 권위구조를 합리화하는 정당화의 가치를 창출해 내거나 또는 자신들의 창의적 능력을 상징적 및 제도적 틀을 공고화하는데 사회적 사명감을 가지고 관여하게 된다. 김성철, 『북한 지식인정책의 변화』, 서울: 민족통일연구원, 1995, 7~8쪽 재인용.

못했다. 폴란드의 지식인은 1980년대 '자유노조'의 형성과 발전에 기여하였으며, 노동자보호위원회(KOR, Workers' Defense Committee)[43]을 중심으로 한 지식인들은 노동자들의 의식을 높여줌으로써 자유노조 결성을 도왔으며, 이를 통한 연대는 반체제 역량을 극대화시켜 체제 붕괴에 기여하였다. 1956년 스탈린 개인숭배 비판 이후 헝가리 청년공산주의자동맹은 개혁주의자 나지(Imre Nagy)를 권좌에서 축출한 당시의 라코시(Rakosi) 체제를 비판하였다. 이것을 계기로 1956년 10월 헝가리 지식인의 주도로 정치적 자유 보장과 분권화된 경제개혁을 주장하는 국민혁명을 벌이게 되었다. 이러한 지식인들의 비판적 활동 전통은 1980년대 후반 '반체제원탁회의'(Opposition Round Table)를 결성하여 공산당과 협상을 통한 체제 변화를 이끌어 내었다.[44] 동유럽 체제 전환 과정에서의 지식인들의 역할에 대해 김정일은 '내부의 적'이 사회주의의 동요를 가져왔다고 평가하였다.[45] 이에 김정일은 "인테리를 혁명

43) 1976년 폴란드 정부는 식료품 30~100%(육류 69%) 인상 등 전반적인 물가 인상 조치를 취하였다. 이에 노동자들이 전국적으로 파업을 벌여 6,000명이 구속되고 약 2,000명이 해고되었다. 이 사건을 계기로 지식인들은 노동자들의 사면을 호소하고 노동자들에 대한 재정, 의료, 법률적 구조를 위해 노동자보호위원회를 결성하였다. 박영신, 『동유럽의 개혁운동-폴란드와 헝가리의 비교-』, 서울: 집문당, 1993, 114쪽.

44) 김성철, 앞의 글, 1995, 29쪽, 31쪽.

45) "여러 나라에서 사회주의가 붕괴한 것은 제국주의자들과 반혁명세력의 공모결탁의 산물이며 제국주의의 사상문화적 침투와 우경 기회주의 사상의 부식작용의 결과이다. 여기에서 결정적 작용을 한 것은 내부에서 생긴 사회주의 배신자들의 반혁명적 책동이다. 제국주의자들은 사회주의를 질식시키기 위하여 일찍부터 침략과 압력, 봉쇄와 회유를 비롯한 갖은 파괴 책동을 직접 감행하는 한편 공산주의운동 및 노동운동의 상하층에서 나타난 혁명의 타락분자, 변절자들을 저들의 앞잡이로 이용하여 왔다" 김정일, "사회주의에 대한 훼방은 허용될 수 없다"(조선로동당 중앙위원회 기관지 『근로자』에 발표한 담화, 1993년 3월 1일), 『김정일 선집 13권』, 평양: 조선로동당출판사, 1998, 348쪽.

화, 노동계급화하기 위한 사상교양을 당과 수령에 대한 충실성을 혁명적 신념과 의리로 간직하도록 하는 데 중심을 두고 실속있게 함으로써 모든 인테리들이 주체의 혁명관을 인생관화하도록"하여 지식인들의 체제 이탈 방지에 힘을 쏟았다.[46] 대학을 졸업한 청년인테리들에게 3대혁명소조화동을 통해 배운 지식을 넓혀 나갈 뿐만 아니라 당의 정책의 정당성과 생활력을 직접 체험하도록 하였다. 이를 통해 청년인테리들이 당과 수령에게 끝없이 충실한 혁명의 전위로 준비될 수 있도록 강조하였다.[47]

동유럽 체제 변화 과정에서 청년들은 지식인들과 호흡하며 혁명의 주체적인 역할을 수행하였다.[48] 헝가리의 민주 변혁에서 대학생들이 중요한 역할을 수행하였다. 기본적으로 헝가리 학생들의 정치적 활동은 오랫동안 공산주의청년동맹의 틀 안에서만 허용하였다. 1988년 봄 카다르 체제의 공개적인 위기와 병행하여 처음으로 자율적인 정치적 청년 · 학생 조직이 형성되었다. 그 후 학생들의 저항은 만연하였다. 학생들은 다당 체계[49]의 건설과 선거투쟁에 관여하였다.[50] 체코에서

---

46) 김정일, "혁명과 건설에서 인테리들의 역할을 더욱 높이자"(조선로동당 중앙위원회 책임일군들 앞에서 한 연설, 1990년 9월 20일), 『김정일 선집 10권』, 평양: 조선로동당출판사, 1997, 197쪽.

47) 위의 글, 207쪽.

48) 1980년대 소련의 청년들은 '조용한 냉소주의'에 빠져 있었다. 1970년대 데탕트로 인해 서방과 동구와의 교류 증대는 소련사회 내부에 서구적 생활방식이 침투하는 계기가 되었다. 당 관리들은 탐닉적이고도 물질주의적인 젊은 세대들이 이상주의와 이데올로기적 확신을 갖지 않고 냉담한 태도를 취하는 것에 우려를 표명하였다. 소련 관리들은 젊은 세대들 사이에서 나오는 이러한 소리들을 완전히 소멸시키려 하기 보다는 단지 완화 시키려고만 하였다. 안택원외, 『변모하는 공산권』, 성남: 한국정신문화연구원, 1988, 34~35쪽.

49) 헝가리의 정치적 다원주의 도입은 1990년 3월 25일과 4월 8일에 실시된 자유총선거에 의하여 구체화되었다. 이에 청년들의 자아실현을 위한 '청년민주연합'(Federation of Young Democrats: FIDESZ)는 의회에서 22석을 차지한 제5

도 대학생들이 먼저 혁명에 참여하였다. 1988년 바르샤바 조약군의 체코 침공 20주년을 맞아 수만 명의 젊은이들이 항의시위와 행진에 참여하였다.[51] 다수의 학생들이 반정부 단체와 접촉하고 있었고, 모든 학생이 지하 출판물을 읽고 있었다. 학생들은 점거 농성을 벌이면서 전국적인 총파업을 호소함으로써 혁명의 주체 세력이 되었다.[52]

폴란드의 청년들은 엑소더스(대탈출)로 체제에 저항하였다. 1980~1987년 사이 50만 명 이상의 폴란드인이 조국을 등졌다. 이들 대부분은 사회주의의 미래에 흥미를 잃었으며, 일자리를 구하지 못하여 좌절감을 빠져 있었다. 1987년 실시된 대학생 여론 조사 결과 폴란드 정부가 추구하는 정책이 옳고 좋은 결과를 낳고 있다고 응답한 학생은 불과 2%였다. 폴란드 청년들이 국가체제로부터 폭넓게 이탈했다는 것을 알 수 있다.[53] 폴란드 학생들은 1977년 '학생 솔리다리티 위원회'(Students' Solidarity Committee: SKS)를 결성하였다. 학생들은 '노동자보호위원회'의 주요 활동세력으로서, 폴란드 인권 상황에 대한 대외 선전과 검열과 경찰 탄압에 대한 규탄 활동을 전개하였다. 체제 저항 학자들이 '이동대학'(Flying University)을 만들었는데, 이 모임은 당이 독점하고 있던 교육 내용을 배척하고 청년들에게 독립된 지성을 심어주는 중요한 역할을 수행하게 되었다. 이러한 활동의 성과로 28개 정도나 되는 반체

정당으로 과격 자유민주운동을 주도한 청년들이 설립한 정당으로 헝가리 제2당인 '자유민주동맹'(1970년대 후반부터 민주화운동을 지향한 지식인 중심의 정당, 민주화 운동에 있어서는 '민주포럼'보다 깊은 역사를 지닌다)의 연합 세력이다. 안택원 외, 1988, 67~68쪽.

50) 전국태, 앞의 책, 1998, 103~104쪽.

51) 엘리 아벨 저·이근달 역, 『동구의 붕괴』, 서울: 국제언론문화사, 1991, 79쪽.

52) 티머디 가턴 애쉬 저·최청호, 정지영 공역, 『인민은 우리다』, 서울: 나남출판, 1994, 84~85쪽.

53) 엘리 아벨 저·이근달 역, 앞의 책, 1991, 106~107쪽.

제 계열의 정기 간행물들이 발간되고 읽히면서 '아래로부터의 변화'를 추동하는 원동력이 되었다.[54)]

2. 청년동맹의 체제변화 주도세력으로서의 부상 가능성 검토

북한 청년들이 체제 변화 주도 세력으로서 부상할 수 있는 가능성으로 '새 세대'가 전반적으로 혁명성이 부족하다는 점[55)]과 높은 교육 수준으로 인한 비판적 사유 능력을 든다. 북한에서 청년세대의 혁명성이 약한 것으로 알려져 있는데 이것은 단지 혁명을 경험하지 않은 전후세대여서라기 보다는 고등교육을 받고 이성적으로 더욱 각성된 세대이기 때문이다. 이 세대들이 사회의 주역이 되면 체제에 대한 압력을 한층 높아질 수 있을 것이다.[56)]

동유럽 체제 전환 과정에서 지식인들이 주도적 역할을 하면서 청년들이 이에 연대 · 지지 세력으로 역할을 했다고 한다면 북한의 경우 지식인과 청년들이 주도 세력으로 부상할 가능성이 높지 않다. 이는 결국 동유럽 사례와 같이 체제 변화를 시작할 수 있는 세력의 형성 가능성이 높지 않다고 볼 수 있다. 전체주의 사회에서 시민사회가 등장하기 위해서는 최소한의 자율화가 진전되어야 한다. 즉, 시민사회는 이

54) 박영신, 앞의 책, 1993, 123~125쪽.

55) 동독의 청년들은 노년층의 상황해석과 자기해석, 그들의 정당성의 믿음과 충성을 공유하지 못했다. 동독의 사회주의통일당의 당원들 내부에서 무엇보다도 스탈린주의적 태도를 가진 노장 세력과 글라스노스트와 페레스트로이카에 동감하는 젊은 당원들 간에 정치적, 이데올로기적 대립이 존재하였다. 이와 같이 동독의 청년들 은 북한 지도부가 우려하는 것처럼 혁명성이 약했다는 것을 알 수 있다. 전국태, 앞의 책, 1998, 126쪽.

56) 서재진, 앞의 책, 1995, 149쪽.

념적 통제와 국가의 탄압이 어느 정도 완화되어야 하는데 북한의 상황과는 일치하지 않는다.[57] 북한은 제2사회 형성에 가장 중요한 역할을 하는 제2경제의 확산을 차단하고 통제 가능하도록 하기 위해 7 · 1경제관리개선조치를 취하였다.[58]

'선군정치'와 '강성대국'의 주창도 북한 주민들로 하여금 심각한 경제난에 대한 저항 및 불만의 표출 등을 군사주의에 대한 강조로 무마하고 있다.[59] 그러나 지속되는 경제난으로 인한 조직생활의 이완이 체제변화의 '시발'로 작용할 수 있다는 것을 배제할 수 없다. 경제난 이후 생활총화와 조직생활의 이완이 청년동맹에서도 나타난다. 생활총화는 학생들이 가장 싫어하는 것 중의 하나로, 친구들 간 '담합'을 통해 자아비판이나 상호비판을 쉽게 벗어나는 경향이 나타나기도 하였다. 경제난이 심화되면서 북한의 청년들의 일탈 행위가 증가하자 이를 통제하기 위해 청년동맹은 과외교양사업부를 중앙을 비롯해 도 · 시 · 군 단위조직에 설치하여 강도 · 절도 · 강간 등 범법행위자와 직장 및 학교결석이 잦은 자, 자본주의 풍습을 유포하거나 모방하는 자 등 불량청소년을 교양 · 선도하고자 하였다.[60]

체제에 대한 비판적 기능을 수행할 수 있는 지식인들 또한 혁명화,

---

57) 이교덕, 앞의 책, 1996, 26쪽.

58) 7·1조치의 일차적인 목적은 국영 부문과 사경제 부문 간의 가격 격차를 줄여 사경제부문, 암시장의 확대를 막고 북한 주민들의 생필품 부족 문제를 해결하는데 있다. 그러나 배급제 축소와 기업의 책임경영제, 성과급 제도의 도입, 가족분조제의 확대 조치는 기존의 경제관리 방식과는 차원이 다른 정책으로서 계획경제의 근간을 흔들 수 있는 개혁적 조치로 볼 수 있다. 고려대학교 기초학문연구팀, 『7·1조치와 북한』, 서울: 높이깊이, 2005, 14쪽.

59) 홍철, 앞의 글, 2003, 76쪽.

60) 김종수, "북한 '생애주기'적 조직생활 변화와 내구력 평가," 『인문사회과학연구』 제21집, 2008, 28~29쪽 재인용.

노동계급화 개조를 통해 체제 이탈 가능성이 대단히 낮다고 평가할 수 있다. 고르바초프의 개혁·개방 정책에 대한 영향이라는 국제적 변수도 동유럽과 북한과는 차이가 있다. 동유럽의 국가들 중에서 유고와 알바니아를 제외하고는 소련의 절대적인 지원에 의해 수립되어 동유럽 국가들은 소련에 대한 종속이 강했지만, 북한 정권은 나름대로 독립적으로 형성, 유지해 오고 있다. 최근 북한은 '핵문제'로 외교적 환경이 어려움에 빠져 있지만, 한편으론 이를 주민들의 통합 기제로 활용하고 있다.

현재 북한에서 김정일을 축출하고자 하는 잠재적 집단은 있지 않다고 판단할 수 있다. 개발도상국에서 흔히 발생한 정권 전복 등 정변이 북한에서 일어나려면 '힘을 가진' 군대, 대학생, 시민사회가 기존 체제에 불만을 품고 있어야 한다. 북한에서 군대와 대학생은 엘리트 그룹으로서 정권으로부터 특혜를 받는 기득권 집단이다.[61] 북한에서 당원 충원과 간부선발의 기준에 있어서 생득적 요소가 거의 절대적인 영향을 미침에 따라, 타 사회주의체제에서 발생한 엘리트간의 노선대립은 존재하지 않는다. 김정일이 등장하면서 생득적 요소가 간부선발의 기본 요소로 지켜지면서도 다소 전문성의 경향이 나타나기 시작하였다. 그러나 이것 또한 핵심계층의 자제들 중에서도 대학교육을 받은 사람으로서 간부의 기본조건을 갖춘 사람이 많아졌기 때문이다.[62]

---

61) 박건영, 『오바마와 북한』, 서울: 풀빛, 2009, 124쪽.
62) 김성철, 『북한 간부정책의 지속과 변화』, 서울: 민족통일연구원, 1997, 70~71쪽.

4절
결론

종합해 보면 북한의 청년동맹이 체제 변화 과정에서 주도 세력으로 부상할 가능성은 높지 않다고 평가할 수 있다. 청년동맹은 직업동맹이 김일성에게 저항했던 것과 같은 역사적 경험도 없으며,[63] 체제 변화의 주도 세력으로 나설 수 있는 지식인과 노동자들의 세력 형성, 즉 연대 세력의 형성 가능성도 낮다. 이는 곧 청년동맹이 독자적으로 체제 변화 주도 세력으로 부상할 수밖에 없는 조건을 형성하는데, 과연 청년동맹이 이런 역할을 수행할 수 있을 지에 대해서는 회의적으로 보인다. 오히려 청년동맹은 당과 국가에 수직적으로 종속되어 체제가 규정하는 규범에 바탕을 둔 조직 내 사회통제 기제를 통하여 조직구성원을 직접적으로 규제함으로써 이중적 사회통제의 일익을 담당한다.[64]

---

63) 1955년 직업총동맹 위원장이 된 서휘는 전시 생산체제에서 평시체제로의 회복을 목표로 전쟁 전의 당과 직업동맹, 행정기관 간의 3각 관계의 회복과 직업동맹의 강화를 적극적으로 추진하였다. 이를 위해서 서휘는 당의 지나친 간섭으로부터 벗어나야 하며 단체계약을 원래 성격으로 복원하고 노동관계의 평시체제로의 전환을 꽤했다. 그 결과 직업동맹이 '종파의 온상'으로 매도되었다. 권오윤, 앞의 글, 2005, 44쪽.

64) 이우영, 앞의 글, 1999, 12쪽.

현재 청년동맹은 현재 당과 청년 대중을 연결하는 인전대로서 자신의 역할을 나름대로 '충실히' 수행하고 있다. 사회주의권 붕괴와 경제난 이후 청년동맹은 정치, 경제, 문화적 영역에서 체제 수호의 '전위'의 역할을 하고 있다. 북한 청년들에게 전위대 역할을 부여한 것은 청년들이 투철한 혁명의식과 '수령관'으로 무장하여 위기 상황을 사회 각 부문에 앞서서 극복해 나가기 위함이다. 김정일도 청년동맹 활동에 대해 사상교양 사업을 다른 단체들보다 '수준' 높게 잘 하고 있으며 다른 사업도 당의 의도대로 잘 하고 있다고 만족하고 있는 것이 현실이다.[65] 경제난 이후 조직 생활의 이완이 부분적으로 나타나기도 하지만 체제에 위협을 줄 정도의 심각한 상황은 아니라고 판단된다. 청년동맹이 중국의 공청단과 같이 이익단체의 성격을 가질 수 있을 것인가도 회의적이다. 이는 청년동맹 하나의 문제가 아니라 북한체제 전체 변화를 전제로 한 것이기에 그 가능성이 높지 않다.[66]

장기적 관점에서 청년동맹이 변화 주체로 나설 수 있는 가능성이 배제할 수는 없다. 북한체제가 가장 우려하는 것 중 하나가 김정일의 권력승계 과정에서 권력엘리트간의 갈등이 촉발되는 것이다. 현재 북한 당국이 청년들에게 가장 강화하고 있는 교양사업 내용이 '주체 혁명위업 완수'임에도 불구하고 동유럽 사례와 같이 위로부터의 권력 누수현상이 나타난다면 변화에 민감한 청년들이 체제 변화의 동력으로 작용할 가능성 있다.

다른 한편으로는 청년들이 만성화된 일상화·전투화 동원에 대한 불만의 폭발 가능성을 검토할 수 있다. 북한경제의 악화로 인해 시장지향적 가치를 가지고 있는 청년들이 노동시장의 다수를 차지하게 되

---

65) 김정일, 앞의 글, 2000, 142쪽.

66) 이종석, 앞의 책, 2000, 340쪽.

는 사회로 진입하게 될 때 북한의 노동력 위기는 심각해 질 수 있는 것이다. 북한 당국은 경제를 이끌어가기 위해 청년들에 대한 동원을 더욱 강화하게 될 것이며, 이러한 조치는 '고난의 행군' 이후 청년 계층에서 싹트고 있는 시장중심의 가치의식과 본격적인 충돌을 빚게 되어 체제 변화의 동인이 될 가능성을 가지고 있다.

참고문헌

▶ 단행본

고려대학교 기초학문연구팀, 『7·1조치와 북한』, 서울: 높이깊이, 2005.
금성청년출판사, 『조선공산주의청년운동사』 2, 평양: 금성청년출판사, 1982.
김성철, 『북한 간부정책의 지속과 변화』, 서울: 민족통일연구원, 1997.
______, 『북한 지식인정책의 변화』, 서울: 민족통일연구원, 1995.
김일성, 『위대한 수령 김일성동지의 불멸의 혁명위업』 10권, 평양: 조선로동당출판사, 1998.
김재한, 『북한체제의 변화와 통합 한국』, 서울: 소화, 1998.
리슈펑, 『중국의 청소년조직과 활동』, 서울: 한국청소년개발원, 1998.
리청 지음·강준영 외 옮김, 『차이나스 리더스』, 서울: 예담, 2002.
민병천 외, 『북한학 입문』, 서울: 들녘, 2001.
민족통일연구원, 『사회주의체제 개혁·개방 사례 비교연구』, 서울: 민족통일연구원, 1993.
박건영, 『오바마와 북한』, 서울: 풀빛, 2009.
박영신, 『동유럽의 개혁운동-폴란드와 헝가리의 비교-』, 서울: 집문당, 1993.
박형중 외, 『김정일 시대 북한의 정치체제』, 서울: 통일연구원, 2004.
배정호 외, 『북한체제 전환을 위한 전략적 과제와 한국의 동북아 4국 협력전략』, 서울: 통일연구원, 2009.
사회과학출판사, 『주체사상총서 9: 영도체계』, 평양: 사회과학출판사, 1985; 서울: 지평, 1989 재발간.
서재진, 『또 하나의 북한사회』, 서울: 나남출판, 1995.
서재진 외, 『사회주의 지배엘리트와 체제변화』, 서울: 생각의 나무, 1999.
안택원 외, 『변모하는 공산권』, 성남: 한국정신문화연구원, 1988.
양운철 편, 『사회주의 경제체제의 전환』, 성남: 세종연구소, 1999.
엘리 아벨 저·이근달 역, 『동구의 붕괴』, 서울: 국제언론문화사, 1991.
이교덕, 『북한체제의 변화주도세력 연구』, 서울: 민족통일연구원, 1996.
이면우 편, 『정치엘리트연구, 2002 : 중국, 일본, 러시아를 중심으로』, 성남: 세종연구소, 2002.
이우영, 『전환기의 북한 사회통제체제』, 서울: 통일연구원, 1999.
이종석, 『새로 쓴 현대북한의 이해』, 서울: 역사비평사, 2000.

전국태, 『국가사회주의의 몰락』, 서울: 한울, 1998.
전현준, 『김정일 정권의 권력엘리트 연구』, 서울: 민족통일연구원, 1995.
전현준·안인해·이우영, 『북한의 권력엘리트 연구』, 서울: 민족통일연구원, 1992.
정흥모, 『체제전환기의 동유럽 국가 연구』, 서울: 오름, 2001.
조한범 외, 『비정부기구(NGO)를 통한 남북한 교류·협력 증진 방안 연구』, 서울: 통일연구원, 2000.
중국청년출판사, 『중국공산주의청년단 제11차 전국대표대회 문헌집』, 북경: 중국청년출판사, 1983.
티머디 가턴 애쉬 저·최청호, 정지영 공역, 『인민은 우리다』, 서울: 나남출판, 1994.
Bohdan Harasymiw, Political Elite Recruitment in the Soviet Union, New York: St. Martin's Press, 1984.
Kitty Weaver, Bushels of Rubles, London: Praeger, 1992.

▶ 논문

권오윤, "북한의 변화추진 가능세력으로서 직업총동맹의 검토," 『대한정치학회보』 제13집 2호, 2005.
김정일, "김일성사회주의청년동맹의 사명과 임무에 대하여"(김일성사회주의청년동맹 중앙위원회 책임일군과 한 담화, 1996년 1월 20일), 『김정일 선집 14권』, 평양: 조선로동당출판사, 2000.
______, "사회주의에 대한 훼방은 허용될 수 없다"(조선로동당 중앙위원회 기관지 『근로자』에 발표한 담화, 1993년 3월 1일), 『김정일 선집 13권』, 평양: 조선로동당출판사, 1998.
______, "혁명과 건설에서 인테리들의 역할을 더욱 높이자"(조선로동당 중앙위원회 책임일군들 앞에서 한 연설, 1990년 9월 20일), 『김정일 선집 10권』, 평양: 조선로동당출판사, 1997.
김종수, "북한 '청년동맹'의 정치적 역할에 관한 연구," 동국대 박사학위 논문, 2006.
______, "북한 초기 청년동맹의 성격과 역할에 관한 연구," 『평화연구』 제15권 1호, 2007.
______, "북한 '생애주기'적 조직생활 변화와 내구력 평가," 『인문사회과학연구』 제21집, 2008.

______, "북한의 위기대응 전략; '청년중시' 정책을 중심으로," 『통일문제연구』 통권 43호, 2005.

박선원, "김정일시대 북한의 변화: 진화론적 접근," 『한국정치학회보』 36집 3호, 2002.

서홍교, "소련의 정치사회화로서 콤소몰의 역할," 『자유아카데미연구논총』 8, 1978.

신 율, "북한의 체제전환의 가능성과 전략적 한계," 『21세기 정치학회보』 제13집 1호, 2003.

정 웅, "북한 사회주의체제의 변화경로에 대한 연구," 한국정신문화연구원 박사학위 논문, 2003.

정한구, "북한은 붕괴될 것인가?," 『세종정책연구』 제5권 2호, 2009.

한병진, "북한정권의 내구성에 대한 이론적 고찰," 『국가전략』 제15권 1호, 2009.

홍 철, "북한체제변화에 대한 제2사회 개념의 적용가능성 분석," 『대한정치학회보』 11집 1호, 2003.

▶ 기타

"위대한 선군의 기치밑에 줄기차게 전진하는 조선청년운동," 『로동신문』, 2006년 1월 17일.

3장

6·25전쟁과 북한 '청년영웅'

6 · 25전쟁[1]은 남북 모두에게 엄청난 인적, 물적 피해를 준 과거의 사건이자, 그 상처가 아직도 일상 곳곳에 남아 있는 현재의 사건이기도 하다. 전쟁이 설정한 냉전과 분단의 의식구조는 세계와 사회의 절반만을 진리로 인식하는 기형적인 인식질서를 창출하였다.[2]

전쟁은 영웅탄생의 최적 조건이다. 영웅이라 함은 보통 인간에게서는 찾아 볼 수 없는 초인적인 힘과 위대한 사상, 아름다운 인간애를 갖춘 존재로 사회와 역사에 명백한 기여를 한 특출한 인물이라 할 수 있다.[3] 북한에서는 6 · 25전쟁 기간 550명 이상 영웅이 탄생하였다. 이러한 '영웅적 인물'은 권력에 의해서 과잉 신비화되고 신화화되며, 필요에 따라서는 창조되기도 한다. 그리하여 영웅은 일반적으로 그 체제의 유지와 강화를 위한 선전 수단으로 이용된다.[4]

---

1) 본 논문에서는 1950년 6월 25일 발발한 한반도에서의 전쟁을 '6·25' 전쟁으로 부르기로 한다. 한국에서는 일반적으로 '한국전쟁'으로 부른다. 한국전쟁은 the Korean War를 번역하면서 쓰이게 되었지만, 한국은 대한민국의 약칭이기 때문에 한반도 전체를 무대로 남북이 모두 당사자인 이 전쟁의 성격을 제대로 설명할 수 없다. 전쟁의 무대, 전장을 기준으로 한다면, '한반도 전쟁'이 오히려 '한국전쟁'보다 더 적합한 표현일 것이다. 서동만, 『북조선사회주의체제 성립사 1945~1961』, 서울: 선인, 2005, 53쪽; 북한은 6·25전쟁을 "미제와 그의 앞잡이들의 무력침공을 반대하는 조선인민의 전쟁은 조국의 자유와 독립, 민족의 자주권을 수호하기 위한 정의의 조국해방전쟁, 민족해방전쟁이였으며 인민의 원쑤들을 반대하는 준엄한 계급투쟁이였다. 조선인민의 조국해방전쟁은 또한 미제를 비롯한 세계반동의 련합세력을 반대하고 사회주의나라들의 안전과 세계평화를 튼튼히 지키기 위한 치렬한 반제반미투쟁"으로 정의하고 있다. 『조선로동당력사』, 평양: 조선로동당출판사, 1991, 267쪽.

2) 박명림은 6·25 전쟁의 영향을 분단의 고착과 적대, 냉전의 전방 초소, 보편의 상실이라는 정신구조 등으로 설명하고 있다. 자세한 내용은 박명림, 『한국 1950 전쟁과 평화』, 서울: 나남출판, 2004, 31~41쪽 참고.

3) 북한에서는 영웅을 "조국과 인민, 사회와 집단을 위한 투쟁에서 세운 위훈으로 하여 인민들의 사랑과 존경을 받는 사람들"로 정의한다. 김정일, 『모두가 영웅적으로 살며 투쟁하자』, 평양: 조선로동당출판사, 1988, 9쪽.

4) 차문석, "북한의 노동 영웅에 대한 연구: 영웅 탄생의 정치 경제적 메커니즘,"

북한은 또한 전쟁의 경험을 체제 유지의 역사적 자원으로 활용해 오고 있다. 북한은 전쟁발발일과 휴전협정 체결일을 기념하여 대중 행사를 개최하고 있다. 즉 '전쟁승리'에 대한 기억을 통해 체제 정당성을 강화시키는 계기로 활용하고 있는 것이다. 이 과정에서 전쟁영웅은 사회주의 국가들의 체제 전환과 경제적 위기가 심화되는 상황에서 전체 인민들이 따라 배워야 할 모범이 된다. 이와 같이 사회주의 사회에서 영웅의 창조와 그 영웅의 소비는 사회주의 '스펙터클 사회'를 구축하는 데 큰 힘이 되었다. 이 영웅들은 권력과 대중 사이를 스펙터클 형태로 매개하면서 권력의 힘줄, 지도자의 욕망을 사회에 정착시키고 동원을 가능케 한다.[5)]

북한은 1995년 1월 1일 김정일의 '다박솔 초소'로 불리는 214부대를 시찰을 계기로, "군사선행의 원칙에서 혁명과 건설에 나서는 모든 문제를 해결하고 군대를 혁명의 기둥으로 내세워 사회주의 위업 전반을 밀고나가는 정치"[6)]인 '선군정치'를 공식화하였다. '선군정치'의 등장은 사회주의 건설 과정에서 북한 부닥치게 된 '도전'과 분리시켜 생각할 수 없다.[7)] 북한의 '선군정치' 시대에 청년은 군대 구성에서 절대 다수를 차지하여 청년이 중시될 수밖에 없으며, 6 · 25전쟁의 '청년영웅' 정신은 선군정치 시대에 청년들에게 '계승'되야 할 정신의 전형(典型)으로 볼 수 있다. 이와 같은 시대 상황은 북한 '청년영웅'을 단순한 선전선동

『사회과학연구』 제21집 1호, 서강대 사회과학연구소, 2004, 177쪽; 김일성은 청년들에게 생활이 향상되면 될수록 북한 사회주의의 제도와 생활이 혁명 선배들의 간고한 투쟁과 막대한 희생의 대가로 이루어진 것을 명심할 것을 강조하였다. 김일성, "사회주의 로동청년동맹의 과업에 대하여," 조선중앙통신사, 『조선중앙년감 1965』, 평양: 조선중앙통신사, 1965, 27쪽.

5) 권형진·이종훈 엮음, 『대중독재의 영웅만들기』, 서울: 휴머니스트, 2005, 87쪽.

6) 김철우, 『김정일장군의 선군정치』, 평양: 평양출판사, 2000, 27쪽.

7) 위의 책, 13쪽.

의 도구적 기능을 넘어 체제유지의 전술 측면에서 이해할 수 있다.

이 글의 목적은 6 · 25전쟁 기간 북한 '청년영웅'의 역할과 성격을 분석하여, 오늘날의 위기 상황에서 '청년영웅'이 어떻게 기억되며, 그 정신이 어떻게 '계승'되고 있는지 분석하는 데 있다. 이를 위해 『청년영웅전』, 『로동신문』, 『조선공산주의청년운동사』등에 대한 문헌분석방법을 활용하였다. 또한 본 연구의 범위는 6 · 25전쟁 시기를 중심으로 하되, 전쟁 후 '청년영웅'이 어떻게 체제유지 기제로 작용하는지 현재와 비교하였다.

1절
전시동원 체제에서의 청년의 역할

1. 전선탄원 운동과 선전·유격대활동 강화

1950년 6 · 25전쟁 발발과 함께 북한은 전시체제에 돌입하였다. 1950년 6월 26일 군사위원회를 조직하여 일체의 주권을 군사위원회에 집중시켜 전체 인민과 주권기관, 정당, 사회단체 및 군사기관은 그 결정과 지시에 절대복종해야 한다고 결정했다.[8] 다음날인 1950년 6월 27일에는 최고인민회의 상임위원회 정령으로 '전시상태에 관하여'를 선포되었다. 정령에는 전시상태가 선포된 지역에서 국가 기관의 모든 기능은 해당 지역의 도 또는 시 지방군 정부에 속하며, 이 지역의 국가기관과 사회단체의 모든 역량을 전쟁 수행에 총동원한다고 규정하였다.[9]

---

8) 서동만, 앞의 책, 2005, 379쪽; 군사위원회는 위원장 김일성 위원 박헌영, 홍명희, 김책, 최용건, 박일우, 정준택으로 구성되었다. 정령 원문은 『해방일보』, 1950년 7월 2일 참고.

9) 최중극, 『위대한 조국해방전쟁과 전시경제 (1950~1953)』, 평양: 사회과학출판사, 1992, 26쪽; 한편 남한에서도 1950년 7월 8일 전라남·북도를 제외한 전국에 비상계엄령을 선포하였다. 7월 22일에는 '비상향토방위령'을 공포하여 14세 이상의 남자는 향토방위의 의무를 지게 하였으며, 7월 26일에는 대통령령

1950년 7월 1일에는 최고인민회의 상임위원회 정령 '전 지역에 동원을 선포함에 대하여'를 통해 동원을 구체화시켰다.

전시 동원은 일반적으로 병력동원과 노무동원으로 나눌 수 있다. 청년들은 병력과 노동 동원의 실제 대상으로 전쟁의 성패를 좌우하는 중요한 계층이다. 김일성의 방송연설을 시작으로 각 기관에서는 군중대회와 종업원회의, 민청열성자회의, 민청초급단체총회 등 각종 대중 집회와 모임을 통해 전선에 나가 싸울 것을 탄원을 추동하였다.[10] 그러나 개전 초기에는 청년들을 전장 동원에 집중하진 않았는데, 1950년 6월 28일 '평양시 청년열성자회의'에서 전쟁에 참가하는 것과 군수품 수송, 복구공사, 부상병 원호와 같은 전쟁지원과 함께 학업에 정진할 것을 밝힌 것에서 알 수 있다.[11]

전쟁의 지속으로 인해 희생자가 늘어나자, 청년들에 대한 병력동원이 "전선에 나가길 바라고 원하는" 형식인 '전선탄원운동'으로 본격화되었다. 전쟁과정에서 공화국 영웅칭호를 받은 리수복은 전선에 나갈 것을 탄원하면서 탄원서에 "나는 위대한 장군님을 위하여, 장군님의 명령대로 미제강도놈들의 침해로부터 행복한 우리 조국을 지키기 위하여 손에 총을 잡고 전선으로 나갈 것을 피 끓는 조선청년의 심장으로 탄원한다"라고 하였다. 한 철도노동자는 전선탄원을 하면서 "나는 조국의 자유와 공화국정부가 헌법으로써 보장해준 노력의 영예와 자유를 고수하기 위하여 우리 강토에 침입한 미제의 마지막 한 놈까지

긴급명령 제6호로 '징발에 관한 특별조치령'과 시행규칙을 공포하여 전쟁에 필요한 자원을 동원할 수 있는 법적인 조치를 취하였다. 국방군사연구소, 『점령정책·노무운용·동원』, 서울: 국방군사연구소, 1995, 240쪽.

10) 허종호, 『조선인민의 정의의 조국해방전쟁사』 1권, 평양: 사회과학출판사, 1983, 242쪽.

11) "원쑤를 소탕키위하여 청년들은 총궐기하자," 『로동신문』, 1950년 6월 29일.

때려 부시고야 말 것이다"라는 맹세로 대중을 선전선동하고 집단적 결의를 높이게 하였다.[12] 그 결과 1950년 7월 초 북한 지역 청년들 중에서 전쟁에 자원하는 수가 32만 명[13]에서 57만 명으로 계속적으로 늘어났으며, 이중에서 10만 명의 여성들도 포함된다.[14] 전쟁 개시 약 2달이 경과한 8월 15일경 80여만 명의 북한 청년들이 인민군대에 입대하였다.[15]

1951년 남북 민청 통합과 함께 제시된 후방 민청 조직의 활동으로 빨치산 활동 지원, 공장 · 기업소 · 도시 · 농촌 복구, 전시수송 강화, 위생방역 사업, 선전선동사업, 농촌지역에서의 민청 간부 양성, 대외 선전사업 등이 있었다.[16] 이러한 임무들 중에 강조된 것 중에 하나가 '선전공작'이었다. 인민군의 진격과 빨치산들의 활동을 지원하기 위해서 우수한 맹원들을 교양하여 '적군와해공작'과 '농촌선전공작'을 펼치도록 하였다. 또한 전쟁 승리를 위해서는 '최후 승리에 대한 의혹'을 품어서는 안 된다는 것을 강조하면서 민청에서 여성청년, 교원, 학생소년들을 동원해서 해설과 선전 사업을 펼치도록 하였다.[17]

전시(戰時) 북한에서 선전사업이 정연한 체계를 갖추게 된 것은 민주선전실이 농촌 '리'마다 설치되면서부터다.[18] 학생들은 '학습반'을 거

---

12) 박영자, "6·25전쟁기 북한의 후방정책," 『군사』 제57호, 군사편찬연구소, 2005, 242쪽에서 재인용.

13) "32만여의 북반부청년들 전선출동을 열렬히 탄원," 『로동신문』, 1950년 7월 5일.

14) "전선출동탄원한 젊은이들 57만명을 돌파," 『로동신문』, 1950년 7월 8일.

15) 김일성, "모든 것을 전선에로," 8·15해방 5돐 평양시 경축대회에서 한 보고, 1950년 8월 15일, 『김일성 저작집 6권』, 평양: 조선로동당출판사, 1980, 69쪽.

16) 김일성, "현 정세와 민청단체들의 당면과업에 대하여," 남북조선 민주청년동맹 중앙위원회 연합회의에서 한 연설, 1951년 1월 18일, 『김일성 저작집 6권』, 평양: 조선로동당출판사, 1980, 257~262쪽.

17) 위의 글, 260~262쪽.

18) 1951년 8월 30일 내각결정 제321호로 '농촌 리 민주선전실에 관한 규정 승인에 관하여'로 발표되었으며, 그 전문은 『로동신문』, 1951년 9월 7일 참고; 민

점으로 정치사상교양을 진행하였으며, 전선원호 · 노력동원과 같은 조직생활을 하였다. '학습반'은 거주 지역별 통학구역을 단위로 하여 거리와 교통 편리 등을 고려하여 조직되었으며 7~10명 정도로 분단과 유사한 규모였다. 학생들은 선전대, 학생작업대, 생활대, 자위대와 같은 다양한 사회정치 활동에 동원되었다.[19]

1950년 9월 이후 전황이 불리하게 돌아가자 김일성은 "현 계단에 있어서 우리 당의 전략적방침은 적들의 진공속도를 최대한으로 지연시키면서 시간을 쟁취하여 인민군주력부대들을 구출하고 새로운 후비부대들을 편성하여 강력한 반공격집단을 형성하며 계획적인 후퇴를 조직하는 것"으로 규정하고 이를 위해 당원들과 주민들에게 유격투쟁을 전개할 것을 지시하였다.[20] 김일성의 지시가 있자 당 조직들은 소년들을 중심으로 '소년근위대'를 조직하여 후방교란 사업을 펼쳤다. 1950년 10월 4일 강원도 양양지역 소년들이 '양양소년근위대' 결성을 시작으로 인제군 북면 한계리에서 원통중학교 소년단위원장을 비롯한 10명의 학생들이 '꾀꼴새소년근위대'를 결성하는 등 북한 전역에서 다양한 '소년근위대'들이 결성되었다.[21] 북한의 '소년근위대' 활동은 전쟁 상황이 다급하게 전개되자 '총력'을 모우기 위해 학생들을 전쟁에 동원한 비극적인 사례다.

주선전실에 대한 자세한 내용은 서동만, 앞의 책, 471쪽; 김상범, "한국전쟁기 조선로동당 정치조직사업의 특징에 관한 연구 -'총력전사회'의 형성-," 동국대 석사학위 논문, 2004, 117쪽을 참조.

19) 김창호, 『조선교육사』 3, 평양: 사회과학출판사, 1990, 287쪽, 295쪽.

20) 김일성, "일시적인 전략적 후퇴와 당단체들의 과업," 도당위원장협의회에서 한 연설, 1950년 9월 27일, 『김일성 저작집 6권』, 평양: 조선로동당출판사, 1980, 128쪽.

21) 금성청년출판사, 『위대한 조국해방전쟁시기 소년들의 투쟁』, 평양: 금성청년출판사, 1982, 8쪽.

이러한 소년근위대 활동에 대해 김일성은 "우리 로동당이 민주청년동맹을 조직한 첫날부터 청년들에게 옳은 교양을 주었고 그들을 애국주의사상과 자기희생적 정신으로 무장시킨 결과입니다. 우리는 위대한 조국해방전쟁에서 영용성을 발휘한 청년들의 빛나는 업적을 찬양하며 당을 도와 청년들을 옳게 교양하고 전쟁승리에로 동원한 민주청년동맹의 사업을 높이 평가한다"라고 치하하고 있다.[22)]

김일성 출생 40주년이 되는 시점인 1952년에 청년들이 '김일성장군 략전' 연구와 학습을 진행하였다고 한다. 이어 1953년에는 김일성이 직접 학생들에게 '김일성장군의 략전연구소조'를 만들었으며, 이것이 "위대한 수령님을 따라 배워 주체의 혁명위업을 대를 이어 계승 · 완성하기 위한 역사적 사변"이라고 서술하고 있다.[23)] 다른 자료에서는 이보다 더 나가 '김일성장군 략전소조'를 "만경대혁명학원을 다니시던 친애하는 지도자 김정일 동지의 구상에 따라 학원 안에 결성되었다."고 서술하고 있다.[24)] '김일성 장군의 략전 연구소조' 활동에 대한 『평남일보』 1953년 4월 23일 기사를 인용하고 있어 『평남일보』 기사 존재 유무를 가릴 수 없는 조건에서 연구소조 존재 자체에 대한 신뢰성에 대해서는 반박이 어려다 하더라도 갓 10살을 넘긴 김정일에 의해 결성되었다 것에 의문을 제기할 수밖에 없다. 또한 이것을 '주체의 혁명 계승'을 완성하기 위한 목적으로 해석하는 것은 '결과론적 해석'으로 평가할 수 있다.

---

22) 김일성, 앞의 글, 1951, 250쪽.

23) 금성청년출판사, 『위대한수령 김일성동지의 청년운동령도사』, 평양: 금성청년출판사, 1997, 257~258쪽.

24) 김창호, 앞의 책, 1990, 293쪽; 북한의 혁명사적지 중에 김정일의 전쟁 시기 활동을 기념한 곳도 있다. 대표적인 곳이 장자산 소년단야영소로, 김정일이 8세이던 6·25당시 평양에서 이곳으로 피난해서 전선원호사업을 전개하였다고 주장하는 지역에 자리 잡고 있다. 박성희, 『북한 청소년 단체활동에 관한 연구』, 서울: 한국청소년개발원, 1995, 36쪽.

2. 전시생산과 '전선원호' 활동 강화

전쟁 시기 북한경제는 청년들이 모두 전선으로 나가 노동력과 기술력의 부족을 겪던 힘든 상황이었다. 급속히 늘어나는 전시 물자를 충족하기 위해 후방 주민들의 무한한 '애국적 헌신성'이 요구되는 상황이었다. 북한은 전시경제의 특징을 ① 경제활동에서 군사제일주의 보장 ② 강력한 중앙집권제 ③ 자력갱생, 애국주의 등 혁명정신 고양 ④ 전선과 후방의 긴밀한 통합체제 ⑤ 사회주의적 경제 지반의 공고화로 규정하였다.[25]

적에 대한 증오심과 조선로동당 입당은 증산경쟁운동의 좋은 자극제였다. 민청원들의 전쟁 동원으로 인해 노동력이 부족하자 법으로 금지된 청소년들의 노동이 자연스럽게 대두되었다. 평양시당의 일부 초급단체에서는 '근로 열성자'들의 입당 청원이 많았다. 그러나 만 20세 이하, 보증인의 교제 시일 부족, 직장 근무연한 부족한 사람을 당원으로 받아들이는 것은 당 규약 위반이라는 이유로 부결되는 사례들이 발생하였다.[26] 당시 민청원들의 가입 연령이 14~28세였으며, 20세 이하 청(소)년들의 입당 좌절은 전시생산의 주역인 청년들의 노동의욕을 저하하는 일임은 분명하였다.[27] 결국 1년 뒤인 1951년 10월 당중앙정치위원회에서는 만 18세부터 입당을 허용하였다.[28]

---

25) 최중극, 앞의 책, 1992, 83~86쪽.

26) "평양시 당단체의 당장성사업에 대하여"(조선로동당 중앙조직위원회 第46차 회의 결정서, 1950년 9월 10일), 『북한관계 사료집』 29권, 과천: 국사편찬위원회, 1998, 518~520쪽.

27) 청년동맹의 가입 연령은 1948년까지는 만 16~26세, 1956년까지는 14~28세, 1964년부터 현재까지 14~30세이다. 최대석·김종수, "북한 권력승계 시기 '조선사회주의로동청년동맹'의 변화 연구," 『현대북한연구』 9권 1호, 북한대학원대학교, 2006, 84쪽.

북한에서는 전시경제 운영을 위해 소련 전시경제 경험을 받아들여 전시 증산경쟁 운동을 주목하여 '청년전선작업반'운동의 강조하였다.[29] 이와 함께 '전선 브리가다 운동', '전선 돌격대 운동', '2인분 3인분 초과 생산 운동', '원가저하 운동'과 같은 다양한 명칭과 방법으로 증산 경쟁운동을 전개하였다. 1941년 소련 공청원인 보낀의 제안으로 '2백명 운동'이 전개되었는데, 이 운동은 북한에서 전개한 '2인분 초과 운동'과 같은 내용이다. 운동에 참가한 공청원은 먼저 자기의 기준량을 완수한 후 전선에 나간 친구의 몫까지 생산하는 운동이었다. 이 '2백명 운동'이 발전하여 '청년전선작업반'운동이 되었다. '청년작업반'운동은 전쟁이라는 조건에서 생산성과 달성을 위한 가장 우수한 형태로 평가받으면서, 청년반원들이 "눈도 부쳐보지 못하고 몇 주야 동안 일하는 것이 드문 일이 아니다"라고 하였다. 전쟁 말기에는 15만 5천개의 청년작업반에 백만 명의 청년들이 참가하였다.[30]

전쟁 시기 신의주 낙원기계공장에서 '신포향'이라는 여성 영웅이 탄생하였다. 그는 전쟁과 이후 복구과정에서 낙원기계공장이 '자력갱생 · 결사관철'의 본보기로 부상하는 데 선도적인 역할을 담당했으며,

---

28) "당 장성에 대하여"(당중앙정치위원회 제100차 회의 결정서, 1951년 10월 9일), 『북한관계 사료집』 29권, 149쪽; 1948년 3월 2차 당대회에서 확정된 조선로동당 규약 제2장 5조에서는 "20세에 달한 남녀는 당원이 될 수 있으며 당에 입당하고자 하는 경우에는 당원 2명의 보증서를 첨부한 개별적 입당원서를 당세포 제출할 것"으로 규정했었다. 전쟁 후 개최된 3차 당대회에서는 만 18세부터 입당할 수 있으며, 민청원일 경우 시·군 민청에서 입당 보증을 할 수 있도록 개정되어 전쟁 시기 결정한 사항을 확정했다는 것을 알 수 있다. 국토통일원, 『조선로동당대회 자료집』 제 I 편, 서울: 국토통일원, 1988, 271쪽, 527쪽.

29) "군수품 생산보장을 위한 당단체들의 과업에 대하여"(조선로동당 중앙조직위원회 제46차 회의 결정서, 1950년 9월 10일), 『북한관계 사료집』 29권, 516쪽.

30) 청년생활사, 『레닌-쓰딸린적 공청』, 평양: 청년생활사, 1950, 247~249쪽.

'락원의 10명 당원'이라는 신화를 창조하는 주역이 되기도 했다. 그가 소속된 주철직장(생산라인)을 신포향주철직장으로 개명하였다.[31] 여성 노동자인 고영숙은 '원가저하 운동'을 전국적으로 확산시켰는데, 그 결과 금속 부문에서만 연 3억 3천만 원 이상의 이익이 생기게 되었다. 또한 '시간외 노동', '공휴일 노동'에 약 8,600여개의 작업반이 참가하여 총 80만 시간 노동을 제공하였다.[32]

농촌지역 청년들도 '전선청년돌격대'운동을 적극적으로 펼쳤다. 돌격대원들은 파괴된 농경지 복구와 논밭 김매기, 비료생산 등 모든 영농작업을 집단적으로 전개하였다. 농촌 민청 초급단체에서는 맹원 전체가 '전선지원 돌격대'에 가입되어 이앙·제초와 같은 작업을 공동으로 진행하였다. 공습으로 인해 주간 작업이 어려운 상황에서 추수기가 다가오면 작물을 제때에 수확하기 위해 별도로 '청년추수반'을 구성하였다. '청년추수반'은 야간에 수확과 운반, 탈곡 작업을 진행하여 '적기수확' 하였다.[33] 이는 일반 주민들을 소개(疏開)한 뒤 청장년들이 중심이 되어 '전선공동작업대'를 구성하여 공동 경작하는 노력을 펼친 결과였다.[34] 또한 사회주의 국가들이 '조선원조주간', '조선아동원조주간', '조선원호증산운동주간'과 같은 운동을 통해 모집해 준 쌀, 고기 등 소비재는 정상적인 생산 활동을 펼치는 데 큰 도움을 주었다.[35]

---

31) 차문석, 앞의 글, 2004, 187쪽.

32) 김영동, 『조국해방전쟁의 승리를 위한 조선인민의 투쟁』, 평양: 조선로동당출판사, 1956, 31~32쪽.

33) "적기에 벼가을을 하자 -평양시 주변 남교리 청년들-", 『민주청년』, 1952년 9월 23일.

34) 조선민주주의인민공화국 과학원 경제법학연구소, 『해방후 우리나라의 인민경제발전』, 평양: 과학원출판사, 1960, 88쪽.

35) 박태호, 『조선민주주의인민공화국 대외관계사』 1, 평양: 사회과학출판사, 1985, 115~116쪽.

남자들이 전장에 동원됨에 따라 여성 노동력의 효율적 활용이 전시 경제의 중요한 과제였다. 전쟁 기간 여성 동원의 대표적 운동이 '여성 보잡이운동'이었다. 평안남도 개천군 여성 민청원이었던 락희는 처녀 보잡이운동의 전파자였다.[36] 소를 부리며 논밭은 가는 보잡이는 전통적으로 남자만 할 수 있는 일로 인식되었다. 그러나 보잡이를 할 남자들이 전선으로 나간 상황에서 당 조직과 여성동맹은 '여성보잡이운동'을 조직하였다. 이 운동은 "여성들이여! 보탑을 잡아라! 전시식량증산을 위하여 전선에 나간 남편과 아들과 오빠들을 대신하려거든 그들이 총을 잡은 마음으로 보탑을 잡아라!"라는 구호로 급속히 북한 전역으로 보급되었다.[37]

북한 소년들은 군인들의 사기 진작을 위하여 정신적, 물질적 지원 운동을 전개하였다. 전장에서 싸우는 군인들에게 사기는 중요한 문제이다. 군사적 활동에서 본질적으로 수반하는 것이 위험성이다. 인간의 여러 가지 정신적 힘 가운데 위험성에 대해 가장 고귀한 정신은 용기[38]인데 인민들의 지지와 성원은 전장의 군인들에게 용기를 실어주는 중요한 원천이었다. 이에 북한에서는 소년들의 '전선원호'운동을 "조국의 영예와 민족의 존엄, 인민의 자주성을 옹호하기 위한 조선소년들의 창조적 운동으로 전쟁 승리에 크게 기여한 운동"[39]으로 평가하고 있다.

---

36) 락희는 준혁리에 46명의 여성 보잡이를 양성하여 전체 논 면적의 80%를 갈았다. 그리고 개천군으로 운동을 확산하여 260명의 여성 보잡이를 양성하였다. 민청출판사, 『조선청년』 (2), 평양: 민청출판사, 1961, 292쪽.

37) 력사연구소 민속학연구실, 『조국해방전쟁시기 발현된 후방인민들의 혁명적 생활기풍』, 평양: 사회과학출판사, 1976, 69~70쪽.

38) 클라우제비츠 저, 이종학 역, 『전쟁론』, 서울: 일조각, 1981, 20쪽.

39) 금성청년출판사, 『위대한 조국해방전쟁시기 소년들의 투쟁』, 평양: 금성청년출판사, 1982, 83쪽.

소년들의 전선원호운동은 위문활동, 군기(軍器) 헌납 활동으로 나눌 수 있다. 소년들의 위문활동으로는 위문편지 쓰기와 위문품 보내기, 위문공연 등이었다. 소년단이 중심이 되어 자신들의 학습과 소년단 생활, 후방가족 돕기 위해 진행되고 있는 '좋은일하기운동' 성과, 미국에 대한 복수에 대한 당부 등의 내용을 담은 위문편지 보내기 운동을 전개하였다.[40] 군기헌납운동은 물질적 지원운동이다. 군기헌납운동은 사실 6 · 25전쟁 시기 북한에서만 있었던 일은 아니었으며, 소년들만의 활동 또한 아니었다.[41] 일제 식민 통치기 '친일파'들의 협력 상징이 '비행기 헌납'이었다. 대표적인 '친일파' 문명기(文明琦, 창씨명 文明琦一郎)는 1935년 육군과 해군에 각각 1대씩의 비행기를 헌납하는 비용으로 10만원을 기부하면서 전국적으로 유명 인사가 되었다.[42] 해방 이후 남한에서도 '애국'의 상징으로 비행기 헌납이 이루어졌다. 중유를 수송하려는 북한 수송선을 검거한 인천 헌병들은 국가에서 받은 상금을

---

40) 위의 책, 86쪽.

41) 청년들을 비롯해 많은 주민들이 군기 헌납운동에 참가하였다. 전쟁 초기인 1950년 8월 『로동신문』에 소개된 기사만 살펴봐도 다음과 같다. "비행기 땅크 함선기금헌납운동 북반부 각지에서 활발히 진행," 『로동신문』, 1950년 8월 1일; "미제의 무력침공을 반대하여 종교인들은 용감히 싸울 것이다. 김익두목사의 비행기 땅크기금 10만원 헌납에 호응하여 기독교인들 전쟁승리 위해 궐기," 『로동신문』, 1950년 8월 5일; "'대학호' 군기헌납을 호소 김일성대학교직원들 궐기," 『로동신문』, 1950년 8월 6일; "비행기 땅크 함선기금으로 1천 2백만원을 헌납 평남도 인민들의 애국지성," 『로동신문』 1950년 8월 9일.: "전선에 바치는 인민들의 지성 - '소년호'비행기 땅크 헌납운동, -녀성들도 군기헌납운동에 열성적으로 참가," 『로동신문』, 1950년 8월 10일; "7월말 현재 1억 7천만원을 돌파 비행기 땅크 함선 헌납기금," 『로동신문』, 1950년 8월 12일; "비행기 '함남소년호'는 전선으로 함남도 소년들 비행기 2대를 헌납," 『로동신문』, 1950년 8월 13일; "비행기헌납 기금으로 19만원을 희사 동평양교회 장로 최억태씨," 『로동신문』, 1950년 8월 25일.

42) 반민족문제연구소 엮음, 『친일파 99인』 2, 서울: 돌베개, 1993, 162쪽.

'비행기'기금으로 헌납하였다.[43] 현대화된 전쟁 수행을 위한 필수품인 '비행기'헌납은 애국의 상징으로 작용하였다.

6 · 25전쟁 기간 북한 소년들의 '애국'에 대한 실천이 '소년호' 헌납운동으로 나타났다. '소년호' 헌납운동은 1950년 7월 13일 북청군 소년들과 평양 제14 인민학교 소년단원들이 '소년호' 헌납운동을 결의하면서부터 시작되었다. 소년들의 군기헌납운동은 궁극적으로 인민군대의 물질적 지원과 함께 소년들의 '정치화' 과정으로 중요한 의미를 갖는다. '소년호' 헌납운동 과정 자체가 "혁명의 계승자들인 소년들이 일하기를 좋아하고, 개인보다 조직, 사회와 인민을 귀중히 여기는 집단주의 사상"을 습득하게 된다는 것이다.[44]

앞에서 살펴본 것과 같이 북한의 청년들은 전장과 후방에서 전쟁승리를 위해 동원되었다. 전쟁에서 보여 준 청년들의 활약은 '영웅'탄생의 소재가 되는데, 이것은 지배 권력이 대중으로부터 영웅을 만들어 대중 동원이라는 권력의 욕망을 투영시키기 위함이었다.[45]

---

43) "상금 80만원을 비행기 기금으로 헌납," 『대중일보』, 1949년 12월 1일; 대한부인회 전남지부애서도 주부들이 쌀을 절약하여 그 기금으로 '대한부인회 전남호'를 헌납할 것을 결의하였다. "절미로 비행기 헌납," 『동방신문』, 1949년 10월 21일.

44) 금성청년출판사, 앞의 책, 1982, 105쪽.

45) 권형진·이종훈 엮음, 앞의 책, 2005, 229쪽.

2절
'청년영웅'의 탄생 배경과 활동

1. '청년영웅'의 탄생 배경

전쟁은 영웅 탄생의 최적 조건을 만든다. 보통 인간에게서는 찾아볼 수 없는 초인적인 힘과 사랑을 전쟁이라는 참혹한 조건에서 발휘한다는 것은 영웅 탄생을 의미한다. 또한 희생에 대한 사회적 보상 차원의 '영웅 만들기'는 전쟁에서 새로운 '희생'을 보장하는 기제로 작용한다. 영웅들은 권력의 정책 의지를 전달하는 '정치적 전도사'의 역할을 한다.[46] 결국 권력은 이들을 통해서 자신의 욕구를 사회에 관철시킨다. 시대적 필요에 의해 기억은 조작되기도 하는데, 이때 영웅은 만들어지기도 한다.[47]

---

46) 차문석, 앞의 글, 2004, 181쪽.

47) 대표적 예로 프랑스의 나치협력자 청산 문제를 들 수 있다. 드골 집권기 프랑스 사회를 지배한 레지스탕스, 즉 대독항쟁의 '신화'는 집단기억이란 사회적 필요성에 따라 만들어진다는 사실을 극명하게 보여주는 사례다. 전후 드골 정부는 부역자 숙청 작업이 끝나자 부역 대신 레지스탕스의 기억을 '암울한 시기'에 대한 공식적인 기억으로 내세움으로써 국가 재건에 필요한 국민적 자긍심과 애국심을 끌어내고자 한 것이다. 안병직, "과거청산, 어떻게 이해할

사회주의 국가의 청년 영웅의 탄생과 확산은 러시아 혁명 이후 전개된 내전에서 그 기원을 찾을 수 있다. 1918년부터 1920년까지 러시아 전역을 휩쓸었던 내전 기간 구소련의 청년조직인 콤소몰 대원의 영웅적 투쟁은 청년들로 하여금 전쟁에 나가 싸우도록 독려하는 계기가 되었다. 니콜라이 오스트로프스키(Nikolai Ostrovsky)는 '강철은 어떻게 단련되는가?'에서 콤소몰 대원들의 청년 영웅들의 활동과 용기를 묘사하여 그들의 활동이 '전설'이 되도록 하였다. 이 시기 15~16세의 청년이 지휘관으로 전쟁에 참여하였으며, 17세의 래핀(Albert Lapin)은 30명의 화기 소대의 지휘관으로 그의 동료 고리코브(Arcady Golikov)은 16세에 분대장이 되어 전투를 지휘하였으며 전쟁이 끝난 후에는 붉은 군대의 사령관이 되었다.[48] 2차 세계대전 기간에는 소련 여성들의 활약이 두드러졌는데, 특히 '한밤의 마녀들(Night Witches)'로 알려진 여성 파일럿 중대가 두각을 나타내었다. 그들은 공중전에서 독일군의 진지를 괴롭히고, 루프트바페(Luftwaffe) 전투기를 격추시켰다. 이와 같이 많은 소련 여성들은 전선이나 빨치산 전투에서 용맹함을 발휘한 공로로 훈장을 받았다.[49]

소련의 사례와 같이 북한에서도 전쟁 기간 영웅이 등장하였다. 북한에서 처음으로 1950년 6월 '공화국 영웅' 칭호가 제정되었다.[50] 공화국

것인가?," 안병직 외, 『세계의 과거사 청산』, 서울: 푸른역사, 2005, 29쪽.

48) Ann Todd Baum, *Komsomol Participation in the Soviet First Five-Year Plan*, New York: St. Martin's Press, 1987, pp. 20~21.

49) 존 M. 톰슨 지음, 김남섭 옮김, 『20세기 러시아 현대사』, 서울: 사회평론, 2004, 452~453쪽.

50) 최고인민회의 상임위원회 정령으로 1950년 6월 30일 '최고의 영예인 영웅칭호를 제정함에 관하여'가 발표되었다. 정령 내용은 1. 조선인민공화국의 최고영예인 조선인민공화국 영웅의 칭호를 제정한다. 2. 조선인민공화국 영웅의 칭호를 받은 자에게는 이와 동시에 조선인민공화국의 최고훈장인 국기훈장

영웅 칭호를 제정하면서 김일성은 "영웅이 많을수록 그만큼 적을 많이 잡는 것이며 이것은 전쟁 승리를 앞당기는 것"이 된다고 강조하면서 모든 군인과 주민이 영웅이 되도록 싸울 것을 강조하였다.[51] 6 · 25전쟁 기간 북한에서는 533명의 '공화국 영웅' 이 탄생하였으며, 16명의 노력영웅[52]도 탄생하였다.[53] 1951년 12월 30일 현재 조선인민공화국 영

제1급 금별메달 및 조선최고인민회의의 상임위원회의 표창장을 수여한다. 3. "조선인민공화국 영웅칭호에 관한 규정"을 승인한다. 4. 금별메달 도해를 승인한다. "최고의 영예인 영웅칭호를 제정함에 관하여," 정경모·최달곤 책임편집, 『북한법령집』 제1권, 서울: 대륙연구소, 1990, 402쪽; 최고인민회의 상임위원회는 이 정령을 발표하면서 자신들의 국호마저 제대로 표기하지 못한 실수를 범했다. 즉 '조선민주주의인민공화국'을 '조선인민공화국'으로 잘못 발표하여 1954년 이를 정정하는 정령인 "1950년 6월 30일 '최고의 영예인 조선인민공화국 영웅 칭호를 제정함에 관하여'에 보충을 가함에 관하여'를 다시 발표하는 해프닝도 있었다. 조선중앙통신사, 『조선중앙연감 1954~1955』, 평양: 조선중앙통신사, 1954, 60쪽.

51) 조선로동당출판사, 『위대한 수령 김일성동지의 불멸의 혁명업적』 4, 평양: 조선로동당출판사, 1998, 311쪽; '영웅'칭호에 관한 세부 규정은 다음과 같다. 제1조 조선인민공화국 영웅칭호는 조선민주주의인민공화국의 최고의 영예이며 국가 앞에서 개인적 또는 집단적으로 영웅적 위훈을 세운 자에 대하여 이를 수여한다. 제2조 조선인민공화국 영웅칭호는 조선최고인민회의 상임위원회가 이를 수여한다. 제3조 조선인민공화국 영웅은 칭호와 동시에 국가훈장 제1급 금별메달 및 최고인민회의 상임위원회의 표창장을 수여받는다. 제4조 조선인민공화국 영웅의 칭호를 받는 자가 거듭하여 조선인민공화국 영웅의 칭호를 받을만한 영웅적 위훈을 세운 경우에는 두 번째 금별메달을 수여하며 이와 아울러 그의 영웅적 위훈을 찬양기념하기 위하여 그의 영웅의 고향에 공훈사적을 새긴 동상을 건립한다. 이 경우에도 역시 조선최고인민회의 상임위원회의 표창장을 수여한다. 제5조 조선인민공화국 영웅칭호의 수여와 동시에 받는 국가훈장 제1급에 따르는 연금의 규정액의 2배로 한다. 제6조 조선인민공화국 영웅칭호는 영웅적 위훈을 세운 자가 사망한 경우라도 이를 수여한다. 제7조 조선인민공화국 영웅칭호를 수여받은 자는 국가훈장 제1급 제2급 제3급에 관한 규정에 의한 모든 특전과 권리를 향유한다. 제8조 조선인민공화국 영웅칭호는 조선최고인민회의의 상임위원회만이 이를 박탈할 수 있다. 제9조 금별메달은 왼쪽가슴 상부에 패용(佩用)한다. "조선인민공화국 영웅칭호에 관한 규정," 『조선인민보』, 1950년 7월 6일.

웅칭호 수훈자는 309명이며, 이들 중 3명은 2중 영웅칭호를 받았다. 전체 309명 중 연령이 파악된 수는 266명이며, 이들 중 31세 이상은 30명이며 나머지 절대 다수가 20대이며 10대도 10명이 있다.[54] 남여 구성에 있어서 여자는 6명밖에 되지 않는다.

6·25전쟁 중에 청년들에 대한 대중적 영웅주의 정신의 교양 강화가 강조되었다. 참된 영웅적 정신은 인민에 대한 의무, 책임감이며 조국에 대한 충성심으로서 이기주의, 탐욕주의, 출세주의와 양립할 수 없다고 강조하였다.[55]

> 우리는 적들의 일시적 강점 시기에 빨찌산을 조직하여 굴하지 않고 싸운 인민들과 청년들의 영웅적 투쟁에 대한 자료 수집 사업과 전쟁에서 피해를 입은 피해 정형에 대한 조사사업을 잘하여야 하겠습니다. 그리고 원쑤들을 반대하여 영웅적으로 싸워 뛰어난 공훈을 세운 청소년들을 동맹적으로나 국가적으로 표창하며 모든 청소년들이 그들의 영웅성과 애국심의 모범을 따르도록 교양하여야 하겠습니다.[56]

---

52) 노력영웅칭호는 1951년 7월 17일 제정되었다. 노력영웅칭호는 경제, 문화, 건설 부문에 있어서 최고의 영예이다. 노력영웅칭호는 받은 자에게는 국기훈장 제1급 금메달 '망치와 낫' 및 최고인민회의 상임위원회 표창장이 수여된다. "최고의 영예인 노력영웅칭호를 제정함에 관하여," 정경모·최달곤 책임편집, 앞의 책, 1990, 403쪽.

53) 금성청년출판사, 앞의 책, 1982, 229쪽.

54) 조선중앙통신사, 『조선중앙연감 국내편 1951~1952』, 평양: 조선중앙통신사, 1952, 442~445쪽.

55) 김하영, "청년들에 대한 애국주의 사상교양의 강화를 위하여," 『청년생활』, 제4권 제5호, 민주청년동맹, 1951, 31쪽.

56) 김일성, "현 정세와 민청단체들의 당면과업에 대하여," 남북조선 민주청년동맹 중앙위원회 연합회의에서 한 연설, 1951년 1월 18일, 『김일성 저작집 6권』, 평양: 조선로동당출판사, 1980, 263쪽.

이와 같이 전쟁이라는 절박한 상황을 승리로 이끌기 위해서는 위기 극복 시스템이 작동해야 하는데 '영웅'들의 활동은 좋은 표본이 되었다. 즉 "긍정적 모범을 전형으로 내세우고 그것을 적극 본받게 하는 방법으로 온 나라의 전체 인민을 새로운 혁신과 위훈에로 힘차게 불러일으키는 것"이 중요한 문제였다.[57]

2. '청년영웅'의 활동상

북한의 『청년영웅전』에 수록된 영웅들의 활약을 통해 북한 청년영웅들이 갖는 보편성을 찾아보았다. 6·25전쟁 시기 탄생한 총 14명의 북한 청년영웅들의 출생부터 영웅으로 되기까지 과정을 서술한 〈표 3-1〉을 토대로 분석해 보고자 한다.

〈표 3-1〉에서는 북한 청년영웅의 활동을 정리하였다. '청년영웅'의 서술에서 나타나는 보편성은 출신 계급과 교육에 대한 강한 열망, 일제시대 경찰과 지주에게 핍박받으며 장시간의 강제노동 등에 고통 받았다는 것, 죽음을 각오한 전투자세, 어려운 상황에서 김일성의 '항일투쟁'에 대한 회상, 당원의 신비화 등을 들 수 있다. 영웅들 대부분 빈농, 소작농, 화전민, 머슴과 같은 최하층 계급 출신이다. 영웅들에 대한 서술에서 '학교'를 중요한 모티브로 삼는 것은 해방 후에 이들은 학교에서 마음껏 배울 수 있었으며 이러한 배움을 방해하는 '미제와 이승만 도당'에게 적개심을 가지고 전쟁에 참가하게 되었다는 논리적 연관성, 즉 입대의 정당성을 획득하는 도구로 삼고 있다.[58]

57) 편집부, "숨은 영웅들의 모범을 따라 배우는 운동은 새로운 형태의 공산주의적 대중운동," 『근로자』 453호, 근로자사, 1980, 15쪽.

〈표 3-1〉 6 · 25 전쟁의 북한 '청년영웅' 활동상

이름	출신배경	활동 내용
강호영	1927년생, 화전민출신으로 일제시대 머슴으로 생활.	1950년 12월 21일 소양강 부근 현리에서 전투를 승리, 1951년 1월 8일 충주와 원주 사이 대송리 부근에서 국군 8사단 10연대 2대대를 섬멸, 1951년 1월 17일 제천-원주 도로에 있는 감악봉 고지를 점령, 국군의 19차례 공격을 물리치고 고지를 사수함. 강호영은 전투에서 포탄 파편으로 두 다리와 왼팔 상처를 입고도 후송을 거부한 채 공격하는 국군에 맞서 자폭하여 고지를 사수함.
리수복	1934년 4월 12일생, 자강도 소작농 출신으로, 1948년 순천 고급중학교 재학중 자원입대	1951년 10월 30일 15시까지 강원도 인제군에 있는 1,211 고지 방어를 위해 옆 무명고지를 점령하라는 명령을 받고 돌격조 조직을 제안하고 조장이 됨. 고지 점령 과정에서 한쪽 다리와 오른팔에 부상을 입었으나, 기어서 20m 전진하여 기관총에 자폭하여 명령 내에 고지를 탈환함.
신기철 박원진	박원진은 평북 구성군 출생으로 17살이면서 19살이라고 속여 입대하여 '꼬마병사'로 불림.	동부전선의 전술 거점인 854.1고지 점령을 위한 공격에 앞서 개최된 민청총회에서 박원진은 "당의 후비대인 민청원은 영예로운 목적을 위하여 용감하게 싸울"것을 결의하였다. 고지점령에 나선 신기철은 국군의 공격으로 전진이 힘들어지고 오른쪽 다리까지 부상을 입지만 "부대 돌격로는 당원인 내가 개척해야 한다."는 신념으로 기어서 기관총 화점(火點)에 자폭하였음. 이를 지켜보던 민청원인 박원진도 민청 총회에서 결의한 것처럼 "민청원들이여! 로동당원들의 뒤를 따라 앞으로!"라는 말을 남기고 기관총 화점에 자폭함.
김창걸	중국 길림성 통화현에서 소작농의 아들로 태어남. 중국인민해방군으로 입대했다가 1948년 조선	1950년 강원도 화천 부근 602.6 고지 탈환 작전에 참가함. 민청원이었던 김창걸은 공격에 앞서 민청총회에서 돌격의 선두에 설 것을 결의하였으며 자신이 끝까지 지켜낸다면 로동당원으로 불러줄 것을 부탁한다. 공격에 나선 김창걸 소대가 기관총 공격으로 전진하지 못하자

58) 차문석은 레비스트로스의 구조인류학의 개념을 차용하여 신화소(mytheme)의 존재한다고 가정하고 중국의 영웅 레이펑과 북한의 영웅 길확실이 신화화되는 과정을 추적하였다. 자세한 내용은 권형진·이종훈 엮음, 앞의 책, 107~113쪽 참고.

	인민군 입대.	자폭 공격을 감행하였다. 자폭 공격 전 분대장에게 자신이 돌아오지 못하면 죽은 후에라도 조선로동당원으로 불러 줄 것을 세포위원장에게 건의해 달라고 부탁하고 자폭 공격함
한계렬	1929년 9월 23일 함남 요덕군 출생.	1950년 7월 순천 북쪽 320고지 점령 전투에서 4명의 군인과 함께 마지막으로 육박전을 전개하면서까지 싸워 한 개 중대를 물리치고 고지를 점령함. 이후 소대장으로 진급하였으며 모범 전투원으로 선발됨. 51년 5월 평양에 김일성이 주최하는 행사에 참가하기도 되어 있던 상황에서 4월 22일 강원도 인제 부근에서 전투를 수행함. 4개의 고지를 점령하려는 명령을 받고 전투에 참가. 부상을 입은 채로 마지막 고지를 점령하였으며 '조선로동당 만세! 김일성장군 만세!'를 외치고 사망함.
황순복	1933년생, 해방 후부터 전쟁초기까지 세멘트공장에서 일하다가 폭격으로 공장이 파괴되자 입대.	군대에 입대한 후 중대장 연락병 임무를 맡음. 1951년 4월 20일 902.4고지 전투에서 부상 입은 중대장을 업고 부대 집결지로 가다가 3명의 국군을 포로로 잡고 무사히 도착함. 1951년 5월 17일 739 고지 전투에서 그의 중대가 국군 76명을 생포하고 123명을 사살함. 이 전투 공로로 전사영예훈장 제1급을 수여받음. 동부전선 양구 지역 '칼능선'부근에서 전투에 참여. '칼능선'을 두고 10여 차례의 전투가 벌어짐. 황순복은 7번째 전투에서 오른쪽 무릎 아래와 손목에 부상을 입음.'칼능선'옆에 위치한 국군의 기관총 진지를 파괴하기 위한 작전에 '파괴조'로 지원함. 황순복은 중간 진지 파괴를 맡은 자가 부상을 당하자 그를 대신하여 중간 진지를 파괴한 다음 자신이 맡은 오른쪽 진지 파괴를 위해 부상을 입은 상태에서도 육탄 돌격하여 파괴 임무를 완수함.
김재경	1931년 양강도 보천군에서 극빈한 화전민의 아들로 태어남.	1950년 전쟁 발발 당시 소대장으로 근무. 1950년 7월 중대장으로 승진함. 1950년 8월 15일 대원 17명을 인솔하여 후방 교란 작전에 투입됨. 첫 작전에서 실패하고 왼팔에 총알이 관통하는 부상까지 당함. 실패 후 회의에서 "습격조에 5명의 당원이 있으며 당원에게는 점령하지 못 할 요새란 없다"고 강조하면서 대원들에게 당원을 따라 임무를 완수하자고 독려함. 다른 마을에 잠입하여 국군을 포로로 잡은 뒤 지휘부가 대구 동명원으로 이동한다는 첩보와 암호를 입수한 뒤 작전에 돌입. 작전을 위한 이동 과정에서 대원들에게 일제 식민통치기의 어려움들을 회상하도록 하여 전투 의지를 독려하였으며 특히 자신이

		1937년 접한 김일성에 대해 회상하면서 “김일성 장군님이 영도하신 항일 빨치산의 고매한 혁명정신과 백절불굴의 투지를 이어 받은 당의 붉은 전사는 모든 것을 다 바쳐 싸울 것”을 호소. 습격조는 집결하던 미군 380여 명을 살상하고 자동차를 파괴. 국군 지휘부에 침투한 습격조는 연대장을 생포하였으며, 이들에게 포진지 위치 정보를 파악하여 습격하여 파괴함. 이 과정에서 김재경은 부상입은 사병을 업고 무사히 탈출하여 부대에 도착함.
박석봉	평남 강남군에서 출생, 3학년까지 최우등생이었으나 월사금을 내지 못해 수업을 반 정도밖에 듣지 못해 13살에 겨우 졸업. 졸업 후 농사를 지음.	1948년경 군대 입대, 경기관총 사수가 됨. 전쟁 개시 직후 천안에서 첫 전투를 치름. 미군 24사단이 방어하고 있던 864고지 탈환 전투에 참가하게 됨. 2차례 공격 했으나 실패하자 당원들을 중심으로 습격조를 조직하는데 박석봉도 참가함. 기관총 사격으로 전진하지 못하자 박석봉이 죽음을 각오하고 기어서 진지를 폭파함. 전투에서 부상을 입어 후송 조치를 당했으나 후송 도중 다시 부대로 돌아옴. 이후 소대장으로 진급함. 강원도 양구 인근 899.4 고지에서 2번째 전투를 치름. 박석봉은 소대원 10여명을 이끌고 기관총 진지 파괴에 나섰으며 강력한 저항에 부딪치자 자신이 유인 임무를 자처함. 결과 3개의 진지를 먼저 파괴. 그러나 3개의 진지를 남겨 놓고 박석봉은 총알을 맞아 팔이 떨어져 나가는 부상을 입음. 이어 그는 4번째 진지를 자폭하여 파괴하였으며, 소대원들은 그의 죽음을 보고 5,6번째 진지를 파괴하여 고지를 탈환하였음.
조수환 59)	1926년 전남 나주에서 소작농 아들로 태어남. 그의 8살 때 지주 지시로 작업하던 아버지가 사고로 사망하였음. 그의 어머니도 지주에 의해 팔려가고 고아로 성장.	1951년 2월 6일 입당함. 당원이 된 후 첫 전투에서 조수환 분대가 미군 1개 중대를 격퇴함. 그리고 계속 밀려드는 국군을 맞서서도 작전을 성공적으로 수행하였다.1951년 4월 김일성이 부대를 방문하여 개최한 모범전투원에 참가하여 ‘수령의 교시’를 가슴 깊이 새겼음. 1951년 7월 전투에서는 병사 1명의 신발이 찢어져 이동을 힘들어하자 자신의 신발을 벗어주고 집결지까지 낙오자 없이 갈 수 있도록 헌신하였음. 1953년 1월 351 고지 사수 작전을 위해 투입됨. 351고지는 남북 모두에게 전술적으로 중요하여 1952년부터 서로 치열한 공방전을 벌이던 고지였음. 1953년 6월 3일 고지탈환 임무가 부여되자 회의가 개최되었는데, 이 회의에서 6월 4일 보천보 전투를 기념하여“항일빨찌산의 혁명적애국정신을 계승한 우리가 뚫고 나가지 못할 요새는 없다”는 것이 강조됨, 조수환은 항일

		빨치산처럼 조국을 사랑하며 수령에게 충실하겠다는 것을 다짐함. 치열한 공방에서 조수환은 수류탄을 맞아 이빨이 부러지긴 하였지만 지켜냈음. 전쟁 후 그는 군대 지휘관이 되었음.
석취렬	1928년 9월 1일 길림성 연길에서 태어남.	1950년 12월 4일 국군 퇴로 차단 작전에 투입. 퇴로 주변에 공격 진지를 설치한 후 투항을 권유하는 '함화'조 설치를 제안함. 이 전투에서 217명을 살상하고 120명을 포로로 잡음. 원주의 무명고지 점령 전투에서는 부상당한 부하를 '혁명적동지애'를 발휘하여 구해냄. 이 전투 후 당원이 됨. 그의 부대는 강원도 정선 부근에 있는 국군 9사단과 전투를 벌이게 됨. 그는 소대원을 이끌고 국군 부대에 잠입하여 정보를 캐는 임무를 받았음. 그는 국군 헌병대위로 위장하여 잠입하여 국군을 생포하고 정보 파악함. 파악한 정보에 따라 다른 마을에 잠입하여 또 30명을 생포하였음. 이동 중 미국 전화선을 발견하고 이 전하를 도청하여 미군고문을 포로로 잡음. 미군고문을 미끼로 사용하여 또 70명의 국군을 생포함. 다음날도 신월부락에 잠입하여 국군 28연대 2대 대원 170명을 유인하여 생포함. 1951년 3월 강원도 평창군 전투에서 사망.
장제근	1925년 요녕성 즙안현 출생. 1941년 징용되어 일본 오사카 군수품 공장에서 하루 18시간씩 강제노동을 함. 탈출시도하다가 잡혀 오사까 상선으로 다시 끌려감. 해방 후 군에 입대함.	강화도 진입 도강전투에서 선두에서서 무사히 상륙시키는 활동을 펼침. 강화도 상륙 후 국군과 패잔병, 경찰 600여 명을 살상, 체포하였음. 영등포 전투 후 마산 진입을 위해 565 고지 전투에 나섰음. 육박전까지 벌여 고지를 탈환하고 진지를 구축하였음. 국군의 고지 탈환 공격이 9차례나 전개되었으나 지켰음. 후방 공급의 주요 고지인 발산고지 사수 전투에 참가함. 발산고지로 이동 중 전차부대를 만나 3대를 파괴하였으며, 이어 40여명을 사살하는 전투를 벌여 승리하였음. 이동 도중 미군을 포로로 잡는 과정에 총알이 손을 관통하는 부상을 당했음. 이후 중대장인 된 장제근은 525고지 습격 전투에서 국군 복장으로 위장하여 승리를 거둠.
리태련	1925년 9월 1일 함남 단천군 화전민의 아들로 출생. 해방 후 아오지탄광에서 일함. 탄광에서 병을 얻은 후 제유공장으로 직장을 옮김.	행군 도중에도 틈이 나면 로동당원이 되기 위해 로동당 규약 책을 읽음. 행군에서 모범을 보여 군공메달을 수여, 당에 입당. 1951년 6월 강릉 인근의 도로를 차단하여 국군의 후방 수송을 봉쇄하는 전투에 참가. 이 전투에서 60여명을 살상하고 10여대의 자동차를 파괴 · 노획. 강원도 원통 부근 752 고지를 지키는 임무를 부여받음. 계속되는 미군과 국군의 고지 탈환 공격으로 소대장이 전사하

		는 등 많은 희생을 당하지만 고지를 지키고자 최선을 다함. 계속되는 전투로 인해 전투원들이 힘들어하자 그가 맹세문을 꺼내 "최고사령관동지께 드린 맹세를 다 실천하지 못했소 … 최고사령관동지께서 드린 맹세대로 조국의 한치 땅도 끝까지 지킬 것을" 다시 한번 맹세. 총탄 80발과 과 수류탄 3개밖에 남지 않아 부대원들에게는 군수품을 받아오도록 지시하고 혼자 고지에 남아 전투를 벌임. 총탄과 수류탄을 다 사용하고 육박전을 벌이던 순간 총탄을 구하러 간 병사들이 도착하여 전투를 승리로 이끌었음.
전기련	1930년 9월 29일 함남 신창군 출생. 소학교 졸업 후 14살에 철공소 급사로 일함.	전쟁 시작부터 214호 전차 운전수로 참가하였다. 포천 진입을 위한 전투에서 국군의 포진지를 파괴하여 진격에 공을 세웠다. 의정부로 진격하는 과정에서 매설된 지뢰를 밟아 변속기가 고장 나는 사고를 겪지만 지렛대를 이용하여 변속기를 고정한 채 진격하였다. 서울에 진입하여 시가전을 벌이던 국군과 전투를 벌여 공을 세웠다.
리동규	1929년 3월 27일 평양 출생. 1946년 철도경비대에 입대. 평양학원항공과에 입학한 뒤 항공학교가 창설되면서 전학. 1949년 말 졸업과 함께 전투비행사가 됨.	1950년 6월 28일 첫 전투비행에 나섬. 수원 상공에서 첫 공중전을 벌여 승리함. 1950년 7월 11일 평택, 천안일대 보병 지원에 나갔다가 미군비행대와 전투를 벌여 미군 폭격기를 격추하였으나 위기에 처한 편대장 비행기를 대신하여 격추당함. 비행기에서 탈출하여 전투지역에 떨어짐. 북으로 도주하는 과정에서 인민군으로 위장한 국군을 생포함. 1950년 7월 12일 처음으로 미군의 B-29 비행기와 공중전을 벌임. 2대의 전투기를 격추시킴. 23세 해인 1952년 사망.

※ 자료 : 조선사회주의로동청년동맹출판사, 『청년영웅전』(1), 조선사회주의로동청년동맹출판사, 1965; 근로단체출판사, 『청년영웅전』(2), 근로단체출판사, 1966에 수록된 내용들을 요약하였음.[60]

59) 조수환부터는 『청년영웅전』(2)에 나오는 인물이다.

60) 북한 금성청년출판사에서는 1978년부터 『조국을 지켜 싸운 영웅전사들』 3권을 발간하였다. 이 책에서는 총 45명의 영웅담이 나온다. 전체 45명의 '영웅' 중 <표-1>과 중복된 사람은 강호영, 리수복, 한계렬, 황순복, 김재경, 석취렬, 리동규로 총 7명이다. 금성청년출판사, 『조국을 지켜 싸운 전사들』 1·2·3, 금성청년출판사, 1978·1979·1980.

'청년영웅'들의 영웅적인 전투는 주로 전략적으로 중요한 고지를 두고 벌어졌다. 오늘날 북한의 대표적인 '영웅'인 리수복은 1211 고지[61]전투에 참가하였다. 1211 고지는 미군이 '단장의 능선(Heartbreak Ridge)'이라고 부르는 고지로, 이 고지를 잃게 되면 중요한 군사항인 원산항을 잃게 될 만큼 전략 거점이었다.[62] 중요한 고지를 지키기 위해 벌인 전투에서 '청년영웅'들은 '돌격조'가 되어 '자폭(自爆)'하여 전투를 승리로 이끈다. 김일성은 '자폭' 영웅들에 대해 "공화국 영웅들은 전투의 어려운 순간에 불을 뿜는 적화구를 자기의 몸으로 막았으며 죽음을 두려워하지 않고 위험 속에 뛰어 들어가 원수들을 소멸함"으로 영웅주의와 애국주의 모범을 보여 주었다고 강조하였다.[63]

'청년영웅' 서술에 있어 어렵고 힘든 상황은 김일성의 '항일투쟁'과 연결시키는 특징이 나타난다. '청년영웅'들은 보천보 전투에 대한 회상, 조국광복회 활동에 대한 회상, 김일성 항일 활동에 대한 소문에 대한 회상 등을 통해 김일성이 안겨 준 '행복한 삶'에 감사하며 충성과 죽음으로 보답할 것을 결의한다. 북한에서 항일유격대가 북한사회에

61) 1211고지는 전쟁 후 '혁명사적지'가 되었다. 1211고지에 강원도민과 군인들이 '영광의 사적비'를 건립하고 김일성의 '혁명위업'과 전쟁 승리를 기념하고 있다고 한다. 금성청년출판사, 『위대한 조국해방전쟁시기의 혁명사적지』, 평양: 금성청년출판사, 1981, 130쪽; 1211고지는 가장 중요하고 지켜야 하는 임무라는 은유적 표현의 상징으로 정착되었다. 철강산업이 공업에서 중요한 역할을 차지한다는 의미로 사회주의건설의 1211고지라고 표현하는 것이 이와 같은 사례이다. 리성찬, "천리마의 고향 강선의 청년건설자들은 수령을 목숨으로 보위하며 그이의 교시관철에서 근위대, 결사대가 되겠다", 『전국청년총동원대회 문헌집』, 평양: 조선청년사, 1968, 111쪽.

62) Wilfred G. Burchett 저, 김남원 옮김, 『북한현대사』, 서울: 신문학사, 1988, 113쪽.

63) 김일성, "공화국 영웅들은 조국해방전쟁에서 세운 불멸의 위훈을 계속 빛 내여 나가야 한다."(전국전투영웅대회에서 한 연설, 1953년 8월 19일), 『김일성 저작집 8권』, 평양: 조선로동당출판사, 1980, 66쪽.

서 공산주의자의 전형으로 받아들여지기 시작한 것은 1960년대 초부터였다. 1959년부터 출판되기 시작한 '항일빨찌산 참가자들의 회상기'가 전체사회에 광범위하게 읽혀지고 혁명전통교육의 일환으로 학습되면서 항일유격대원은 북한사회에서 공산주의자의 전형으로 인식되었다.

한편 북한지도부는 개인숭배가 전면화되고 유일사상체계 확립운동이 전개되는 1960년대 중후반부터 회상기 속의 유격대원을 매개로 수령에 대한 무조건적인 충실성 학습을 전개하였다. 이때 대중은 학습을 통해서 수령에 대해서 무조건적으로 충실했던 '참다운 공산주의 혁명가들'인 항일유격대원의 모범을 본받아 수령에 대해 무조건 충실한 전사가 될 것을 요구받았다.[64)]

『청년영웅전』도 발간 시점에 따라 김일성에 대한 '절대화'에 대한 서술 수준의 차이가 나타났다. 1966년에 발간된 2권이 1965년에 발간된 1권보다 더욱 강하게 묘사되어 있는데 심지어 "만수무강을 삼가축원"하는 문구까지 등장한다. 청년영웅들이 용감성을 발휘하여 '불멸의 위훈'을 세운 기저에는 '수령'에 대한 충성심과 혁명정신, 애국심이 놓여있다고 선전한다.[65)] 이 시기 당원은 신성하며 지도자의 명령을 무조건 관철시킬 수 있는 존재로 묘사된다. "습격조에는 5명의 당원이 있으며 당원에게는 점령하지 못 할 요새가 없다," 자폭 공격에 나서면서 자신이 돌아오지 못하면 로동당원으로 불러줄 것을 세포위원장에게 청원하는 등 로동당원 대한 신비화가 이루어졌다.

이와 같이 청년들이 "조국보위의 주력군, 국방건설의 담당자"로서의

---

64) 이종석, 『새로 쓴 현대북한의 이해』, 서울: 역사비평사, 2001, 228~229쪽.

65) "전체 청년들은 조국의 통일과 혁명을 위하여 당과 수령을 목숨으로 보위하며 수령의 명령 지시관철에서 근위대, 결사대가 되자!," 『전국청년총동원대회 문헌집』, 평양: 조선청년사, 1968, 62쪽.

역할을 수행하는 데 있어 6 · 25전쟁 시기 '청년영웅'의 정신은 놓칠 수 없는 사상교양의 도구이다. 6 · 25전쟁에서 1211고지에서 전사한 '청년영웅' 리수복은 불멸의 애국심의 상징이 되어, 모든 청년들이 그의 '육탄정신', '사생결단' 정신을 따라 배울 것을 강조하고 있다. 위기의 북한 체제를 수호하기 위해 6 · 25 전쟁의 '청년영웅'들처럼 사회주의 수호와 강성대국 건설에서 '다음번 화점(火點)'을 막는 '청년영웅' 될 것을 요구하고 있는 것이다.

3절
북한 위기와 '청년영웅'의 부활

1991년 사회주의 종주국인 소련이 해체되었으며, 동유럽 사회주의 국가들 또한 급격한 체제 전환이 이루어졌다. 이러한 전통 우방국들의 몰락은 북한 지도부로 하여금 위기의식을 갖게 하였다.[66] 북한 당국은 대·내외적 위기를 맞아 본질적인 처방보다는 '사상'적 통제로 위기를 봉합하고자 하였다. 세계적 변화에 대응하여 북한에서 사회주의 체제를 고수해 나가기 위해서는 반사회주의적 조류들을 막아내고 주체사상 교육을 보다 강화해 나가야 하는 것이 절실하게 된 것이다.[67] 북한

---

66) 중국에서는 1989년 '천안문 사태' 이후 미국의 대중국 인권정책과 외교 고립화 정책에 대응하여 '반화평연변론(反和平演變論)'이 유행하였다. '화평연변'은 평화적으로 변화를 일으킨다는 사전적 의미와 함께 미국을 비롯한 서구사회가 사회주의 국가를 평화적으로 전복하려는 활동으로 해석된다. 1991년 7월 1일 중국공산당 기관지『인민일보』는 당 창건 70주년 기념 사설에서 "세계의 사회주의 사업이 혹독한 좌절에 직면해 있고, 적대 세력은 사회주의 국가를 평화적으로 전복"하려고 분석하고, 이에 대한 경계를 환기하였다. 류동화,『그들이 중국을 움직인다』2, 서울: 한울, 2002, 104~105쪽.

67) 중국에서도 청년들에게 마오쩌둥, 덩샤오핑, 천윈과 같은 영웅들의 정신을 학습하여 조국애와 인민에 대한 봉사 정신을 체득할 것을 강조한다. 특히 중국 공청단과 청년보 등이 주체가 되어 인터넷 사이트를 개설하고 추모대회를 개

은 먼저 대내외 환경 변화에 대처하기 위해 당의 지도적 역할을 강화하여 당원들의 생활을 통제하기 위해 조치를 취하였다.[68)]

북한의 위기 심화는 사회 모든 문제를 군대가 중심이 되어 해결해 나가는 선군정치를 낳았다. 선군정치의 실현에 있어 군대의 절대적 다수를 차지하는 청년들에 대한 적극적인 정책을 펼칠 필연성이 제기되는 것이다. 북한 청년 계층의 사회적 임무를 "조국보위 주력군, 국방건설의 담당자가 되며, 당의 선군 혁명 노선 관철의 선봉대, 돌격대"[69)]의 역할을 부여하고 있기 때문이다. 궁극적으로 인민군 '청년' 군인과 사회의 '청년'들은 같은 '청년'이지만 차이가 있다고 하면서 당 사업을 더욱 잘 해야 한다고 주문하였다.[70)] 이런 차원에서 북한에서는 청년들에게 '혁명적 군인정신'을 따라 배울 것을 강조하고 있는 것이다. '혁명적 군인정신'은 수령결사옹위정신, 결사관철의 정신, 영웅적 희생정신으로 선군정치 시대의 사상사업의 전형이 되고 있는 것이다.[71)]

북한은 '핵개발' 의혹을 둘러싸고 미국과의 대립이 고조되자 2003년 9월 5일 북한은 '선군시대 영웅대회'를 개최하여 체제 단속에 나섰다.[72)] 이 대회를 통해 북한은 "사생결단의 각오를 지니고 공화국의 존

최하는 등 청소년들이 영웅의 업적을 기리고 사회주의 영욕관(榮辱觀)을 확립하기 위해 노력하고 있다. http://www.china5000.org.cn/rrg/qsn_37.htm (검색일: 2007년 11월 10일)

68) 북한 역사상 처음으로 1991년 '전국당세포비서 강습회'를 개최하여 당원들의 생활에서부터 황색바람 차단에 주력하였다. 당원들에 대한 통제에 이어 당과 대중을 이어주는 인전대 역할을 하는 근로단체들에 대한 지도 사업을 강화하였다. 사회과학원 김일성동지혁명력사연구소, 『조선로동당의 사회주의건설령도사』, 평양: 과학백과사전종합출판사, 1995, 192쪽.

69) 『로동신문』, 2004년 4월 8일.

70) 김정일, "올해에 당사업에서 혁명적전환을 일으킬데 대하여," 『김정일 선집 14권』, 평양: 조선로동당출판사, 2000, 256쪽.

71) 김인옥, 『김정일장군 선군정치리론』, 평양: 평양출판사, 2003, 206쪽.

엄과 자주권을 굳건히 수호해 나가는 군대와 인민의 위력을 과시하는 계기"로 삼아 미국의 압박에 대해 물러서지 않겠다는 의지를 대내외에 천명하였다.[73] 조선로동당은 대회 참가자들에게 보낸 축하문에서 "전체 당원들과 인민군 군인들, 근로자들은 반미대결전이 첨예하게 벌어지고 있는 준엄한 정세에 대처하여 높은 반제반미계급의식을 지니고 우리의 사회주의 계급 진지를 더욱 튼튼히 다지며 적들이 감히 전쟁의 불을 지른다면 천만군민이 산악같이 일떠서 침략자들을 철저히 소탕하고 조국통일의 위업을 성취"해야 한다고 강조하였다.[74]

'선군시대 영웅대회'는 1988년 9월에 있었던 '전국영웅대회'보다 군인들의 역할을 강조하는 특징이 있다. 1988년 '전국영웅대회'는 '200일 전투'를 총화하고 제3차 7개년계획 수행을 독려하기 위해 개최되었다. 북한은 1989년 제13차 세계청년학생축전을 앞두고 도시정비를 비롯한 경기장 건설이 필요하였다. 이에 김일성은 1988년 2월 20일부터 국가수립일인 9월 9일까지 '200일 전투'라는 노력경쟁 운동을 제시하였다. 그러나 예상만큼 성과가 나지 않게 되자 '전국영웅대회'를 개최하였으며, 이 대회 참가자들이 '제2차 200일 전투'를 발기하는 형식으로 위기를 모면하고자 하였다.

1988년 대회가 경제적 난제를 타개하기 위한 목적이었다면, 2003년 대회는 외교안보 위협에 대한 대응 차원으로 개최한 것으로 분석할 수

---

72) 중국에서도 1989년 천안문 사건 이후 인민들의 사상무장운동으로 '뇌봉학습운동'이 부활하였다. '뇌봉운동'은 당과 정부의 주도로 줄기차게 전개되었는데 언론들은 연일 뇌봉운동의 의의와 중요성을 강조하였다. 이동률, "개방속의 새로운 영웅들의 탄생," 『북한』, 1994년 5월호, 111쪽.

73) "선군시대 영웅들은 혁명의 수뇌부결사옹위의 투사들이다," 『로동신문』, 2003년 9월 5일.

74) "축하문 선군시대영웅대회 참가자들에게," 『로동신문』, 2003년 9월 6일.

있다. '선군시대 영웅대회' 보고에서 조명록 조선인민군 총정치국장은 청년들은 김정일의 선군혁명 영도를 충성으로 받들어 사회주의 수호와 강성대국 건설의 돌격대가 될 것을 강조하였다. 이 대회에서는 청년들의 경제강국 건설의 전초병이 되여 진격의 돌파구를 열어 나가는 데서 위훈의 창조자, 청년영웅이 될 것을 호소하였다.[75]

최근 청년들의 '영웅' 정신이 경제 건설 부문에 발휘된 것 중에 가장 대표적인 것이 '청년영웅도로' 건설 사업이다. 1998년 11월 김정일의 지시[76]로 공사 업무를 주관한 '김일성사회주의청년동맹'이 1년 11개월간의 공사를 마치고 조선로동당 창당 55주년을 기념하여 2000년 10월 10일 완공식을 개최하였다. 이 건설 사업에는 연 5만명의 전국 청년들이 참가하였다. 북한의 최고인민회의 상임위원회는 정령에서 "고난의 행군, 강행군을 하는 어려운 시기에 수령결사옹위정신, 결사관철의 정신을 발휘하여 부닥치는 애로와 난관을 용감히 뚫고 로동당시대의 대기념비적 창조물인 청년영웅도로를 짧은 기간에 훌륭히 완공하는 데서 특출한 노력적 위훈을 세운 일꾼들과 청년돌격대원들"에게 노력영웅칭호와 훈장을 수여하였다.[77]

'1211 고지 사수의 영웅' 리수복은 '선군시대'의 '영웅'으로 다시 한 번 상징화되고 있다. 리수복을 주제로 한 '혁명군가'인 '하나밖에 없는 조국을 위하여'와 "조국을 위한 길에서 죽음을 두려워하지 않는 육탄정신, 사생결단"의 정신이 강조되고 있다. '선군시대'에 청년들에게 "혁명

---

75) 조선중앙통신사, 『조선중앙연감 2004』, 평양: 조선중앙통신사, 2004, 141쪽.

76) 당시 도(道) 청년동맹에서 활동하다가 최근 탈북한 주민의 증언에 따르면 최룡해 청년동맹 제 1비서가 비리 혐의로 숙청된 후 청년동맹이 위축될 것을 우려하여 청년동맹에게 고속도로 건설 과업을 부여했다고 한다. 새터민 A와의 인터뷰, 2006년 1월 6일.

77) 『연합뉴스』, 2001년 3월 26일

의 3·4세들이여, 영웅의 그 나이 열여덟이었다. 영웅의 시와 노래를 더 많이 읊고 부르며 조국보위 초소에서, 강성대국 건설장에서 다음번 화점을 막는 영웅"이 될 것을 강조하고 있다. 즉 리수복 정신을 계승하여 위기의 북한 체제를 수호할 것을 강조하고 있는 것이다.[78] 이와 같이 전쟁시기 '청년영웅'들은 북한의 정치 경제적 충격과 변동이 가장 격렬하게 발생할 때마다 '사회주의 건설영웅', '선군시대 청년영웅'으로 다시 태어나고 있다.[79]

---

78) "영웅의 심장 오늘도 높뛴다," 『로동신문』, 2005년 12월 8일.

79) 최근 자본주의 사회에서는 '영웅사관'은 퇴색하는 경향이 있다. 이는 민주주의제도와 가치관의 확산이 가장 큰 이유이며, 히틀러나 스탈린의 전체주의를 경험한 이후 1인 숭배는 하나의 '악몽'으로 여기기 때문이다. 그러나 미디어에 의존하는 '이미지 정치'가 존속되고 있어 스타에 대한 열광과도 같은 새로운 형태의 '영웅 숭배' 현상이 나타나고 있다. 박지향 외, 『영웅만들기』, 서울: 휴머니스트, 2005, 16쪽.

4절
결론

6 · 25전쟁에서 북한은 군인 60만 명의 인명 손실을 입었으며, 이들 대부분이 청년들이었다.[80] 수많은 북한 청년들은 전쟁에 동원되어 전투에 참여하거나, 후방에서 '청년전선 작업반', '전선청년돌격대' 등으로 전시 경제 증산 운동에 참가하였다. 심지어 어린 소년 · 소녀들은 '전선원호'운동으로 위문활동과 '소년호' 헌납과 같은 군기헌납운동에 동원되었다.

전쟁 기간 북한에서는 총 549명의 전쟁영웅이 탄생하였다. '청년영웅'들은 전투가 위기에 처할 때 죽음을 각오하고 돌격조가 되어 '자폭'하여 승리로 이끌었다. 보통 사람이 할 수 없는 초인적 힘으로 전투를 승리로 이끈 청년은 '영웅'으로 재탄생된다. 희생에 대한 사회적 보상 차원의 '영웅 만들기'는 위기 상황에서 새로운 '희생'을 보장하는 기제로 작용하기 때문이다. 북한 '청년영웅'들의 신화소(mytheme)는 빈농, 소작농, 화전민, 머슴과 같은 최하층 계급 출신으로 해방 후 만끽하던

---

80) "6·25전쟁 통계 - 기타 현황", http://www.imhc.mil.kr/(검색일 2006년 6월 20일); 국군도 62만 명, 유엔군 15만 명이 전사하거나 부상을 입었다.

자유와 해방감을 '미제와 이승만 도당'에게 빼앗길 수 없다는 신념으로 자신을 희생하는 것이다.

전쟁 '영웅'들의 정신은 전후 복구 과정에서 청년들에 대한 동원을 규율하는 기제로 진화하였다. 북한 청년들의 경제사업 동원에서 군사적 편제와 용어, 규율을 적용하여 '동원의 전투화'를 시도한 것이다. '동원의 전투화'는 청년들의 경제적 노력 동원이 작업 전투가 되며, 소대 · 중대 · 대대 편제는 개인별 · 집단별 경쟁을 용이하게 하였으며 경쟁에서 승리하기 위한 노동 규율이 효과적으로 침투하는 이점을 가지게 되었다.[81] 이러한 청년 동원의 전투화는 1975년 상설 조직인 '속도전청년돌격대'를 통해 일상적으로 이루어지게 된다. 결과적으로 청년들의 경제 동원의 일상화, 전투화 될 수 있었던 하나의 원인으로 전쟁에 대한 기억이 자리 잡고 있다고 볼 수 있다. 즉 전쟁에서 희생된 '청년영웅'에 대한 '기억'을 통한 정치화, '기억의 정치'가 실현되고 있는 것이다.

이러한 북한의 '청년영웅'은 사회주의 붕괴 이후 심화되는 위기를 극복하기 위해 다시 강조되고 있다. 2008년 북한 신년 공동사설에서 모든 청년들을 "혁명의 수뇌부를 결사옹위하는 선군시대의 청년영웅, 총폭탄 영웅"으로 준비시킬 것을 강조하였다. '1211 고지 사수의 영웅' 리수복을 주제로 한 군가가 '선군시대 진군가'가 되어 유행하는 등 영웅의 정신을 계승하여 북한체제를 수호할 것을 강조하고 있는 것이다. "모두 다 영웅적으로 살며 투쟁하자"라는 구호를 통해 북한 주민 누구나 다 '청년영웅'이 국가를 위해 희생된 것처럼 강성대국 건설에 '영웅성'을 발휘할 것을 호소하고 있는 것이다.

---

81) 채종완, 『청년사업 경험』, 평양: 사회과학출판사, 1990, 72~73쪽.

북한에서 현재까지 전쟁 영웅의 정신이 강조되는 것은 그만큼 체제 위협 요소가 강하다는 것의 반증일 것이다. 따라서 북한 지도부의 '영웅'을 통한 체제 유지전술의 성공 여부는 불투명하다. 우선 북한의 경제위기, 즉 분배 능력의 상실은 국가와 주민간의 균열을 가져왔다. 분배를 관장하는 국가에 대해 주민들은 충성과 성실한 노동으로 보답하던 관계가 붕괴된 것이다. 국가를 위해 충성을 다 해도 굶주려야 할 상황은 '영웅'으로의 인입 동기를 떨어뜨린 것이 명백하다. 또한 2002년 7 · 1경제관리개선조치 이후 시장지향적 가치의식이 싹트고 있는 상황에서 이데올로기 중심의 도덕적 자극은 한계를 보일 수밖에 없다. 시장지향적 가치의식은 기본적으로 국가의존적 태도의 약화, 개인주의, 물질주의를 내포한다. 절대 다수의 북한 주민들은 '영웅'들이 보여 준 국가를 위해 목숨을 아끼지 않는 열정 대신에 돈과 개인을 위해 살아갈 가능성이 크다는 것이다.

참고문헌

▶ 단행본

Wilfred G. Burchett 저/김남원 옮김, 『북한현대사』, 서울: 신문학사, 1988.
국방군사연구소, 『점령정책·노무운용·동원』, 서울: 국방군사연구소, 1995.
국사편찬위원회, 『북한관계 사료집』 29권, 과천: 국사편찬위원회, 1998.
국토통일원, 『조선로동당대회 자료집』 제 I 편, 서울: 국토통일원, 1988.
권형진·이종훈(엮음), 『대중독재의 영웅만들기』, 서울: 휴머니스트, 2005.
근로단체출판사, 『청년영웅전』 (2), 평양: 근로단체출판사, 1966.
금성청년출판사, 『위대한 조국해방전쟁시기 소년들의 투쟁』, 평양: 금성청년출판사, 1982.
______, 『위대한 조국해방전쟁시기의 혁명사적지』, 평양: 금성청년출판사, 1981.
______, 『위대한수령 김일성동지의 청년운동령도사』, 평양: 금성청년출판사, 1997.
______, 『조국을 지켜 싸운 영웅전사들』 1·2·3, 평양: 금성청년출판사, 1978·1979·1980.
______, 『조선공산주의청년운동사』 2, 평양: 금성청년출판사, 1982.
김영동, 『조국해방전쟁의 승리를 위한 조선인민의 투쟁』, 평양: 조선로동당출판사, 1956.
김인옥, 『김정일장군 선군정치리론』, 평양: 평양출판사, 2003.
김정일, 『모두가 영웅적으로 살며 투쟁하자』, 평양: 조선로동당출판사, 1988.
김진계·김응교, 『조국』 상, 서울: 현장문학사, 1990.
김창호, 『조선교육사』 3, 평양: 사회과학출판사, 1990.
김철우, 『김정일장군의 선군정치』, 평양: 평양출판사, 2000.
도미야마 도이치 저·임성모 옮김, 『전장의 기억』, 서울: 이산, 2002.
력사연구소 민속학연구실, 『조국해방전쟁시기 발현된 후방인민들의 혁명적 생활기풍』, 평양: 사회과학출판사, 1976.
류동화, 『그들이 중국을 움직인다』 2, 서울: 한울, 2002.
민청출판사, 『조선청년』 (2), 평양: 민청출판사, 1961.
박명림, 『한국 1950 전쟁과 평화』, 서울: 나남출판, 2004.
박성희, 『북한 청소년 단체활동에 관한 연구』, 서울: 한국청소년개발원, 1995.

박지향(외), 『영웅만들기』, 서울: 휴머니스트, 2005.
박태호, 『조선민주주의인민공화국 대외관계사』 1, 평양: 사회과학출판사, 1985.
반민족문제연구소 엮음, 『친일파 99인』 2, 서울: 돌베개, 1993.
사회과학원 김일성동지혁명력사연구소, 『조선로동당의 사회주의건설령도사』, 평양: 과학백과사전종합출판사, 1995.
서동만, 『북조선사회주의체제 성립사(1945~1961)』, 서울: 선인, 2005.
안병직 외, 『세계의 과거사 청산』, 서울: 푸른역사, 2005.
엔·보즈네센스키 저, 김광순·조영식 역, 『조국전쟁시기에 있어서의 쏘련의 전시경제』, 평양: 재정성 영경회계연구회, 1948.
이동률, 「개방속의 새로운 영웅들의 탄생」, 『북한』 1994년 5월호, 북한연구소, 108~122쪽.
이종석, 『새로 쓴 현대북한의 이해』, 서울: 역사비평사, 2001.
정경모·최달곤(책임편집), 『북한법령집』 제1권, 서울: 대륙연구소, 1990.
조선로동당출판사, 『위대한 수령 김일성동지의 불멸의 혁명업적』 4, 평양: 조선로동당출판사, 1998.
________________, 『조선로동당력사』, 평양: 조선로동당출판사, 1991.
조선민주주의인민공화국 과학원 경제법학연구소, 『해방후 우리나라의 인민경제발전』, 평양: 과학원출판사, 1960.
조선사회주의로동청년동맹출판사, 『청년영웅전』 (1), 평양: 조선사회주의로동청년동맹출판사, 1965.
조선중앙통신사, 『조선중앙연감 1954~1955』, 평양: 조선중앙통신사, 1954.
______________, 『조선중앙연감 1965』, 평양: 조선중앙통신사, 1952.
______________, 『조선중앙연감 국내편 1951~1952』, 평양: 조선중앙통신사, 1952.
존 M. 톰슨·지음 김남섭 옮김, 『20세기 러시아 현대사』, 서울: 사회평론, 2004.
채종완, 『청년사업 경험』, 평양: 사회과학출판사, 1990.
청년생활사, 『레닌-쓰딸린적 공청』, 평양: 청년생활사, 1950.
최고인민회의 상임위원회, 『조선민주주의인민공화국 최고인민회의 제1차 회의 회의록』, 평양: 최고인민회의상임위원회, 1948.
최중극, 『위대한 조국해방전쟁과 전시경제 (1950~1953)』, 평양: 사회과학출판사, 1992.
클라우제비츠 저·이종학 역, 『전쟁론』, 서울: 일조각, 1981.
허종호, 『조선인민의 정의의 조국해방전쟁사』 1권, 평양: 사회과학출판사, 1983.
『김일성 저작집 6권』, 평양: 조선로동당출판사, 1980.

『김일성 저작집 8권』, 평양: 조선로동당출판사, 1980.
『김정일 선집 14권』, 평양: 조선로동당출판사, 2000.

▶ 논문

김상범, "한국전쟁기 조선로동당 정치조직사업의 특징에 관한 연구: '총력전사회'의 형성," 동국대 석사학위 논문, 2004.

김종수, "북한의 위기대응 전략: '청년중시' 정책을 중심으로," 『통일문제연구』 통권 43호, 평화문제연구소, 2005.

김하영, "청년들에 대한 애국주의 사상교양의 강화를 위하여," 『청년생활』 제4권 제5호, 청년생활사, 1951.

림기성, "조국해방전쟁시기 청년운동과 그 력사적 의의," 『력사과학』 107호, 과학백과사전출판사, 1983.

박영자, "6·25전쟁기 북한의 후방정책," 『군사』 제57호, 군사편찬연구소, 2005.

차문석, "북한의 노동 영웅에 대한 연구: 영웅 탄생의 정치 경제적 메카니즘," 『사회과학연구』 제21집 1호, 서강대 사회과학연구소, 2004.

최대석·김종수, "북한 권력승계 시기 '조선사회주의로동청년동맹'의 변화 연구," 『현대북한연구』 9권 1호, 북한대학원대학교, 2006.

편집부, "숨은 영웅들의 모범을 따라 배우는 운동은 새로운 형태의 공산주의적 대중운동," 『근로자』 453호, 근로자사, 1980.

▶ 기타

『로동신문』; 『민주청년』; 『경향잡지』; 『대중일보』; 『조선중앙통신』(www.kcna.co. jp); 『동방신문』; 『조선인민보』

4장

북한 김정은 시대 청년동맹 연구

북한사회의 특징은 조직생활 사회라고 할 수 있다. 북한주민은 태어나서 죽을 때까지 '생애주기'에 맞는 조직생활을 해야 한다. 북한의 어린이는 출생 후 3개월 정도가 지나면서 탁아소 생활을 하면서 조직생활을 익히게 되고 정규적인 조직생활은 소학교 입학하면서 조선소년단 생활로부터 시작된다. 이후 김일성사회주의청년동맹을 거쳐 조선로동당 또는 조선직업총동맹 등과 같은 근로단체에서 조직생활을 한다. 북한에서는 조직생활에 대해 '사상단련의 용광로', '혁명교양의 학교'로 정의한다. 북한의 당원과 근로단체 구성원들은 정치조직 생활을 통해 '수령의 혁명사상'을 정치적 '양식'(糧食)으로 섭취하고 조직과 동료들의 '방조'(傍助)하에 자신을 단련해 나간다.[1)]

북한의 14~30세 청년들은 '유일 청년조직'인 김일성사회주의청년동맹에 가입하여 조직생활을 한다. 청년동맹원 수는 약 500만 명이며 여기에 소년단원 300만 명까지 포함하면 규모면에서는 최고의 조직이 된다. 청년동맹은 스스로의 성격을 "김일성동지께서 무어주시고 영광스러운 조선로동당이 영도하는 주체형의 혁명적 청년조직이며 우리나라 청년들의 공산주의적 대중단체," "조선로동당의 전투적 후비대이며 우리당의 영도 밑에 사회주의, 공산주의를 건설하기 위하여 투쟁하는 청년들의 대중적 정치조직"로 규정한다.[2)]

최근 북한지도부는 사고의 유연성을 잃은 구세대보다 신세대인 아동과 청소년이 진정한 김정은의 사람이 될 가능성이 크다고 보고 그들에 대한 관심을 높이고 있다. 모든 사회가 미래세대인 청년들을 중요

1) 김정일, "인민대중중심의 우리식 사회주의는 필승불패이다," 『김정일 선집 11권』, 평양: 조선로동당출판사, 1997, 58쪽.

2) 박정렬, 『조선사회주의로동청년동맹 규약해설』, 평양: 금성청년출판사, 1994, 5쪽.

시하지만 대내외적으로 고립되어 있는 북한에서는 더욱 그렇다. 북한 당국은 "청년들을 어떻게 준비시키며 그들의 역할을 어떻게 높이는가 하는 데 따라 혁명의 전도와 민족의 장래가 좌우되게 된다"고 인식한다.[3] 이에 김정은이 조선소년단 창립 66주년 기념행사에 직접 모습을 드러내고 장시간 행사에 참석하는가 하면, 2012년 청년절 행사에 전국 각지의 청년 대표 1만 명을 평양으로 집결시켜 "당의 청년중시사상의 정당성과 생활력, 주체위업의 최후승리를 향해" 나가는 '대정치축전'으로 치루기도 하였다.

북한에서는 김정일이라는 강력한 권력자가 사망하고 정치적 카리스마와 지지 기반이 미약한 김정은이 충분히 준비되지 않은 상태에서 권력을 승계했다. 이는 지배체제 내의 분화 가능성과 아울러 체제위기 상황에 체계적인 대처에 한계가 있을 수 있음을 의미한다.[4] 따라서 이 글에서는 새로운 것에 민감하고 열정적인 특성과 단련되지 못하고 다른 사상에 '감염'되기 쉽다는 특성을 동시에 가지고 있는 청년들이 어떤 활동을 하고 있는지 분석하여 북한체제 안정성을 평가해 볼 수 있다. 즉 이 글은 문헌분석 방법을 통해 '계승의 시기'인 김정은 시대 초기에 북한 사회주의체제의 변화와 지속의 주역을 담당하는 청년들의 정치적 역할을 살펴보고 이를 통해 체제 안정성을 평가하고 향후 전망을 분석하는 데 목적이 있다.

---

3) "청년들은 당의 혁명위업 수행에서 선군청년전위의 영예를 떨치자,"『로동신문』, 2011년 8월 28일.

4) 박형중 외,『독재정권의 성격과 정치변동: 북한 관련 시사점』, 서울: 통일연구원, 2012, 235쪽.

1절
김정은 시대 청년동맹의 활동과 특징

1. 김정은 시대 청년동맹 지위

권력승계의 성공여부는 노·장·청 등용정책 유지와 신진엘리트 등용과정에서 발생하는 갈등을 얼마나 잘 조정하느냐에 달려 있다. 북한과 같은 가산제형 인적 통치는 특권 배분을 통한 충성심 유지가 관건이므로 새로운 엘리트 및 통치기관에 대한 이권과 특혜를 나눠주어야 한다. 그러나 한정된 가용 자원의 재분배가 시도될 경우 특권 배분을 둘러싼 권력 투쟁이 전개될 수 있어 지배엘리트 균열 가능성이 제기된다.[5)]

김정은 체제 등장 후 아직 군대의 당 및 정치기구에서는 어떤 변화도 감지되고 않고 있다. 다만, 당원들의 새로운 분위기 쇄신을 위한 '당원 100만 명 젊은 피' 교체작업이 진행 중이다. 당원증 교체작업은 북한 로동당이 당원 재정비할 필요가 있을 때마다 실시해 온 당 조직 정비의 일환이다. 이번 당원증 교체작업이 과거와 다른 것은 주로 과

5) 김진하, 『북한 3대 세습 후계구도 분석 및 정책변화 전망』, 서울: 통일연구원, 2010, 12쪽.

오를 범한 당원들을 당 밖으로 내보내거나 경고하는 차원이 아니라 '젊은 피 수혈'이라는 목표 아래 젊은 당원들을 보충하고 노인 당원들을 당 밖으로 축출하는 방식을 택하고 있다는 것이다. 100만 명이면 북한 노동당원 수를 300만명으로 계산할 때 당원 세 명중 한 명을 교체한다는 대단한 의미를 가지고 있다.[6]

김정은 시대 북한의 정치 변화 중 가장 눈여겨 볼 대목은 수령의 후견세력으로 등장한 북한 엘리트 집단의 구성과 성격이다. 지난 20년 동안 안정적으로 후계체제를 준비한 김정일과 달리 3년에도 못 미치는 짧은 기간 동안 후계자의 유일지도체제를 확고하게 확립하지 못한 김정은에게 아버지 시대부터 견고하게 다져온 엘리트 집단의 후견은 김정은 시대를 예측하는데 매우 중요한 변수라고 할 수 있다.[7] 김정일의 통치방식은 최측근 소수에게 모든 권력이 집중된 '측근정치'였다고 한다면, 김정은 체제에서 지배 방식은 분산되고 책임 분담도 제도화되는 양상을 드러내고 있다는 분석도 있다.[8]

김정은 시대에서 나타나고 있는 특징 중에 하나가 바로 청년동맹 관련 간부들이 명실상부한 당 지도부로 등장한 것이다. 김일성은 청년동맹이 당원 양성기지로서의 역할을 당의 '저수지'라고 표현하였으며, 이러한 역할은 현재까지 이어진다. 청년동맹 출신이 당의 주요 직책을 맡는 것은 당연한 측면이 있다. 그러나 청년동맹 출신 간부들의 당 지도부 진출 현상이 김정일 시대에도 있었지만 김정은 시대에서는 당 정치국 상무위원 등 명실상부한 당 지도부로 부상했다는 특징을 갖는다.

---

6) 정영태 외, 『북한의 부문별 조직 실태 및 조직문화 변화 종합연구』, 서울: 통일연구원, 2011, 220~221쪽.

7) 김근식, "김정은 시대 북한의 정치: 지속과 변화," 『평화학연구』 제14권 3호, 2013, 121쪽.

8) 김홍광 등, 『김정은의 북한은 어디로?』, 서울: 늘품플러스, 2012, 26쪽.

대표적인 사례가 최룡해와 장성택[9]이라 할 수 있다.

먼저 2013년 10월 시점은 김정일 사망 이후 당 대표자회와 최고인민회의를 통해 공식적인 김정은체제가 출범한 지 1년이 넘게 경과한 시점으로, 〈표 4-2〉에 김정은 시대 국가 주요 간부 중 청년동맹 관련자들을 정리하였다. 〈표 4-1〉은 1994년 김일성 사망 이후 '대국상' 치루고 김정일이 공식적인 1인 체제를 확립한 시점인 1998년 9월 북한 국가 설립 50년 기념 열병식과 당 창건 53주년을 맞아 '금수산기념궁전'을 참배했던 간부들의 주요 이력들을 살펴본 것이다.

〈표 4-1〉 초기 김정일 시대(1998년) 당 주요 간부

이름	당시 직책	주요 이력
김영남	최고인민회의 상임위원장	당 정치국 위원 당 중앙위 비서 정무원 부총리 겸 외교부장
리종옥	최고인민회의 상임위원회 명예부위원장	정무원 총리, 국가 부주석 당 정치국 상무위원
박성철	최고인민회의 상임위원회 명예부위원장	국가 부주석 당 정치국 위원
김영주	최고인민회의 상임위원회 명예부위원장	국가 부주석 당 정치국 위원
전문섭	최고인민회의 상임위원회 명예부위원장	국가검열위원장 평양위수사령관

9) 장성택은 2013년 12월 12일 숙청되었다. 12월 9일자 북한 『로동신문』에서는 '조선로동당 중앙위 정치국 확대회의에 관한 보도'를 통해 장성택이 "최근 당 안에 배겨있던 우연분자, 이색분자들이 주체혁명위업계승의 중대한 력사적 시기에 당의 유일적 령도를 거세하려 들면서 분파책동으로 자기 세력을 확장하고 감히 당에 도전해 나서는 위험천만한 반당반혁명적 종파사건"을 일으켰다고 밝혔다. 12월 12일 『로동신문』에서는 '장성택에 대한 조선국가안전보위부 특별군사재판 진행'하여 사형 판결을 했다고 보도하였다. 이 글에서는 장성택의 숙청되기 전까지 상황을 정리한 것으로 현재의 상황과 차이가 있음을 밝힌다.

조명록	국방위원회 제1부위원장 인민군 총정치국장	공군사령관
김영춘	국방위원회 위원 인민군 총참모장	인민군 6군단장
리을설	국방위원회 위원 호위사령관	평양방어사령부 사령관
홍성남	내각총리	국가계획위원회 위원장
리용무	국방위원회 부위원장	사회안전부 정치국장
계응태	당 비서국 공안담당 비서	당 정치국 위원
전병호	국방위원회 위원 당 중앙위 경제정책검열부장	당 중앙위 군수공업정책검열부장

※ 자료: 통일부, 『북한 주요인사 인물정보 2013』, 서울: 통일부, 2013 등을 참고하여 작성

〈표 4-2〉 김정은 시대 당 주요 간부 중 청년동맹 출신

이름	현 직책	청년동맹 연관성 및 특징[10)]
장성택	조선로동당 비서국 행정부장 당 중앙군사위원회 부위원장 국방위원회 부위원장	1988년 조선로동당 청년사업부장 1989년 조선로동당 청년 및 3대혁명 소조부장
최룡해	조선로동당 정치국 상무위원 조선인민군 총정치국장	최현의 아들 1986년~1998년 1월 청년동맹 위원장
지재룡	주중 북한대사	1976~1978년 사로청 위원장 전 당 국제부 부부장
리영수	조선로동당 비서국 근로단체부장	1978년 사로청 위원장 1985년 청년사업부 부부장
문경덕	조선로동당 비서 겸 평양시 당 책임비서	1991년 사로청 중앙위 부위원장 1992년 조선학생위원회 위원장
최 휘	조선로동당 조직지도부 부부장	청년동맹 비서 전 건설상 최재하의 아들
장용철	주말레이시아 북한대사	장성택의 형인 장성우 전 인민군 차수의 장남 청년동맹 국제비서 이후 조직비서 역임

※ 자료: 통일부, 『북한 주요인사 인물정보 2013』, 서울: 통일부, 2013 등을 참고하여 작성

〈표 4-1〉과 〈표 4-2〉를 비교해보면 김정은 시대에 들어서 청년동맹 출신이 당 중앙의 핵심간부로 진입한 것을 알 수 있다.

북한 권력의 실력자 중에 한 사람인 장성택은 당에서 청년사업을 지도한 경험을 갖고 있다. 장성택이 청년사업을 지도할 당시 청년동맹 위원장, 부위원장 등의 경력이 있는 최룡해, 문경덕[11], 리영수, 지재룡 등을 일컬어 '장성택 사로청 4인방'이라고도 한다.[12] 즉 청년동맹이 김정은 시대 핵심간부들의 연결고리임을 알 수 있다. 또한 이들은 상대적으로 이전 간부들에 비해 젊다. 앞으로 북한을 이끌어나가고 김정은 체제의 주축이 될 집단은 30,40대의 혁명의 5,6세대들이 될 것으로 상대적으로 젊고 청년대상의 대중사업의 지도 경험을 가진 청년동맹을 중요하게 활용하고 있는 것이다.

김정은 시대 최고 실세로 부각한 인물이 바로 최룡해이다. 그는 현재 당 정치국 상무위원, 당 중앙군사위원회 위원, 국무위원회 부위원장 등의 직책을 가지고 있다. 그는 1986년 8월부터 1998년 1월까지 청년동맹 위원장직을 수행하였는데, 청년동맹 위상이 가장 강화된 것은 1989년에 있었던 제13차 세계청년학생축전이다.[13] 김정일은 평양 축

---

10) 2013년 9월 9일 북한 국가 설립 65주년 기념 로농적위대 열병식에 참석했던 간부 명단은 김영남, 박봉주, 최룡해, 장성택, 리영길, 장정남, 김경희, 김기남, 최태복, 박도춘, 김영춘, 최영림, 양형섭, 리용무, 강석주, 오극렬, 현철해, 김원홍, 김양건, 김영일, 김평해, 곽범기, 주규창, 김창섭, 문경덕, 로두철, 최부일, 리병삼, 조연준, 태종수, 김영대이다. 이 중 청년동맹 핵심 간부 출신 또는 관련 조직에서 활동한 인물로 최룡해, 장성택, 문경덕을 꼽을 수 있다.

11) 문경덕은 현재 평안북도 당위원회 위원장으로 활동하고 있다

12) 이교덕 외, 『김정은체제의 권력엘리트 연구』, 서울: 통일연구원, 2012, 116쪽.

13) 김정일은 1998년 11월 청년동맹에게 평양-남포간 청년도로 건설을 지시했는데, 이것이 청년동맹 위상을 높여 주기 위한 것이라는 탈북자의 증언이 있다. 당시 청년동맹은 1998년 최용해 청년동맹 1비서의 해임으로 위상이 하락했다. 그 뒤를 이은 김경호도 차 사고를 낸 것이 빌미가 되어 해임되었다. 그러

전을 위해 능라경기장, 광복거리, 교예극장, 양강호텔, 서산호텔, 만경대학생소년궁전, 5,000세대 주택 등 전체 260여개 건설 사업을 진행하였으며, 이를 위해 전략예비물자까지 총동원하였다. 그야말로 북한에서 '청년' 대상 사업을 최대의 국제대회로 치른 것이며, 이 과정에서 장성택은 당에서 청년동맹을 지도하였으며, 최룡해는 청년동맹 위원장으로 청년 동원 사업을 지휘하였다.[14] 일각에서는 최룡해가 장성택의 측근이며 그의 부상에는 장성택이 일조했을 것이라는 추정이 많으나 그와 장성택의 사이가 좋지 않아 그를 장성택의 측근으로 보는 것은 어불성설이라는 견해가 있으며, 최룡해는 주위 사람들의 신망이 두텁고 능력이 출중해서 요직에 올랐다는 평가도 있다.[15] 최룡해는 김일성과 빨치산 동료였으며, 인민부력부장을 했던 최현의 둘째 아들로, 어머니인 김철호 또한 빨치산 출신이다. 최현은 1970년대 초반에 후계 문제가 부상할 때에 김정일 편에 서서 세습을 반대하는 인물들을 숙청하는 데 공을 세웠다고 한다. 김정일과 최룡해는 어려서부터 이웃으로 살아 각별했으며 최룡해가 김정일을 형처럼 따랐다고 하며,[16] 이러한

면서 청년동맹의 권한이 상당히 약화되었다. 청년동맹을 일으키기 위해 김정일은 평양남포 고속도로 건설을 청년동맹에 맡겼다. 도로건설 완공과 함께 청년동맹의 위상은 조금 부상했지만 이전수준으로 되돌아가지는 못하고 있다. 김영철 증언(2011년 10월 8일) ; 정영태 외, 『북한의 부문별 조직 실태 및 조직문화 변화 종합연구』, 299쪽.

14) 김정일 형상 문학 시리즈인 '불멸의 향도' 중 하나인 『평양의 봉화』는 1986~1989년 김정일의 제13차 세계청년학생축전 지도사업을 소재로 삼고 있다. 이 소설에서는 김정일의 결심으로 제13차 축전 유치를 결정한 뒤 미국의 영향을 받은 소련의 개최 반대를 극복하고 유치에 성공하고 나서, 전 국민들 특히 청년돌격대와 당원돌격대를 동원하여 축전을 준비하는 과정과 대회 과정을 묘사하고 있다. 김종수, 앞의 책, 2008, 380쪽.

15) 이교덕 외, 『김정은체제의 권력엘리트 연구』, 261쪽.

16) 정승욱, 『김정일 그 후』, 서울: 지상사, 2011, 85쪽.

개인적, 정치적 관계가 김정은이 최룡해를 최측근으로 기용한 한 원인이 될 것으로 판단할 수 있다.

최근 두각을 나타내고 있는 청년동맹 출신 당 간부 중에 하나가 최휘 당 부위원장이다. 최휘 당 부위원장은 2013년 김정은의 경제부문 현지지도에 자주 동행하는 3인, 최휘, 박태성, 황병서(조직지도부 군담당)에 속한다.[17] 최휘는 2004년께부터 당에서 활동한 것으로 알려져 있으며 최근 당 부위원장으로 승진한 것으로 보인다. 최 당 부위원장은 이미 1990년대부터 오랫동안 김일성사회주의청년동맹에서 과외교양 지도국장 겸 사상담당 비서를 역임했으며 선전선동분야의 전문가로 활약해 온 경력이 있다. 그는 2000년 5월 평양학생소년예술단을 이끌고 서울을 방문했으며 2002년 8 · 15민족통일대회 북측 대표단원으로 서울을 다녀가는 등 한국과 인연도 있다.

최휘 당 부위원장의 부친 최재하는 6 · 25전쟁으로 폐허가 됐던 평양시 복구건설을 진두지휘한 인물로 김일성 주석의 각별한 신임을 받은 내각 건설상이었다. 최재하는 북한이 대표작으로 자랑하는 장편소설 '평양시간'과 예술영화 '시련을 뚫고'의 주인공이기도 하다. 최휘는 김일성종합대학을 졸업하고 곧바로 청년동맹에서 근무했으며 현 북한의 실세인 최룡해 총정치국장과 함께 일했으며, 그의 동생 최연은 현재 내각 무역성 부상이다.[18]

북한에서는 '수령의 세습'과 함께 '간부의 세습'도 이루어지고 있다. 앞에서 언급한 중요 간부 대부분도 권력의 대물림을 받은 사례였다.

---

17) 정창현, "지식경제시대에 맞는 3-4세대 간부로 세대교체," 『통일뉴스』, 2013년 9월 2일.

18) "北 김정은 수행 새 인물 '최휘 당 제1부부장' 주목," 『매일경제』, 2013년 5월 9일.

오일정은 오진우 전 인민무력부장의 아들로, 2010년 당 대표자회 전에 중장으로 승진하였으며, 승진한 지 6개월만인 2011년 4월 12일 상장을 달아 초고속 승진을 하였으며, 현재는 노농적위대 사령관직을 수행하고 있다. 2011년 3월 조선중앙은행 총재로 임명된 백룡천은 백남순 전 외무상으로 아들이다. 1962년생인 그가 49세에 젊은 그가 내각 사무국 부장에서 중앙은행 총재로 초고속 승진을 한 배경에는 아버지가 있었다. 오금철은 항일빨치산 출신인 오백룡 전 당 군사부장의 아들도 군부에서 승승장구하고 있다. 오백룡의 장남인 오금철은 2010년 당대표자회에서 당 중앙위원으로 선임되었으며 인민군 총참모부 부총참모장으로 활동하고 있으며, 차남 오철산은 해군으로, 해군사령부에서 정치위원을 맡고 있는 것으로 전해지며 당 중앙위 후보위원에 올랐다. 서동명 대외보험총국장도 항일빨치산 원로로 당 비서와 검열위원장을 지낸 서철의 장남이다. 이용호 외무성 부상 또한 김정일의 서기실 실장을 지내고 조직지도부 부부장을 역임했던 이명제의 아들이다.[19)]

앞에서 살펴본 것과 같이 김정은 시대 간부의 특징으로 청년동맹 출신 중용과 '간부의 세습'으로 본다면 이를 '사회주의' 국가인 중국과 비교할 때에도 유사하다는 것을 알 수 있다. 현재 중국 지도부를 일컬어 '5세대 지도부'라고 하는데, 이들은 청년기에 문화대혁명이라는 대혼란을 거치면서 정상적인 교육의 기회를 받지 못하고, 산간오지로 하방된 경험을 공유하는 세대이다.[20)] 중국의 현재 주요 파벌은 3가지로 구분할 수 있다. 공청단파(투안파이, 團派)로 공산당 청년조직인 중국 공산

19) 통일부, 『2011 신진연구 논문집』, 서울: 통일부, 2011, 254쪽 내용을 현 상황에 맞게 수정 보완하였음.

20) 배정호 외, 『리더십교체기의 동북아 4국의 국내정치 및 대외정책 변화와 한국의 통일외교 전략』, 서울: 통일연구원, 2012, 59~60쪽.

주의 청년단의 중앙위원에 재직한 경험이 있는 엘리트 집단이다. 이에 반해 상하이방은 장쩌민 전 국가 주석과 개인적 인연을 맺은 엘리트 그룹으로 장쩌민 시기의 정책 즉, 성장우선과 연해 지역 중심의 발전 지속에 우호적인 파벌이다. 태자당은 중국 공산당 고위 정치 지도자들의 자녀들로 주로 부모의 후광으로 현재 공산당 내 고위 관료로 진입하고, 집안 간의 유대관계로 그 관계가 끈끈한 것으로 알려져 있다. 대표적 인물이 시진핑 중국 국가주석이다.[21] 김정은 시대 간부정책은 중국의 공청단파와 태자당파의 결합 방식이라 평가할 수 있다. 즉 청년동맹 출신들과 전직 고위관료의 자녀들이 당 지도부에 대거 자리를 차지하고 있는 것이다.

2. 사상교양 사업의 지속적 강화

북한에서 청년들에 대한 교양사업은 중요하게 여겨왔으며, 이는 김정은 시대에서도 지속적으로 강화되는 양상을 보인다. 경제난, 주민불만, 외부 정보 유입 등 체제변화의 구조적 요인이 누적되고 있는 점을 감안할 때, 김정일의 유고, 우발적 사고 등에 의해서 체제변화 촉발요인이 발생할 경우 북한에서 시민소요가 발생할 가능성도 배제할 수 없다.[22] 그러나 북한당국은 "나라마다 청년들이 있고 청년조직들이 있지만 우리 청년들처럼, 우리 청년동맹조직들처럼 수령결사옹위를 제일생명으로 삼고 수령옹위의 기치높이 광명한 미래를 창조해 나가는 충

21) 위의 책, 2012, 62쪽.

22) 박종철 외, 『재스민 혁명의 분석과 북한에 대한 시사점』, 서울: 통일연구원, 2011, 96쪽.

직한 청년조직은 없다"면서 나름 '자신감'을 보이고 있다.[23] 그러나 2011년 중동의 '재스민 혁명'에서 청년들이 체제변화의 주력 세력을 활약하는 것을 보면서 김정은 시대에서도 청년들에 대한 사상교양을 더욱 강조하고 있다.

'재스민 혁명'이라고 불리는 튀니지 민주화 시위는 '굶주림의 혁명'이었다고 표현될 정도로 서민들이 겪는 고통이 시민혁명으로 이어져 정권의 몰락을 가져온 것이다. 북아프리카 지역의 이슬람 국가인 튀니지 중부 부지드 지역에서 무허가로 과일 노점상을 하다가 경찰의 단속으로 과일을 모두 빼앗긴 대졸학력의 모하메드 부아지지가 2010년 12월 17일 분신자살을 하면서 시민혁명이 촉발되었으며, 인근 중동 국가로 급속하게 전파된 것이다.[24] 북한은 이러한 재스민 혁명에 대해 미국의 배후설을 제기하면서 청년들에 대한 사상교양을 강조한다. "미국은 '색깔혁명'을 일으키는데서 청년들을 돌격대로 내세우고 있다. 미국은 이전 유고슬라비아의 밀로쉐위츠 정권을 전복할 때 청년들과 대학생들을 돌격대로 내세우고 여기에 수천만 달러를 들이 밀었다. 여기서 재미를 본 미국은 여러 나라들에서의 '색깔혁명'을 위해 대학생들을 정치반란에로 내몰았다."고 비난한다.[25]

북한의 김정은은 "반동적인 사상문화침투와 심리모략전은 오늘날 적들이 침략책동에서 쓰고 있는 기본수법이며 여기에서 주되는 대상은 청년들"이라고 지적한다. 북한 또한 중동의 변화에 대해 "청년들이 적지 않은 작용을 하였다"고 하면서 "청년들을 유혹하여 반동적인 사상문화침투와 심리모략전을 강화함으로써 보다 손쉽게 저들의 목적을

---

23) "수령결사옹위를 제일생명으로," 『로동신문』, 2012년 8월 30일.

24) 박종철 외, 앞의 책, 2011, 19쪽.

25) "자주시대의 전진운동은 청년들에게 달려있다," 『로동신문』, 2012년 6월 24일.

달성"하려한다고 경계심을 보인다. 그러면서 북한당국은 "사상교양사업을 잘하여 청년들에게 혁명적인 사상의식을 부단히 심어주고 혁명의 진리로 무장시키는 것은 반동적인 사상문화침투와 심리모략전을 막아내고 청년들이 건전한 사상과 계급의식을 가지고 혁명과 건설사업에 적극 떨쳐나설 수 있는 근본방도"라고 강조한다.[26] 한편으로는 "우리 청년들이 가는 길이자 조국이 가는 길, 민족이 가는 길, 혁명이 가는 길"이라 '자긍심'을 가지도록 하면서 "사회주의에 대한 투철한 신념과 견결한 반제계급의식, 확고한 혁명적 원칙성을 체질화한 우리 청년들에게는 원수들의 그 어떤 비열한 책동도 절대로 통할 수 없다"고 자랑한다.[27]

북한당국은 청년들에게 "오늘의 청년세대, 이 세대는 최후승리의 기발을 백두산대국에 휘날려야 할 영예로운 사명을 지닌 세대"라고 규정한다.

> 최후승리의 설계도를 펼친 우리당이 위대한 김정일애국주의를 가장 투철하게 실천할 것을 바라는 세대, 산악도 격랑도 두렴모르는 슬기와 담력으로 전세대들의 승리의 전통과 위훈을 백두산대국과 더불어 영원히 빛내여야 할 세대, 경애하는 김정은원수님과 팔을 끼고 어깨를 겯는 전우대오에서 가장 견실하고 창조적인 삶을 눈부시게 뿌려야 할 세대가 오늘의 청년들이 아닌가.
>
> 앞날의 역군, 미래의 주인이라는 말보다는 오늘의 주인, 개척자, 돌격대, 선구자라는 말을 더 사랑하며 끝없는 분발에 사는 청년이라면 강성국가 건설의 각 분야에서 조국의 천금같은 인재가 되어 귀중한 청춘시절을 값있게 보내야 한다.[28]

---

26) "청년들에 대한 사상문화침투에 각성을 높여야 한다," 『로동신문』, 2012년 9월 7일.

27) "청년들은 언제나 당을 따라 곧바로 나아가자," 『로동신문』, 2012년 8월 28일.

현재 북한은 ‘김정일애국주의’에 대한 사상교양사업을 전면적으로 전개하고 있다. 공식적으로 체계화된 ‘김정일애국주의’는 2012년 7월 26일 당 중앙위원회 책임일군들과 한 담화로 “김정일애국주의를 구현하여 부강조국건설을 다그치자”는 제목으로 8월 3일 조선중앙통신 등으로 공개되었다. 김정은은 “애국주의 일반이 아니라 우리 조국을 지키고 부강하게 하는 길에서 실지 장군님께서 마음속에 소중히 간직하고 구현해오신 애국주의, 김정일애국주의”를 말한다고 하면서 김정일을 따라 배워 김정일처럼 북한을 위해 애국하자는 것을 전체 인민들에게 강조한다. 그러면서 청년동맹에게도 “모든 청년들을 위대한 김정일애국주의로 튼튼히 무장시켜 청년대군의 무한대한 힘을 분출시키는데 최대의 화력을 집중해야 한다”고 강조한다.

북한은 2012년 청년들의 ‘명절’인 청년절을 ‘새로운 주체 100년’이 시작된다고 하면서 성대하게 진행하였다. 김정은은 “격변하는 시대의 흐름과 일촉즉발의 준엄한 정세 속에서” 도 청년절 행사를 진행하는 것에 대해 “우리당의 청년중시사상에 의하여 승승장구하여 온 조선청년운동의 자랑스러운 역사와 전통을 빛내이여 당을 따라 최후승리를 향하여 곧바로, 앞으로 나아가는 우리 청년들의 애국충정과 억센 기상을 과시하는 대정치축전”이라 하면서 “수백만 청년들을 새로운 영웅적 투쟁에로 고무추동하는데서 중요한 의의를 가진다”고 의미를 부여하였다.[29] 김정은은 2012년 청년절 기념 축하문에서 “우리 청년들은 당을 따라 곧바로, 힘차게 앞으로 나아가는 총진군대오의 척후대라는 믿음을 안겨주었다”고 강조한다. “오늘의 시대처럼 모든 청년들이 당의 청

---

28) “발걸음도 힘차게 젊은 힘 떨치자,” 『로동신문』, 2012년 8월 27일.

29) “축하문 청년절 경축대회 참가자들과 온 나라 청년들에게,” 『로동신문』, 2012년 8월 28일.

년전위라는 고귀한 영예를 지니고 조국과 인민을 위해 위훈을 떨치는 보람찬 청춘의 시대는 일찍이 없었다"[30]면서 "척후대의 사명을 자각하고 부강조국건설의 어렵고 힘든 전투장마다에서 진격의 돌파구를 열어야 한다"고 독려한다.

청년동맹은 김정은의 청년절 축하문의 사상과 내용을 깊이 인식시키기 위한 교양사업을 벌였다. 청년동맹중앙위원회는 축하문 발취, 담화, 해설모임 등 다양한 형식과 방법으로 교양사업을 벌였다. 문답식 학습방법, 연구발표모임 등을 참신하게 진행하여 축하문의 사상을 동맹원들 속에 깊이 체득시키기 위한 사업을 활기있게 전개하고 있다면서 청년전위를 비롯한 청소년출판물을 통한 교양사업도 집중적으로 진행할 것을 독려하였다.[31]

최근 북한에서는 1970년대의 정신을 배울 것을 강조하고 있다. 그것은 당시가 '김일성-김정일'로의 권력승계 시기였던 점과 당시 경제가 가장 활성화되었다 자신들의 평가에서 기인한다고 평가할 수 있다.

> 위대한 시대에는 위대한 시대정신이 있다. 1970년대에는 우리당과 혁명의 역사에서 주체혁명위업의 성스러운 계승의 연대로 찬연히 빛나고 있다. 1970년대의 시대정신에서 근본핵은 자기 영도자에 대한 절대적인 충실성이다. 무에서 유를 창조하며 질풍같이 달리는 속도전의 혁명정신, 이것이 1970년대 차넘쳤던 투쟁정신이다. 1970년대의 시대정신은 부강조국건설을 위한 오늘의 총돌격전에서 김정일애국주의를 빛나게 구현해 나갈 수 있는 힘 있는 무기이다.[32]

30) "절세의 위인들과 청년운동의 새 역사," 『로동신문』, 2012년 8월 31일.
31) "청춘의 슬기와 용맹을 남김없이 과시," 『로동신문』, 2012년 9월 15일.
32) "1970년대의 시대정신이 온 나라에 차넘치게 하자," 『로동신문』, 2012년 10월 25일.

그러면서 청년들에게 "새세대들을 1970년대의 시대정신으로 무장시키기 위한 교양사업에 큰 힘을 넣어 그들이 그 어떤 천지풍파속에서도 우리당만을 믿고 따르는 참된 혁명가로 삶을 빛내여나가도록 하여야 한다"고 강조한다.

북한은 소년단 창립기념행사와 청년절 기념행사를 '성대'하게 치른 후 그 성과를 경제적 동원에 활용하였다. 즉 정치행사를 통한 사상교양 성과를 경제적 동원으로 연결시키는 것이다. 소년단 창립 65년 행사에 참석했던 학생들과 그 부모들은 행사에서 받았던 '감동'으로 평양 리광수중학교 학생은 장갑을 비롯한 수백점의 물자를 영생탑 건설장에 보냈으며, 선교구역 소년단원들은 8,000여점의 관리도구와 4,000여 그루의 타래붓꽃을 금수산태양궁전 수목원 등에 보냈으며, 순안구역 소년단원은 만수대 동상과 만경대를 잘 관리할 수 있도록 나무 5,900여 그루와 관리도구 2,700여점을 보냈다. 장강군 장강중학교 김일극 학생은 졸업 후 군대 입대를 다짐하고, 지원물자를 백두산선군청년발전소건설장에 보냈으며, 삼지연 정일봉중학교 정수림이란 학생은 친구들과 함께 '백두산밀영 고향집'을 찾아 주변 관리사업을 진행하고 물자를 관리사무소에 전달하였다.[33)]

또한 청년절 행사에 각 부문의 대표로 참여했던 청년들이 행사 이후 '어렵고 힘든 부문'으로 진출하겠다는 '아름다운 소행'이 발휘되고 있다고 선전하였다. 평원군 인민병원 전영미는 김정은의 사랑과 믿음에 보답하기 위해 북부철길개건공사장에 탄원하였으며, 보천군 청년동맹위원회의 김순희와 순천시 순천동 권명성을 비롯한 10여명은 '어머니당의 은정에 보답'하고자 백두산선군청년발전소건설장에 탄원하였다고

33) "당의 품속에서 자라나는 새 세대들의 고결한 충정," 『로동신문』, 2012년 7월 11일.

선전하였다. 그러면서 “청년절 경축행사에 참가하였던 청년들을 비롯하여 전국 각지의 수백만 청년들은 지금 경애하는 김정은동지의 사랑과 믿음에 보답할 불타는 일념을 안고 강성국가건설의 제일 어렵고 힘든 전투장들에 적극 진출하여 대중적영웅주의와 애국적헌신성을 높이 발휘하고 있으며 인민경제의 각 부문에서 맡은 초소를 굳건히 지키면서 생산과 건설에서 커다란 혁신을 일으키고 있다”고 선전한다.[34]

결론적으로 김정은 시대 청년동맹에 대한 사상교양 사업은 중동의 ‘재스민 혁명’의 영향 등으로 이전 시기보다 더 강조되는 경향이 있다. 내용에서는 국가 번영을 위해 모든 주민들에게 강조하고 있는 ‘김정일 애국주의’와 함께 북한 역사에서 ‘번영’과 ‘계승’의 시대였던 1970년대를 회상하고 따라 배울 것을 강조하는 경향을 보인다. 또한 소년단과 청년절 기념행사를 ‘성대’하게 치룬 후 그 성과를 경제적 동원에 활용하는, 즉 정치행사를 통한 사상교양 성과를 경제적 동원으로 연결시키는 특징을 보이고 있다.

3. 경제건설의 주역 지속

북한 청년동맹은 경제건설에도 중요 역할을 수행한다. 권력세습이 공식화된 2010년 이후 군중 및 청년동원 사업도 활발히 전개되고 있다. 반미-반한 선동 군중대회를 상시 개최하여 북한의 경제난 등 체제적 문제를 외부 탓으로 돌리고 적개심을 고취해 위기를 극복하여 하고 있다. 김정은도 “청년들은 강성국가건설의 어렵고 힘든 전구들에서 새

34) “우리 당의 청년중시사상의 위대한 생활력,” 『로동신문』, 2012년 9월 20일.

로운 기적과 혁신을 창조함으로써 조국을 빛내이고 시대를 떨치는 청년영웅이 되어야 한다"고 지적한다.[35]

최룡해, 문경덕 등의 핵심 권력층은 청년조직 운영 경험이 풍부하다. 김정일 집권을 위한 3대혁명소조운동의 기획은 담당했던 장성택과 그 측근들은 군중 및 청년동원투쟁으로 위기 극복 및 내부 단합을 추구할 가능성이 크다는 것이다.[36] 대표적 사례가 2011년 2월 26일 개최된 선군청년총동원대회이다. 이 대화는 북한당국이 당면 국가건설 목표인 "2012년 강성대국 건설"을 위해 청년들을 총동원하기 위해 개최한 것이다. 북한당국은 이 대회 의미를 "조선청년운동의 영광스러운 전통을 이어 백두의 혈통으로 주체혁명위업을 끝까지 완성해 나갈 철석의 의지를 안고 당의 강성대국건설 구상을 실현하기 위한 오늘의 대고조진군에서 돌격대적 역할을 훌륭히 수행하려는 선군시대 청년전위들의 드팀없는 신념과 불굴의 기상이 힘있게 과시된 회합"이라고 설명하고 있다. 또한 참석한 청년동맹원들에게 "백두의 혈통으로 주체혁명위업을 끝까지 완성"해야 한다는 신념을 갖고 "주체혁명위업 계승의 력사적 전환기에 들어선 혁명발전의 요구에 맞게 청년동맹안에 당의 유일적영도체계를 더욱 철저히 세울 것"을 강조하였다.[37]

현재 북한 청년동맹에게 부여된 국가차원의 핵심 경제 사업은 '백두산선군청년발전소' 건설과 '북부철길개건공사'이다. 북한당국은 김정일 시대인 선군시대의 '기념비적 창조물'인 청년영웅도로를 청년들이 혁명적 군인정신을 발휘하여 완공했다고 하면서, "오늘은 백두산선군청

---

35) "우리 청년들의 무한대한 정신력이 낳은 자랑스러운 창조물," 『로동신문』, 2012년 10월 17일.

36) 배정호 외, 앞의 책, 2012, 189쪽.

37) "전국의 청년들에게 보내는 호소문-청년들이여, 강성대국의 대문을 열기 위한 최후 돌격전에서 모두가 청년영웅이 되자," 『로동신문』, 2011년 2월 27일.

년발전소 건설과 북부철길개건보수공사를 비롯한 어렵고 힘든 대고조의 전선들을 떠맡아 안고 영웅적 위훈들을 강조"하고 있다.[38] 백두산선군청년발전소는 "주체혁명의 성지인 백두대지"를 부각하기 위해 "백암군의 서두수 상류에 3개의 계단식 발전소로 수력발전소 건설에서 있어 가장 불리한 자연지리적 조건을 극복해야하는 어렵고 방대한 공사"라고 설명한다. 이 발전소 건설은 김정일이 "청년들을 혁명의 계승자, 강성국가건설의 선봉대, 돌격대로 묻게 믿고" 청년동맹에게 건설 임무를 2004년 6월에 준 것이다. 백두산선군청년발전소 건설은"강추위가 연중 6개월이나 계속되고 수송조건이 매우 불리한 속에서 심심산중의 험준한 대자연을 개척"해야 하는 것으로 "말 그대로 악전고투이며 대격전"이다. 심지어 이 지역은 한 해에 천 번이나 눈비가 내려 '천수'라고 불릴 만큼 험악하다. 발전소 건설 임무를 맡은 청년동맹은 사상사업을 벌여 청년들을 적극 동원하였으며, 발전소에 필요한 설비와 자재, 수송문제 등을 해결하기 위해 유휴자재수집 등 좋은일하기운동을 벌였다.[39]

북부철길개건보수공사 청년동맹 궐기모임은 2011년 8월 31일 자강도 만포시에서 개최되었다. 궐기대회에서는 "김정일장군님께서 북부철길을 새 세기의 요구에 맞게 개건보수하기 위한 과업을 청년들에게 맡겼다"고 하면서 "청춘의 슬기와 용맹을 남김 없이 떨쳐나갈 것"이라 다짐하였다.[40] 청년동맹 중앙위원회는 북부철길개건보수 공사장에 수많은 청년들이 달려 나가 '대중적영중주의'와 '애국적헌신성'을 발휘하고 있는 것이 김정일의 '유훈'을 무조건 끝까지 관철하려는 "선군시대 청년

38) "그 이름 빛나는 척후대," 『로동신문』, 2012년 8월 30일.

39) "열혈청춘들이 창조하는 새 세기의 영웅서사시," 『로동신문』, 2012년 8월 23일.

40) "북부철길개건보수에서 청춘의 슬기와 용맹을 떨치자," 『로동신문』, 2011년 9월 1일.

전위들의 높은 사상정신세계의 발현"이라고 강조한다.[41] 북부철길청년돌격대 양강도 여단은 "눈보라를 헤치며 수만정이나 되는 침목용 통나무를 두 달도 안되는 짧은 기간에 생산"했으며, 함경남도 여단은 기계를 사용할 수 없는 자연환경 탓으로 아주 많은 골재를 손수 마대 등으로 나르면서 공사를 진행하고 있다고 '자랑'한다. 2013년 1월 10일에는 전용남 청년동맹 위원장이 참석한 가운데 신년사 관철 북부철길청년돌격대원 결의모임이 진행되었다. 참석자들은 "기술규정과 공법의 요구를 철저히 지켜 북부철길을 먼 훗날에 가서도 손색없이 최상의 질적수준에서 개건보수할 것"이라고 하면서 "시련과 난관을 웃으며 헤쳐간 전세대들의 투쟁정신과 기풍을 본 받아"갈 것이라 다짐하였다. 이러한 모습에 대해 김정은은 "지금 우리 청년들이 당에서 통채로 맡겨준 백두산선군청년발전소건설장과 북부철길개건보수공사장을 비롯한 여러 중요건설대상들에 달려 나가 귀중한 청춘시절을 아낌없이 바치고 있는데 그들이 정말 대견하고 장하다"고 칭찬한다.[42]

북한당국은 청년들이 경제건설에 있어 성과를 냈다고 하면서 다양한 수치와 내용을 발표한다. 북한에는 '김일성청년영예상'과 '김정일청년영예상'이 있는데, 이것은 "청년운동을 더욱 강화발전시키며 조국보위와 사회주의강성국가 건설을 위한 모범적인 청년동맹 조직과 일군, 청년"들을 표창하기 위해 수여하는 것이다. 2012년 8월 현재 김일성청년영예상은 거의 900여개의 청년동맹 단체와 1만 100여명이 수상하였으며, 김정일청년영예상은 110여명이 수상하였다.[43] 또한 우리식으로 표현한다

---

41) "선군청년전위의 용맹을 떨치도록 고무추동," 『로동신문』, 2012년 12월 11일.

42) "축하문 청년절 경축대회 참가자들과 온 나라 청년들에게," 『로동신문』, 2012년 8월 28일.

43) "태양의 존함을 빛내여가는 청년전위들," 『로동신문』, 2012년 8월 20일.

면 3D(어렵고, 더럽고, 위험한 일)라고 할 수 있는 '어렵고 힘든 부문'에 2000년대 들어선 이후 36만여명의 청년들이 자원 진출했다고 한다.

또한 북한에는 '선군청년홰불상'이란 것이 있는데, 이 운동이 시작된 2004년부터 2012년 9월 중순 현재까지 선군청년홰불상을 쟁취한 청년동맹 조직들은 전국적으로 400여개에 이른다고 선전한다. '선군청년홰불상쟁취운동'은 김정일은 2003년 10월 "선군시대에 맞게 청년들을 사회주의경제강국건설에로 더욱 힘있게 불러일으키기 위하여 선군청년홰불상을 시작"할 것을 지시한 것으로, "안겨주신 혁명의 홰불봉을 높이 추켜들고 부강조국건설의 모든 전선에서 청년들의 혁명적 열의와 창조적 적극성을 최대한 높여 혁명적대고조의 열풍을 더욱 세차게 일으키기 위한 대중적 혁신운동"이다. 이 운동은 청년동맹 각 조직들이 자기 단위의 특성에 맞게 결의목표들을 세우고 그것을 관철하도록 하는 것이다. 공장, 기업소, 직장, 작업반과 자기 앞에 맡겨진 인민경제계획수행에서 혁명적 열의와 창의창발성을 적극 발휘하여 맡겨진 매월, 매분기 인민경제계획을 수행하는 것이다.[44]

청년동맹은 국가의 주요 기념일을 맞을 때도 조직들에게 경제적 성과를 독려한다. 2012년 청년절을 앞두고 백두산선군청년발전소 건설에서도 성과를 더욱 내기 시작했다. 몇 해 전에 1호발전소가 조기 조업(2010년 12월)한데 이어 2호발전소의 기본 언제(댐) 쌓기도 끝나 2년을 예상했던 공사가 1년 5개월 만에 끝냈다는 것이다. 이 과정에서 백두산선군청년돌격대가 대중적영웅주의와 애국적헌신주의를 발휘하여 짧은 기간에 방대한 작업량을 해결했다는 것이다.[45] 청년절을 앞두고

---

44) "청년전위들의 정신력을 불러일으키는 위력한 대중운동," 『로동신문』, 2012년 9월 14일.

45) "기본언제쌓기를 끝냈다," 『로동신문』, 2012년 8월 22일.

는 기본 댐 완공한 것을 “김정은동지의 믿음에 보답하기 위해 떨쳐나선 백두산청년전위들의 충정과 열정으로 쌓아올린 위훈의 탑”이라 선전한다.[46] 또한 2012년 연간인민경제계획을 조기 달성한 청년동맹원은 2만 2,800명에 달한다고 하면서, 홍원철제일용품공장 청년동맹원들은 청년절을 앞두고 당 조직의 지도 밑에 “혁명성과 헌신성, 자력갱생, 간고분투의 혁명정신을 높이 발휘”하여 연간계획을 조기 달성하였으며, 평산대리석광산 90여명의 청년동맹원 또한 기술혁신운동을 전개해 생산성과를 높여 계획을 초과 수행하였다고 선전하였다.[47]

2013년 북한은 김정은의 지시로 마식령스키장 건설에 매진하고 있다. 김정은은 인민을 위해 스키장을 건설할 것을 지시하고 그 임무를 군대에 부여하였다. “남들 같으면 10년이 걸려도 해 낼 수 없는 대공사”를 올해 안에 완공하여 “인민들과 청소년들에게 더욱 문명하고 행복한 생활조건을 마련”해 주겠다는 것이다. 이 공사를 진행하면서 북은 “불굴의 정신력과 완강한 돌격전으로 ‘마식령속도’를 창조하여 온 나라 전체 군대와 인민이 그 정신, 그 기백으로 사회주의건설의 모든 전선에서 대비약, 대혁신”을 독려한다.[48] 김정은은 “21세기의 새로운 일당백 공격속도인 ‘마식령속도’를 창조”할 것을 호소하고 있다. 김정은 시대 ‘마식령속도’는 김일성-김정일 시대 국가건설 구호였던 천리마속도, 비날론속도, 80년대속도, 희천속도 등을 계승한 것이다.[49]

---

46) “조국의 자랑- 청춘의 힘,” 『로동신문』, 2012년 8월 27일.

47) “혁명적대고조의 앞장에서 내달리는 청년전위들,” 『로동신문』, 2012년 8월 29일. ; 또한 2013년 북한의 ‘전승절’(7.27)앞두고서는 백두산선군청년2호발전소 언제와 조압수조건설공사 완공을 선전하였다. “청년들을 사랑하라,” 『로동신문』, 2013년 8월 28일.

48) 김정은, “호소문 - ‘마식령속도’를 창조하여 사회주의건설의 모든 전선에서 새로운 전성기를 열어나가자,” 『로동신문』, 2013년 6월 4일.

49) “눈보라를 뚫고 산악같이 떨쳐나,” 『로동신문』, 2012년 2월 25일.

청년동맹 또한 '마식령속도'를 창조하여 사회주의 건설의 모든 전선에서 새로운 전성기를 열자는 호소에 적극적으로 동원된다. 백두산선군청년발전소 건설장의 '현장연합지휘부'에서는 선전선동수단들을 집중 동원하여 청년돌격대원들과 건설자들의 정신력을 최대로 '폭발'시켜 경제성과를 낳도록 독려하였다.[50] "오늘 북부철길 개건보수공사장에서는 대고조 실천을 통하여 김일성민족의 후손, 김정일동지의 전사, 제자의 도리를 다하려는 청년돌격대원들의 드높은 열의 속에 혁신의 불길이 날로 거세차게 타오르고 있다."[51] 김정은의 '마식령속도'를 창조할 것에 대한 호소에 대해 백두산선군청년돌격대와 북부철길청년돌격대의 모든 구성원들은 "매일 매 시각 대비약, 대혁신의 불바람"을 일으키기 위해 작업에 몰두하였다. 언제(댐) 공사를 맡은 함경남도 여단은 작업 순서를 정리한 다음, 기술혁신안을 수용하여 3배로 높였다. 황해남도 여단 청년돌격대원은 새로운 타입공업을 받아들여 공사속도를 종전에 비해 1.8배 높였으며, 강원도 여단 청년돌격대원은 1주일 이상 걸리는 다리 보수를 단 4일 만에 완료하여 골재수송을 원활히 이루는 성과를 낳았다고 선전한다.[52] 백두산선군청년돌격대 대장인 김상민은 '마식령 속도' 독려에 대해 "김정일애국주의를 정신력의 근본핵으로 틀어쥐고"사회주의 경쟁을 잘 조직하여 전투장마다에서 기적과 혁신을 창조해 나가겠다고 하면서 발전소 건설도 완공의 날을 앞당기겠다고 호응한다.[53]

장기 악화 상황의 경제의 돌파구를 근본적으로 모색하지 않는 이상

50) "청춘의 기개와 용맹을 떨치며 계속 전진," 『로동신문』, 2013년 8월 30일.
51) "눈보라를 뚫고 산악같이 떨쳐나," 『로동신문』, 2012년 2월 25일.
52) "새로운 시대속도를 창조하며 연일 혁신," 『로동신문』, 2013년 8월 8일.
53) "당의 결심은 곧 실천이라는 것을 다시 한 번 온 세계 앞에 보여주자," 『로동신문』, 2013년 6월 8일.

청년동맹에 대한 동원은 지속될 수밖에 없다. 특히 장성택, 최룡해 등은 청년동맹의 적극적으로 동원했던 경험을 가지고 있기에 이를 더욱 적극적으로 활용할 가능성이 있다. 그러나 사회 각 부문에서 중추적인 역할을 수행해야 청년들이 공사장에 동원되는 것이 궁극적으로 북한 사회 전체적으로 긍정적인 일인지는 의문이 있는 것이다.

2절
청년동맹 제9차 대회 평가

김정은은 2015년 당 창건 70돌 경축 열병식에서 "인민중시, 군대중시, 청년중시"를 조선로동당의 3대 전략에 관한 사상이라 천명하였다. 그것은 당에 충실한 인민, 혁명군대, 청년대군이 있으면 못해낼 일이 없다는 내부 결속의 전략이다. 김정은은 "조선로동당의 남다른 긍지는 혁명의 전도와 민족의 장래를 떠메고나갈 청년대군이 준비되어 있는 것"이라고 하면서 "청년운동의 최전성기를 맞이하게 되었으며 청년문제를 완벽하게 해결한 세상에 둘도 없는 청년대강국으로 위용 떨치고 있다"고 주장하였다.[54)]

지난 2016년 5월에 개최된 조선로동당 제7차 대회에서도 "조선로동당은 혁명영도의 전 기간 청년중시를 전략적 노선으로 틀어쥐고 청년들을 주체의 혈통을 이어나가는 혁명의 계승자로 튼튼히 키움으로써 세상에 둘도 없는 청년강국을 건설하였다"고 선언하였다.[55)] 그러면서 '조선로동당 규약'을 개정하면서 "청년운동을 강화하는 것을 당과 국가

---

54) "조선로동당 창건 70돐 경축 열병식 및 평양시 군중시위에서 하신 김정은 동지의 연설," 『조선중앙통신』, 2015년 10월 10일.

55) "조선로동당 제7차 대회 결정서," 『로동신문』, 2016년 5월 9일.

의 중대사, 혁명의 전략적 요구로 내세우고 청년들을 당의 후비대, 척후대, 익측부대로 튼튼히 키울 데 대한 내용을 보충하였다고 결정서는 밝히었다"고 기록하고 있다.[56)]

북한은 36년 만에 당 제7차 대회를 개최한 데 이어 청년동맹도 23년 만인 2016년 8월 27일, 28일 양일간 제9차 대회를 개최하였다. 이 대회에 대해 "주체의 사회주의 위업을 끝까지 완성해 나가는데서 조선로동당의 후비대, 척후대, 익측부대의 본분을 다해나갈 500만 청년전위들의 필승의 신념과 의지를 만천하에 힘있게 과시한 일심단결의 대회, 충정의 대회로 김일성-김정일 청년운동사에 길이 빛날 것"으로 평가하였다.[57)]

제9차 청년동맹 대회에서는 청년동맹의 명칭을 '김일성-김정일주의청년동맹'으로 변경하였다. 명칭 변경의 의미에 대해 북한은 청년운동의 최전성기를 구가하고 있는데 김일성과 김정일의 이름을 청년동맹 조직 명칭에 넣음으로써 김정은의 영도 따라 주체혁명 위업을 대를 이어 끝까지 완성해 나가는 것이 나라 전체 청년들과 청년동맹 일군의 한결 같은 지향이고 염원이기 때문이라 설명한다.

7차 당 대회 이후 청년, 직장근로자, 농업근로자, 여성 등을 망라하는 4대 근로단체 대회를 개최하여 관련 규약을 당의 노선에 맞추어 개정을 추진하였다. 김일성사회주의청년동맹 제9차 대회(2016.8.28.)에서 규약을 개정하고, 청년동맹 명칭을 '김일성-김정일주의청년동맹'으로 변경하였다. 조선직업총동맹 제7차대회(2016.10.25.)에서 규약을 변경

56) "조선로동당 제7차 대회에서 '조선로동당 규약' 개정에 대한 결정서 채택," 『로동신문』, 2016년 5월 10일.

57) "김일성사회주의청년동맹 제9차대회 성대히 진행," 『조선중앙통신』, 2016년 8월 29일.

했다. 조선민주여성동맹 제6차대회(2016.11.18.)에서 규약을 개정하고, 명칭을 '조선사회주의여성동맹'으로 명명한다. 조선농업근로자동맹도 12월 6일, 7일 양일간 제8차 대회를 개최하였다. 2012년 이후 당-국가 통치의 인전대라고 하는 각종 근로단체, 행정 · 공안 · 군대 단위의 군중대회가 평양에서 빈번하게 개최되었다. 올해에는 4대 근로단체 대회까지 모두 개최하여 당의 유일적 영도체제를 재정비하여 전체주의적 조직사회로 복귀한 것이다.[58]

1. 청년동맹 제9차 대회 주요 내용

(1) 청년동맹 제9차 대회 행사

북한은 제7차 당 대회가 끝나자마자 얼마 지나지 않아 청년동맹 대표를 소집하였다. 제7차 당 대회가 끝난 지 한 달이 경과되지 않은 2016년 5월 30일에 개최된 청년동맹 중앙위원회 제61차 전원회의 확대회의에서는 "당의 위업을 앞장에서 받들어온 청년동맹 70년 역사와 빛나는 전통을 이어 조선로동당 제7차대회에서 제시된 강령적 과업을 결사관철하여 사회주의 건설의 최후승리를 앞당기는데 이바지할 온 나라 청년전위들의 한결같은 의사를 반영하여 청년동맹 제9차 대회를 소집할 것을 결정"하고 8월 하순 평양에서 진행된다고 밝혔다.[59] 이러

58) 노귀남, "최근 북한의 사회·문화 분야 변화 흐름과 과제,"『민족문화 발전을 위한 동북아의 소통』, 민화협 정책위원회·문화예술위원회, 연변대학 동북아 연구원·예술학원 공동 학술회의, 2016년 11월 28일, 88쪽.

59) "김일성사회주의청년동맹 제9차 대회를 소집함에 대하여,"『로동신문』, 2016년 5월 31일.

한 결정에 대해 8월 12일 청년동맹 중앙위원회는 구체적으로 8월 26일 제9차 대회를 소집한다는 공시를 하게 된다. 공시에서는 제9차 대회에서 "총결기간 청년동맹 사업에서 이룩한 성과와 경험들을 분석 총화하고 조선로동당 제7차 대회 기본정신의 요구대로 청년동맹을 당의 믿음직한 후비대, 척후대, 익측부대로 더욱 강화하는데서 나서는 문제들을 토의하게 된다"고 제시하였다.[60]

제9차 청년동맹 대회 참가 대표자들은 22일 평양에 도착하였다. 재일본조선청년동맹 대표단은 이에 앞선 20일 평양에 도착하였다. 대회 참가자들은 김일성, 김정일 동상 헌화 등 다양한 대회 사전 행사를 진행하였다. 아래 표는 대회 참가자들의 청년동맹 사전 · 사후 행사 참가 내용을 정리한 것이다.

〈표 4-3〉 청년동맹 대회 참가자 대회 사전 · 사후 행사 개요

행사명	일자	주요 내용
일본대표 평양 도착	8.20	김용주 상임위원장을 단장으로 하는 재일본조선청년동맹 대표단 평양 도착, 정영원 청년동맹 비서, 김진국 해외동포사업국장이 영접.
대회 참가자 평양 도착	8.22	최룡해, 김평해, 리만건, 오수용과 당 일군들이 평양역에서 환영 행사 개최.
당, 군대 일군 대회 참가자 숙소 방문	8.23	최룡해, 김기남, 최태복, 김평해, 리만건, 오수용, 곽범기 등이 청년동맹 대회 참가자 숙소 방문.
대회 참가자 김일성 · 김정일 동상 헌화	8.23	만수대 언덕에 있는 김일성, 김정일 동상에 대회 참가자들이 꽃바구니 진정. 꽃바구니에 '위대한 김일성동지와 김정일동지는 영원히 우리와 함께 계신다'는 글 제시.
만경대 등 방문	-	참가자들 만경대 방문하여 만경대혁명사적관 참관, 대성산혁명열사릉 참관, 조국해방전쟁참전열사묘 참관.

60) "김일성사회주의청년동맹 제9차 대회 소집에 대한 공시," 『로동신문』, 2016년 8월 13일.

금수산태양궁전 참배	-	금수산태양궁전 참배하고 김일성 · 김정일 입상에 '경의' 표시.
평천혁명사적지 등 참관	-	'선군총대의 고향' 평천혁명사적지 참관, 조국해방전쟁승리기념관 참관.
'청춘의 자서전' 관람	-	동평양대극장에서 음악무용이야기 '청춘의 자서전' 관람. '청춘의 자서전'은 남성독창, 무용, 남성합창, 녀성3중창과 무용 등으로 구성된 것으로 "당에 끝없이 충직한 우리의 열혈청춘들이 백두산영웅청년발전소를 일떠세운 과정을 감동 깊게 형상"한 것이라 밝힘.
'청년강국의 빛나는 역사' 관람	8.26	4 · 25문화회관에서 최룡해 당 중앙위 부위원장과 당 일군들과 대회 참가자가 함께 관람. 영화는 "역사상 처음으로 청년중시사상을 창시하시고 청년문제 해결의 세계사적 모범을 창조하시어 우리나라를 세상에 둘도 없는 청년강국으로 빛내여주신 위대한 김일성동지와 김정일동지, 경애하는 김정은동지의 청년운동영도사를 감명깊게 보여"주는 내용이라 밝힘.
대표증 수여	8.25	평양체육관에서 당 정치국 상무위원이며 당 중앙위 부위원장인 최룡해가 수여사를 함. 제9차 대회 대표증은 "김일성동지의 태양상과 김정은동지의 태양상을 정중히 모신" 대표증이 대회 참가자들에게 수여. 방청증도 수여.
참가자에게 선물 전달	8.25	김정은이 청년동맹 제9차 대회 참가자들에게 보낸 선물이 25일에 전달 됨.
청년중앙예술선전대공연 관람	-	인민문화궁전에서 최룡해와 함께 청년중앙예술선전대 공연 '원수님따라 불패의 청년강국 앞으로!'을 관람. 시낭독, 여성독창, 여성독창과 합창 등으로 구성되어 있으며 김정은의 청년영도를 형상화.
제9차 대회 경축 청년학생 야회	8.27	김일성광장에서 청년학생들의 경축 야회 진행. '조선청년행진곡'을 시작으로 경축 야회 시작. 청년학생들의 야회에 대해 "500만 청년전위들의 영웅적 모습과 전투적 기상을 잘 보여주었다"고 평가.
청년전위 횃불 야회	8.28	제9차 대회 경축 청년전위들의 횃불 야회 '당을 따라 청년강국 앞으로!'를 진행. 주석단에 김정은을 비롯해 황병서, 최룡해, 김기남, 김평해, 리만건, 오수용, 곽범기, 김영철, 김수길, 김능오, 박태성, 리일환과 청년동맹 책임일군 등이 참석. 김정은 "청년전위들의 횃불야회가 조직성과 규율성, 예술성에 있어서 최고의 최고이며 만점이라고 높이

		평가하시면서 전체 출연자들과 창작가, 지도교원, 일군들에게 감사를 주시었다"고 밝혀.
참가자들의 생일축하 모임	8.30	김정은의 지시에 따라 전용남 청년동맹 1비서가 4·25여관에서 대회 기간에 생일을 맞은 참가자들에게 생일상을 차려 줌.
청봉악단, 공훈국가합창단 합동 축하공연	8.29	4·25문화회관에서 최룡해, 김기남, 김수길, 김능오, 박태성, 리일환 등이 참가한 가운데 "선군혁명의 제일나팔수, 당의 믿음직한 예술선구자부대인 청봉악단과 공훈국가합창단 예술인들은 혁명적이며 전투적인 창작창조기풍으로 인민군 장병들과 청년들, 인민들을 최후승리에로 고무 추동하는 혁명의 노래, 만리마시대의 진군가를 새롭고 특색있게 형상하여 뜻 깊은 공연무대를 펼쳐놓았다"고 주장.
참가자 강습	8.29	강습은 김정은이 청년동맹 제9차에서 제시한 과업을 이행하고 당의 영도에 따라 청년동맹 사업에 전환을 일으키는데 나서는 문제를 다룸.
김정은과 함께 대회 참가자 기념사진 촬영	-	김정은과 대회 참가자, 최룡해, 김수길, 김능오, 박태성, 리일환 등이 금수산태양궁전에서 기념사진 촬영.
과학기술전당 참관, 예술영화 관람	-	과학기술중시사상과 21세기 주체적 건축예술의 척도가 응축된 과학기술전당을 참관. 대동문영화관 등에서 예술영화 '우리 집이야기' 관람. 이 영화는 "처녀의 몸으로 여러 명의 부모 없는 아이들을 맡아 훌륭하게 키워 내세움으로써 만사람을 감동시킨 강선 땅의 '처녀어머니'를 형상한 영화"라고 설명.
해외동포청년 연회	9.2	김정은 지시로 청년동맹 제9차 대회에 참가한 해외동포 청년들을 위한 연회를 개최. 재일본조선청년동맹대표단과 재중조선인청년연합회 대표단, 총련 대표단 등이 초대되었으며, 당 중앙위 김영철 부위원장, 청년동맹 정영원 비서 등이 참가.
재일본조선청년 동맹대표단 만경대 등 방문	-	재일본조선청년동맹대표단 만경대 방문, 청년운동사적관, 평천혁명사적지, 조국해방전쟁승리기념관, 중앙계급교양관, 자연박물관, 중앙동물원 등을 참관.
재일본조선청년 동맹대표단 환송	9.6	평양국제공항에서 정영원 청년동맹 비서, 김진국 해외동포사업국장이 환송하는 가운데 재일본조선청년동맹대표단 출발.

※ 출처: 『로동신문』, 2016년 8월 20일-9월 7일 기사를 참고하여 작성

김정은 조선로동당 위원장이 참석한 가운데 청년동맹 제9차 대회가 평양에서 8월 27일, 28일 양일간 개최되었다. 대회 안건은 1. 김일성사회주의청년동맹 중앙위원회 사업총화에 대하여 2. 김일성사회주의청년동맹 중앙검사위원회 사업총화에 대하여 3. 청년동맹 중앙지도기관 선거에 대하여 4. 청년동맹의 명칭을 새로 명명할 데 대하여 5. 청년동맹 규약 개정에 대하여 전체 5개 안건을 처리하였다.

먼저 청년동맹 사업총화 보고는 전용남 청년동맹 중앙위원회 1비서가 수행하였다. 총화 보고는 지난 사로청 8차 대회 이후부터 2016년 8월 현재까지 청년동맹이 실시한 사업을 평가하는 것이다. 총화 보고 기간 청년동맹이 이룩한 가장 중요한 성과는 "청년동맹이 명실공히 위대한 김일성동지와 김정일동지의 청년동맹으로 강화발전된 것"이라고 제시한다. 이는 김정일이 청년중시를 조선로동당의 영원한 전략적 노선으로 내세우고 청년동맹을 수령의 청년조직으로 강화발전시키고, 청년들을 당 위업을 앞에서 수행하는 믿음직한 전위투사로 육성한 결과라고 밝힌다. 또한 이 시기의 성과로 "청년들을 조선로동당의 청년전위로 튼튼히 준비시키고 그들이 조국보위와 사회주의강국건설의 전구마다에서 영웅청년신화를 창조하며 청년강국의 위용을 떨치도록"하였으며, "학생소년들을 지덕체를 겸비한 강성조선의 믿음직한 역군으로 튼튼히 준비시켜 온 것"이라 평가한다.

두 번째 안건인 중앙검사위원회 사업총화에 대해서는 세부적인 내용이 밝혀진 것이 없이 김주일 청년동맹중앙검사위원회 위원장이 했다는 것만 간략히 소개되어 있다.

세 번째 청년동맹 중앙지도기관 선출에 이루어졌다. 먼저 추천된 중앙위원회 위원 및 후보위원들 모두가 대표자 전원 찬성으로 선출되었다. 이어 중앙검사위원회도 위원 후보자 모두가 대표자들의 전원 찬성으로 위원으로 선출되었다. 이어 바로 청년동맹 중앙위원회 제9기 제1차 전원회의를 개최하여 결정한 사항이 발표되었다. 먼저 청년동맹 중앙위원회 집행위원회 선거 결과가 발표되었는데, 1비서[61]에 전용남 현 위원장이, 비서로는 박철민[62], 장현철, 배충일, 김경준, 리성호, 장용길, 정영원, 함광철, 리금철이 선출되었다. 또한 청년동맹 중앙위원회 조직위원회가 구성되었으며, 청년동맹 중앙위원회 부장들과 청년전위 신문사 책임주필이 임명되었다.[63]

이어 청년동맹의 명칭을 '김일성-김정일주의청년동맹'으로 개명하였다. 이 명칭은 "조선로동당의 영원한 지도사상인 김일성-김정일주의와 결부하여 새롭게 명명하는 것은 우리 혁명과 청년운동발전의 성숙된 요구"에 기반한 것으로 "오늘 혁명은 위대한 김일성-김정일주의 기치높이 인민의 자주적 이상과 염원을 전면적으로 실현해 나가는 역사적 단계에 들어섰다"고 설명한다. 그러면서 "주체청년운동발전의 최전성

---

61) 2017년 11월 청년동맹 1비서가 박철민으로 교체되었다.

62) 2017년 11월 청년동맹 1비서로 선임되었다.

63) 김일성사회주의청년동맹의 이전 조직인 조선사회주의로동청년동맹의 규약 해설자료를 보면 집행위원회는 중앙위원회 전원회의와 전원회의 사이에 중앙위원회의 이름으로 청년동맹의 모든 사업을 조직지도하는 역할을 수행하며, 한 달에 한 번 이상 회의를 하도록 규정하고 있다. 조직위원회는 간부사업을 비롯한 청년동맹 내부사업과 관련하여 제기되는 실무적 문제들을 수시로 토의 결정하고 집행을 조직 지도하는 역할을 수행한다. 조직위원회 구성은 1비서와 일부 비서 그리고 일부 부장들로 구성하며, 회의는 필요에 따라 수시로 개최하게 되어 있다. 『조선사회주의로동청년동맹 규약해설』, 평양: 금성청년출판사, 1994, 111~112쪽.

기가 펼쳐지고 있는 오늘 청년동맹의 명칭에 위대한 김일성동지와 김정일동지의 태양의 존함을 함께 모시며 김일성-김정일주의 기치를 높이들고 경애하는 김정은 동지의 영도따라 주체혁명위업을 대를 이어 끝까지 완성해 나가려는 것은 온 나라 전체 청년들과 청년동맹 일군들의 한결같은 지향이고 절절한 염원"이라 주장한다.

북한은 김정은이 "혁명과 주체청년운동 발전의 현실적 요구와 500만 청년전위들의 한결같은 염원과 의지를 깊이 헤아리시고 김일성사회주의청년동맹 제9차 대회에서 청년동맹의 명칭을 위대한 김일성-김정일주의와 결부하여 새로 명명하도록 하시는 최상최대의 영광과 크나큰 믿음을 안겨주시었다"고 한다. 조직 명칭을 변경한 것에 대해 "청년동맹과 우리 청년들이 위대한 김일성-김정일주의 기치 높이 주체혁명위업의 최후 승리를 앞당기기 위한 투쟁에서 당의 믿음직한 후비대, 척후대, 익측부대로서의 사명과 임무를 다해 나갈 것을 바라시는 경애하는 원수님의 숭고한 의도가 담겨져 있다"고 설명하고 있다.[64)]

청년동맹의 조직 명칭은 민주청년동맹 → 조선사회주의로동청년동맹 → 김일성사회주의청년동맹 → 김일성-김정일주의청년동맹으로 변화해왔다. 북은 해방 직후의 어렵고 복잡한 정세 속에서 대중적 청년조직인 민주청년동맹을 결성하여 조선청년들을 민주주의 깃발 아래 굳게 뭉쳐 새 조국건설을 해 나갈 수 있었다고 설명한다. 민주청년동맹에서 조선사회주의로동청년동맹으로 개칭한 것은 북에서 사회주의제도가 수립된 시대적 조건과 청년운동 발전의 요구, 즉 청년동맹 조직이 사상교양단체로서의 임무를 훌륭히 수행해 나가는 계기를 만들기 위해서라고 설명한다. 김정일은 청년동맹을 조선로동당의 정치적

---

64) "김일성사회주의청년동맹 제9차 대회 결정서-청년동맹의 명칭을 새로 명명할데 대하여," 『로동신문』, 2016년 8월 29일.

후비대, 최고사령관의 예비전투부대, 별동대라고 하면서 조직 명칭을 김일성사회주의청년동맹으로 바꾸었는데, 이에 대해 "청년조직을 영원히 위대한 수령님의 청년조직으로 만들고 수령님께서 개척하신 주체의 혁명위업을 대를 이어 빛나게 계승완성해 나가는데서 거대한 의의를 가지는 역사적 사변"이라 평가한다.[65]

5번째 안건 청년동맹 규약 개정에 대한 결정서를 대표자들의 전원 찬성으로 채택하였다.

(2) 김정은이 한 청년동맹 제9차 대회 연설 내용 분석[66]

청년동맹 제9차 대회에서 김정은은 "김일성-김정일주의 청년운동의 최전성기를 펼쳐나가자"는 제목의 연설을 하였다. 김정은은 청년동맹 제9차 대회에 대해 "김일성 동지와 김정일 동지의 청년운동사상과 업적을 옹호고수하고 길이 빛내이며 새시대의 요구에 맞게 청년동맹을 불패의 전위대오로 강화발전시키는데서 획기적인 계기가 된다"고 평가한다. 또한 "청년동맹의 영광스러운 역사와 투쟁전통을 이어 당의 영도 따라 주체혁명 위업을 끝까지 계승완성해 나갈 청년전위들의 신념과 의지를 시위한 충정의 대회, 청년들을 사회주의강국 건설 대전에로 힘있게 불러일으킨 총진군대회이며 주체의 청년운동의 승리적 전진과 청년동맹의 강화발전에서 새로운 이정표를 마련한 역사적인 대회"라고 규정한다.

---

65) "조선혁명의 성스러운 역사에 빛나는 청년조직 명칭들," 『조선중앙통신』, 2016년 8월 27일.

66) "김정은동지께서 김일성사회주의청년동맹 제9차 대회에서 하신 연설," 『조선중앙통신』, 2016년 8월 29일.

청년동맹 활동 평가

북한은 김일성이 청년운동의 시원을 열어 놓고, 주체의 청년운동사상을 제시하고 청년사업을 "걸음걸음 손잡아 이끌어주었다"고 하고, 김정일에 대해서는 "청년중시 노선과 탁월하고 세련된 영도로 청년동맹을 당과 수령에게 끝없이 충실한 청년조직으로 강화 발전시키시고 청년들을 백두의 혈통을 이어나가는 믿음직한 계승자들로, 주체혁명위업수행의 맹장들로 키워 청년운동의 새로운 전성기를 열어 놓았다"고 평가한다.

북한 역사에서 청년들의 역할을 시대별로 '성과'를 제시하였다. 1세대 청년들에 대해서는 "수령님을 따라 손에 무장을 잡고 항일의 혈전만리, 눈보라 만리를 헤쳐 조국해방의 역사적 위업을 실현"했고, 한국전쟁 시기에는 "조국을 위하여 청춘도 생명도 서슴없이 바쳐 싸움으로써 영웅조선의 전승신화를 창조하고 제국주의 침략으로부터 조국을 영예롭게 수호"했다고 한다. 전후 복구 시기에서는 "천리마를 타고 질풍같이 내달려 짧은 기간에 자주, 자립, 자위의 사회주의 국가를 일떠세우는 영웅조선의 기적을 안아왔다"고 주장한다.

현재 청년세대를 향해서는 "당의 믿음이면 지구도 들어올릴 수 있다는 신념과 배짱을 지니고 엄혹한 자연과의 격전 속에서 백두산영웅청년발전소를 훌륭히 일떠세우는 영웅청년신화를 창조함으로써 우리 당에 의하여 교양육성된 새세대 청년전위들의 영웅적 기개를 남김없이 과시"했다고 '자랑'했다.

청년동맹의 과업

김정은은 제7차 대회에서 청년동맹을 김일성-김정일주의화 해야 한다는 목표를 제시했다. 청년동맹을 김일성-김정일주의화 한다는 것은

"김일성 동지와 김정일동지를 영원한 수령으로 높이 모시고 수령님들의 혁명사상을 지도적 지침으로 하여 주체의 청년운동을 승리적으로 전진시켜 나간다는 것을 의미"한다고 강조한다. 김정은은 청년동맹은 사상교양단체임을 강조하고, "청년교양의 총적 목표는 모든 청년들을 김일성-김정일주의자로 키우는 것"이라고 지시하였다. 북한은 김일성-김정일주의자로 청년들을 키우는 자양분은 당의 혁명사상과 백두의 혁명정신이라고 주장한다. 청년동맹에게 모든 청년들에게 당의 혁명사상인 주체사상과 백두의 혁명정신을 뼛속깊이 심어주어 그들을 당의 위업에 충실한 사상과 신념의 강자, 자력자강의 투사로 억세게 키우며 청년들이 살며 일하는 그 어디에서나 백두의 넋과 기상이 나래치게 해야 한다고 주장한다. 그러면서 당이 제시한 5대교양(수령위대성교양, 김정일애국주의교양, 신념교양, 반제계급교양, 도덕교양)을 심화시켜야 한다고 강조한다.

청년동맹 조직들에게는 학습회, 강연회를 비롯한 교양체계 운영을 실속있게 진행하도록 하며 사상교양 사업을 건수나 채우는 식이나 판에 박힌 편향을 없애고 "청년 맛이 나게 참신하게, 공세적으로 벌여 나가야 한다"고 강조한다.

사회주의강국 건설의 선봉대, 돌격대

북한은 "사회주의강국 건설의 앞장에서 돌격로를 열어나가는 것은 당의 전투적 후비대이며 우리 사회의 가장 활력 있는 부대인 청년들의 마땅한 본분"이라고 밝힌다. 청년들 대부분이 군을 구성하기에 청년들에게 "사회주의 조국 수호전에서 결사대"가 되어야 한다가 주장한다. 청년들은 선군혁명의 척후대, 조국보위전의 주역부대로 "모든 청년들은 우리 당의 총대중시사상을 심장에 새기고 조국보위를 가장 신성한 의무로, 최대의 애국으로 간직하여야 하며 사회주의조국을 보위하기 위한 투쟁에 용약 떨쳐나서야한다"고 강조한다. 인민군대와 인민내무군 청년들에게 조국 보위의 의무를 충실히 이행하여 "미제와의 판가리 결사전에서 새로운 전승신화를 창조"해야 한다고 강조하면서, 청년학생들에게 군사훈련에 충실히 임해 유사시를 대비할 것을 독려한다. 북은 사회주의 수호전은 군사적 대결인 동시에 사상과 정신의 대결이라면서 "적들의 사상문화적 침투 책동에 사상정신력 강자, 혁명적 신념의 강조로 강경하게 맞서 우리 내부에 이색적인 사상문화와 변태적인 생활양식이 절대로 침습하지 못하도록 해야 한다"고 경계심을 늦추지 않는다.

북한은 청년들에게 경제적 역할도 강조한다. "사회주의강국건설의 전구들마다에서 자강력제일주의 기치를 높이 추켜들고 과감한 공격정신과 청춘의 기백으로 새로운 기적과 혁신을 끊임없이 창조"해야 한다고 주장한다. 이를 위해 선군청년홰불쟁취운동[67], 청년돌격대운동을 비롯한 여러 가지 대중운동을 활발히 진행할 것을 촉구한다. 청년동맹에게 경제발전과 인민생활 향상에서 의의 있는 중요대상 건설을 맡아

67) '선군청년홰불상쟁취운동'은 김정일은 2003년 10월 "선군시대에 맞게 청년들을 사회주의경제강국건설에로 더욱 힘있게 불러일으키기 위하여 선군청년홰불상을 시작"할 것을 지시한 것으로, "안겨주신 혁명의 홰불봉을 높이 추켜들고 부강조국건설의 모든 전선에서 청년들의 혁명적 열의와 창조적 적극성을 최대한 높여 혁명적대고조의 열풍을 더욱 세차게 일으키기 위한 대중적 혁신운동"이다. 이 운동은 청년동맹 각 조직들이 자기 단위의 특성에 맞게 결의목표들을 세우고 그것을 관철하도록 하는 것이다. 공장, 기업소, 직장, 작업반과 자기 앞에 맡겨진 인민경제계획수행에서 혁명적 열의와 창의·창발성을 적극 발휘하여 맡겨진 매월, 매분기 인민경제계획을 수행하는 것이다. "청년전위들의 정신력을 불러일으키는 위력한 대중운동," 『로동신문』, 2012년 9월 14일.

훌륭히 수행함으로써 청년돌격대의 위력을 떨칠 것을 강조한다. 당 중앙이 인민군대 건설부대와 함께 청년돌격대를 앞장세워 건설의 대번영기를 만들 것이라고 하여 청년의 경제건설의 역할의 중요성을 부각시킨다.

과학기술강국 선구자, 문명강국 건설의 선봉대

북은 오늘날 과학과 기술의 시대라고 하면서 부강조국의 미래는 새 것에 민감하고 창조적 지혜와 열정이 용솟음치는 청년들이 과학기술 경쟁에 어떻게 분발하여 나서는 것인가 달려 있다고 한다. 청년 과학자, 기술자들에게 하루 빨리 과학기술강국의 지위에 도달하기 위해 최첨단 돌파전에 창조적 지혜와 열정을 바칠 것을 요구한다. 또한 청년들에게 문학예술, 체육을 비롯한 사회주의 문화의 모든 분야를 전면적 개화 발전시켜 사회주의문명강국을 만드는 데 핵심적, 선봉적 역할을 해야 한다고 강조한다. 이와 함께 도덕을 강조하는데 "모든 청년들이 혁명선배를 존대하고 스승과 웃사람을 존경하며 집단의 단합과 가정의 화목을 도모하고 사회공중도덕과 생활질서를 자각적으로 지켜나가도록 하여야 한다"고 한다. 이 밖에도 체육을 강조하는데 튼튼한 체력을 바탕으로 경제건설과 국방건설에 이바지해야 한다는 것이다.

자주적 통일과 세계 자주화 실현

북한은 남, 북, 해외의 모든 청년들에게 민족자주의 기치, 민족대단결의 기치 아래 통일애국의 길에서 뜻과 마음을 합치고 연대연합하여 투쟁하여 미국과 반통일세력의 방해를 넘어 조국통일의 대통로를 열어가야 한다고 주장한다. 북한 청년들에게 조국통일 3대헌장과 6·15

공동선언, 10·4선언을 바탕으로 통일을 위해 헌신해야 한다고 강조하고 남측의 청년학생들과 해외동포 청년들의 투쟁을 적극 지지 성원할 것을 독려한다.

청년동맹 조직 강화

청년동맹은 청년들을 당의 후비대, 주체혁명위업의 계승자로 키우는 정치조직이며 청년운동의 직접 담당자라고 하면서, 동맹조직의 전투적 기능과 역할을 강화해야 한다고 강조한다. 청년동맹 조직 안에 혁명적인 사업체계와 규율을 세워야 한다면서 동맹조직의 결정과 지시를 철저히 집행하고 제때에 보고하며 상급동맹조직들이 아래동맹조직들의 활동에 대하여 정상적으로 이해 장악하고 대책하는 정연한 사업 체계와 질서를 세울 것을 지시한다. 청년동맹 조직을 강화하는 기본은 청년동맹의 기층조직이며 기본전투단위인 동맹 초급조직을 강화하는 것으로 규정한다.

청년동맹 조직들은 동맹원들 속에서 조직생활을 강화하여 조직생활과정이 청년들을 혁명적으로 교양하고 단련시키는 청년 혁명학교 과정이 되어야 한다고 주장한다. 또한 청년동맹에게 청년동맹의 '교대자'인 소년단에 대해서도 소년단 조직을 강화하고 소년단원들을 잘 교양할 것을 강조한다. 각급 청년동맹 조직들이 소년단 사업에 대한 지도를 전 조직의 사업으로 전환시키고 소년단원들에 대한 교양에서 학교교양, 가정교양, 사회교양이 밀접히 결합되도록 할 것을 강조한다.

청년동맹 사업이 당의 의도대로 잘 진행 되는가 그렇지 못하는가는 청년동맹 일군들에게 달려 있다고 하면서 청년동맹 일군을 튼튼히 꾸리고 그들의 책임성과 역할을 더 높일 것을 주장한다. 청년동맹 일군들이 세대교체가 지속적으로 이루어짐에 따라 핵심청년들이 청년동맹 일군으로 적시에 보충될 수 있도록 동맹 자체 후비양성사업에도 신경을 써야 한다고 밝힌다. 청년동맹 일군들에게 청년중시 사상과 노선의 옹호자, 선전자, 관철자가 되어야 한다면서 이러한 원칙에 입각한 청년사업을 관철해야 한다고 주장한다. 김정은은 청년동맹 일군들에게 "아는 것이 많고 높은 조직력과 활동력, 풍부한 문화적 소양을 지닌 팔방미인이 되어야 한다"고 강조한다.

청년동맹 사업에 대한 당적지도를 더욱 강화해야 한다면서 청년 사업은 당 사업의 한 부분으로 청년동맹 사업을 적극 도와주고 이끌어주는 것이 당 조직과 당 일군의 중요한 임무로 부여한다. "전당적으로 청년동맹 사업에 대한 당적 지도의 본보기 단위, 전형 단위를 창조하고 일반화하기 위한 사업을 벌려 청년들을 사랑하고 청년동맹 사업을 적극 떠밀어 주는 것이 조선로동당의 당풍으로 되게 하여야 한다"고 강조한다.

김정은은 연설을 마무리하면서 대회 참가자들에게 "우리 당중앙이 가리키는 조선혁명의 침로 따라 폭풍 쳐 나아가는 김일성-김정일주의 청년동맹과 청년들 앞에는 광활한 미래가 펼쳐져 있으며 조선청년운동의 전도는 끝없이 양양하다"고 하면서 "모두 다 주체의 사회주의 위업의 완성을 위하여, 청년동맹의 김일성-김정일주의화를 위하여, 청년강국의 휘황한 내일을 향하여 힘차게 싸워 나가자"고 강조하고 "슬기롭고 영용하고 미더운 500만 청년전위들에게 영광이 있으라"고 하였다.

2. 청년동맹 제9차 대회 평가

(1) 전 사회의 김일성-김정일주의화 차원에서 청년 부문 강조

북한에서 김일성-김정일주의는 2012년 4월 조선로동당 제4차 대표자회에서 처음 등장하였다. 북은 제4차 당 대표자회에서 "위대한 김일성 동지와 김정일 동지를 우리 당과 혁명의 영원한 수령으로 모시고 위대한 김일성-김정일주의를 영원한 지도사상으로 높이 들고 나가려는 혁명적 신념과 의지"를 천명했다. 이는 김정일이 후계자 시절인 1974년 주체사상을 김일성주의로 명명하여 '온 사회의 주체사상화'를 내세운 것과 유사한 행보이다. 북한에서는 후계자가 수령의 사상을 체계화하고 이를 전 사회의 규범으로 확산시키는 것이야말로 가장 먼저 해야 할 과업이다. 그래야만 수령의 사상에 대한 해석권을 독점하고 정치무기화 할 수 있기 때문이다.[68] 북은 "김일성주의를 바탕으로 김정일주의가 나왔으며 김정일주의에 의하여 김일성주의의 진수가 고수되고 심화발전되게 되었다. 위대한 수령님과 장군님의 혁명사상은 출발점과 기초도 하나이고 체계와 구성도 일치하며 그 구현을 위한 투쟁도 하나로 통일되어 있다"고 평가한다.[69]

북한은 제7차 조선로동당 대회에서 당의 최고 강령으로 "온 사회의 김일성-김정일주의화"를 제시하였다. 북은 현재 "김일성 동지와 김정

---

68) 이수석, "북한 지도이념의 지속성과 변화, 7차 당 대회에서 나타난 '김일성-김정일주의'를 중심으로," 『김정은 체제와 조선로동당 제7차 대회 평가와 과제』, 한국평화연구학회·현대북한연구회 주최 공동학술회의, 2016년 5월 18일, 34쪽.

69) 진희관, "북한의 사상과 김일성-김정일주의 연구," 『북한연구학회보』 제18권 제2호, 2014, 14쪽.

일 동지의 사상과 업적을 만년초석으로 하여 조선혁명을 보다 높은 단계에로 전진시키며 사회주의 위업을 끝까지 완성하여야 할 중대한 과정"이 나서고 있다고 시대적 과제를 제시하고 있다. 그러면서 "사회주의 위업을 완성하고 인민대중의 자주성을 완전히 실현하기 위하여서는 온 사회를 김일성-김정일주의화 하여야 한다"고 주장한다. 온 사회를 김일성-김정일주의화를 한다는 것은 "사회의 모든 성원들을 참다운 김일성-김정일주의자로 키우고 정치와 군사, 경제와 문화를 비롯한 모든 분야를 김일성-김정일주의의 요구대로 개조하여 인민대중의 자주성을 완전히 실현해 나간다는 것을 의미"한다고 정의한다.[70)]

〈표 4-4〉 김일성-김정일주의 개념도

개념: 김일성-김정일주의	주체사상과 그에 밝혀진 혁명과 건설에 관한 이론과 방법의 전일적인 체계
목표: 온 사회의 김일성-김정일주의화	모든 성원들의 참다운 김일성-김정일주의자로 키우고 모든 분야를 김일성-김정일주의의 요구대로 개조해 인민대중의 자주성을 완전히 실현해 나가는 것
성격	온 사회의 김일성주의화의 혁명적 계승이며 새로운 높은 단계로의 심화발전

※ 출처: 이수석, "북한 지도이념의 지속성과 변화, 7차 당 대회에서 나타난 '김일성-김정일주의'를 중심으로," 『김정은 체제와 조선로동당 제7차 대회 평가와 과제』, 한국평화연구학회 · 현대북한연구회 주최 공동학술회의, 2016년 5월 18일, 36쪽.

70) "조선로동당 제7차 대회에서 한 당 중앙위원회 사업총화 보고," 『로동신문』, 2016년 5월 8일.

〈표 4-5〉 김일성-김정일주의 과업과 과제

지도사상	김일성-김정일주의
최고 강령	온 사회의 김일성-김정일주의화
기본 투쟁 과업	온 사회의 강국 건설
기본 과제	① 인민정권 강화 ② 사상, 기술, 문화의 3대 혁명 ③ 자강력 제일주의(7차 당 대회에서 추가)
사회주의 강국	정치군사강국, 과학기술강국, 경제강국, 문명강국

※ 출처: 이수석, "북한 지도이념의 지속성과 변화, 7차 당 대회에서 나타난 '김일성-김정일주의'를 중심으로," 『김정은 체제와 조선로동당 제7차 대회 평가와 과제』, 한국평화연구학회 · 현대북한연구회 주최 공동학술회의, 2016년 5월 18일, 36쪽.

제9차 청년동맹 대회에서도 모든 청년들에게 '김일성-김정일주의화' 시키는 것을 핵심과제로 제시되었다. 전당, 전군의 김일성-김정일주의화와 함께 청년동맹의 김일성-김정일주의화를 실현할 때 혁명대오의 위력은 천백배로 강화된다면서, 전당과 전군을 김일성-김정일주의화 하고 청년동맹을 김일성-김정일주의화 하는 것이 혁명의 진로이며 주체혁명 위업 완성의 기본담보라고 주장한다.[71]

청년동맹을 김일성-김정일주의화한다는 것은 김일성과 김정일을 영원한 수령으로 하며 수령들의 혁명사상을 지도적 지침으로 주체의 청년운동을 승리적으로 진전시켜 나간다는 것을 의미한다고 설명한다. 청년동맹의 김일성-김정일주의화는 새로운 높은 단계에 이른 혁명과 청년운동 발전의 성숙된 요구이며 주체혁명위업의 환성을 위한 투쟁

71) "김정은동지께서 김일성사회주의청년동맹 제9차 대회에서 하신 연설," 『조선중앙통신』, 2016년 8월 29일.

에서 청년동맹이 들고 나가야 할 전투적 구호라고 제시한다. 이를 위해 청년동맹을 김일성과 김정일, 김정은의 청년조직으로 강화 발전시키며 청년들을 참다운 김일성-김정일주의 정수분자로 철저히 준비시켜 나가야 한다고 강조한다. 이를 위해 청년동맹 조직이 5대 교양에 집중하고 모든 청년들이 백두산영웅청년정신의 청년돌격정신, 청년문화를 따라 배워야 할 것을 주문한다.72)

(2) 제7차 당 대회에서 주어진 청년동맹의 당 후비대 · 척후대 · 익측부대 실천

조선로동당 제7차 대회에서 규약 개정이 있었다. 규약 서문에 "조선로동당은 위대한 김일성-김정일주의당이다"와 "위대한 김정일동지는 조선로동당의 상징이시고 영원한 수반이시다"는 내용을 새롭게 추가하였다. 또한 청년동맹과 관련해서는 "청년운동을 강화하는 것을 당과 국가의 최대의 중대사, 혁명의 전략적 요구로 내세우고 청년들을 당의 후비대, 척후대, 익측부대로 튼튼히 키울데 대한 내용을 보충하였다"고 밝히고 있다.73)

청년동맹이 당의 후비대라는 것은 당원과 당 간부를 끊임없이 보충해 주는 저수지이기 때문이다. 당원과 당 간부를 끊임없이 보충해주는 당의 후비는 바로 청년들이며 따라서 이들의 정치조직인 청년동맹은 당원후비를 키우는 학교이며 저수지이다. 청년동맹은 "전망성 있는 좋

72) "김일성사회주의청년동맹 기발을 높이 들고 청년대강국 주인공들의 억센 기상을 힘있게 떨치자," 『로동신문』, 2016년 1월 21일.

73) "조선로동당 제7차 대회에서 '조선로동당 규약' 개정에 대한 결정서 채택," 『로동신문』, 2016년 5월 10일.

은 청년들도 청년동맹 간부대열을 튼튼히 꾸리고 그들을 당 및 국가 간부후비로 키운다". 청년동맹은 청년들을 조직생활과 정치사상교양, 사회정치활동과 혁명실천을 통하여 혁명적으로 단련시켜 키움으로써 그들이 장차 당 및 국가 간부로 일할 수 있도록 준비시킨다. 따라서 청년동맹이 청년들을 어떻게 교양하는가 하는 것은 당 및 국가기관의 간부대열을 튼튼히 꾸리고 그 질적 구성을 강화하는데 영향을 미친다. 이와 같이 청년동맹은 혁명의 계승자를 길러내고 당원의 후비와 국가의 간부 후비를 키워내는 조선로동당의 후비대인 것이다.[74]

척후대[75]는 기존 선봉대 개념을 대체한 것으로 보인다. 척후대의 기본사명은 "투철한 사상정신과 용감한 돌진력, 질풍같은 속도로 대오의 진군로를 힘차게 열어나가는데 있다"고 정의한다. 북은 "오늘 우리 당은 더운 피 펄펄 끓는 수백 만의 젊은이들의 무한대한 정신력, 담대한 배짱과 강요한 기상을 믿고 세계를 압도할 휘황한 설계도를 펼치고 있다"면서 "당중앙이 작전하는 모든 사업의 중심에는 청년들이 당당한 자리를 차지하고 있다"고 밝힌다. 그러면서 "총진군대오의 척후대, 이것은 당이 번개를 치면 우레로 화답하며 일격에 산도 허물고 강줄기도 막는 드센 공격정신의 체현자들인 우리 청년들에게 주는 시대의 값 높은 칭호"라고 주장한다.[76] 즉 당이 지시하면 청년들이 맨 먼저 나서서

---

74) 『조선사회주의로동청년동맹 규약 해설』, 평양: 금성청년출판사, 1994, 8쪽.

75) 척후란 개념은 전투지역에서 적에 관한 첩보를 수집하기 위하여 정찰하도록 임명된 병사 또는 그 소규모의 부대. 적정·지형 등을 정찰하고, 또는 적의 행동을 경계하기 위해 본대와 떨어져서 전방이나 후방에서 행동한다. 통상 수명으로 구성되나 때에 따라서는 40~50명의 병력으로 편성되기도 한다. 척후 임무를 수행하는 병사를 척후병이라 하고, 부대를 척후대라고 한다.

76) "경애하는 원수님의 명언해설," 『로동신문』, 2016년 8월 27일.

그 지시를 이행하라는 것이다. 전용남 청년동맹 1비서는 "모든 청년들이 선군혁명위업의 완성을 위한 역사적 진군길에 당을 따라 곧바로, 힘차게 앞으로 나아가는 척후대로 청춘시절을 값있게 빛내자"고 연설한다.[77] 김정은은 청년동맹 조직과 청년들에게 사회주의강국 건설에서 선봉대와 돌격대가 되어야 한다고 강조한다. "사회주의강국건설은 위대한 수령님들과 당의 구상에 따라 조국 땅 위에 강대한 사회주의국가, 부강번영하는 인민의 낙원을 일떠세우기 위한 성스러운 위업"이라고 하면서 청년들에게 "사회주의강국건설의 앞장에서 돌격로를 열어나가는 것은 당의 전투적 후비대이며 우리사회의 가장 활력 있는 부대인 청년들의 마땅한 본분"이라고 강조한다.[78]

북한 청년들의 '선봉대' 역할의 대표적인 것이 청년돌격대라고 볼 수 있다. 특히 청년동맹은 경제건설의 선봉대 역할을 하는 상설적 조직인 속도전청년돌격대라는 조직을 운영하고 있다. 북한에서는 속도전청년돌격대를 "우리 당의 사회주의경제건설 구상을 맨 앞장에 서서 실현해나가는 정규화된 전투적인 노력부대이며 보람찬 실천투쟁 속에서 청년들을 우리 당의 믿음직한 청년전위로 키우는 훌륭한 혁명학교"로 규정하고 있다.[79] 사회주의건설의 어렵고 힘든 부문이란 작업량이 많고 작업조건이 불리한 환경에서 생산과 건설이 진행되는 부문을 의미한다. 김정일은 이러한 부문은 대담성과 용감성, 민감성을 지닌 청년들

---

77) "제2차 전국청년미풍선구자대회," 『조선중앙통신』, 2015년 5월 14일.

78) "김정은동지께서 김일성사회주의청년동맹 제9차 대회에서 하신 연설," 『조선중앙통신』, 2016년 8월 29일.

79) 김정일, "청년들은 당과 수령에게 충실한 청년전위가 되자"(첫 청년절을 맞는 전국의 청년들과 사로청 일군들에게 보낸 서한, 1991년 8월 26일), 『김정일선집 12권』, 평양: 조선로동당출판사, 1997, 11쪽.

이 앞장서야 한다고 강조하면서,[80] 매 시기, 매 단계마다 중요대상건설을 지시하고 이에 대한 구체적인 지도를 내린다.[81] 청년돌격운동의 사례로 백두산영웅청년돌격대원들은 반년도 안 되는 짧은 기간에 백두산영웅청년 3호 발전소를 건설하였으며, '충정의 200일전투' 기간 수십 개의 대상건설이 완공되고 500여대의 설비, 기대들이 '청년'호로 명명되었으며 1만 8,000여명의 4년, 3년, 2년분, 연간 인민경제계획 완수자를 배출했다고 자랑한다.[82]

북한은 김정일의 사랑과 믿음으로 속도전청년돌격대가 수령결사옹위, 결사관철의 기치를 이행하는 당의 믿음직한 돌격부대, 전투부대로 자리잡을 수 있게 되었다고 하면서 "영광스러운 투쟁과 승리의 길을 걸어온 속도전청년돌격대는 위대한 김정은 시대와 더불어 청년강국의 위용을 떨치는 핵심부대로 자기의 전투적 위력을 힘있게 과시하며 조국번영의 창창한 미래를 열어 나갈 것"이라 주장한다.

북한의 속도전청년돌격대[83]는 경제건설의 '선봉대' 역할과 함께 청년들에 대한 사상교양의 장(場), 조직생활 단련의 장(場), 초급간부 양성의 장(場)으로서의 역할도 수행한다.[84] 북한은 '속도전청년돌격대'에 대해 "온 사회의 '김일성주의화'를 근본 목적으로 제기하고 당의 속도

---

80) 손기학, "청년들은 사회주의건설의 선봉대, 돌격대," 40쪽.

81) 김종수, 『북한 청년동맹 연구』, 서울: 한울, 2008, 330쪽.

82) "조선로동당의 위업을 충정 다해 받들어 갈 500만 청년전위들의 일심단결의 대회," 『조선중앙통신사』, 2016년 9월 1일.

83) 김종수, 앞의 책, 2008, 333쪽.

84) 리형섭, "사회주의건설에서 청년들의 선봉대적 역할과 청년돌격대운동," 『근로자』 546호, 1987, 47쪽.

전의 원칙을 철저히 구현하는 것을 활동 원칙으로 하고 있으며, 충분한 기술 역량과 수단을 갖추고 군대와 같은 조직체계와 명령체계에 따라 사업과 생활을 정규화, 규범화하고 있는 것"이라고 정의한다.[85] 즉 속도전은 사상전이라 규정하고 있는 것이다. 이와 같이 속도전청년돌격대의 운영 원리에는 '혁명실천을 통한 교육'이라는 북한의 교육원리가 근저에 자리잡고 있다.[86] 즉 북한은 "실천은 인식의 출발점이며 진리의 기준이며 이론발전의 추동력이다. 혁명실천은 사람들에게 실천능력을 키워주며 사람들을 혁명적으로 단련시킨다"고 강조하고 있다.[87] 즉 자본주의사회의 교육에서 교육과 실천의 분리가 중요한 특징인데 반해 사회주의사회의 교육은 자연과 사회에 대한 지식을 바탕으로 세계를 변혁할 수 있는 창조적 능력을 키워야한다고 강조한다.[88]

현재 시기에 청년돌격대 정신, 백두산영웅청년정신이 강조되는 것은 "제국주의자들의 사상 침투"에 대한 대응 방안이기도 하다. 북한은

---

85) 금성청년출판사, 『위대한 수령 김일성동지의 청년운동령도사』, 평양: 금성청년출판사, 1997, 411쪽.

86) 교육과 생산노동의 결합은 소련의 종합기술교육론과 유사하다. 종합기술교육의 목적은 학생들로 하여금 생산의 기초에 대해 알게 함으로써 생산의 일정한 영역과 다른 영역들과의 기술적·경제적 상호관계를 학생들이 이해하도록 돕고, 이론과 실천을 결합해 나가는 능력을 얻게 하는데 있다. 그러나 흐루시초프 실각 이후 "생산노동에 치중한 나머지 교과내용의 비효율성"이 드러나 재조정되었다. 1966년 3월 제23차 전소공산당대회 중앙위원회에서 브레즈네프는 새로운 공산주의적 인간형의 완성과 정치·경제·문화적 발달을 위한 교육의 중요성을 강조함에 따라, 종합기술교육은 학교외부의 노동경험보다는 학교 내의 과학적 교육에 초점이 맞추어졌다. 박태성, "소련 사회주의 교육의 허와 실," 한국슬라브학회, 『슬라브학보』 제17권 1호, 2002, 237~244쪽.

87) 김일성, "사회주의교육에 관한 테제"(조선로동당 중앙위원회 제5기 제14차 전원회의에서 발표, 1977년 9월 5일), 『김일성 저작집 32권』, 평양: 조선로동당출판사, 1986, 381쪽.

88) 최금순, "교육과 혁명실천의 결합," 『근로자』 433호, 1978, 48쪽.

청년들이 잘 교육되고 있다고 '자랑'하면서도 "세계를 제패하려는 제국주의자들이 청년들을 첫 번째 과녁으로 정하고 더욱 교활하고 악랄하게 책동하고 있는 오늘의 세계에서 그것은 제 손으로 제 눈을 찌르는 것과 같은 자멸의 길"이라면서 경계를 늦추지 않고 있다. 중동의 '재스민 혁명'을 예를 들면서 "이 지역 나라들의 일부 청년들은 나라와 민족의 운명은 안중에도 없이 돈만 있으면 된다고 하면서 조국을 배반하는 행위를 서슴없이 하였다"면서 "그들은 몇 푼의 돈을 위해 제국주의자들에게 정보를 팔아먹었다"고 비난하였다. 이로 인해 "제국주의자들은 무력침공을 감행하고 해당 나라를 페허로 만들고 정권을 전복시켰다"면서 청년들의 사상교양에 대해 중요성을 강조하였다. 북한은 "청년들에 대한 사상교양사업을 강화하여 부르조아사상문화의 침투를 막는 것은 나라의 운명, 인류의 미래와 관련된 중요한 문제"라고 규정한다.[89)]

청년동맹은 당의 익측부대라는 역할도 부여한다. 익측이란 "어떤 사물을 기준으로 하여 그 좌우의 측면"의 의미로 당의 익측부대라는 것은 당의 보완하는 역할을 수행한다고 것 당의 외곽단체, 인전대로서의 역할과 위상을 언급한 것으로 해석할 수 있다. 북한에서 근로단체는 각계각층의 광범한 군중을 조직화하고, 의식화하여 당과 수령에게 뭉치게 하는 역할을 한다. 근로단체는 각계각층의 광범한 군중을 망라한 조직으로 영도체계에서 당과 대중을 연결시키는 중요한 인전대이다. 근로단체들은 당의 외곽단체로서 당의 대중적 지반을 공고히 하고 대중에 대한 당의 영도적 역할을 강화하는 사업을 적극 방조한다.[90)]

---

89) "민족의 흥망과 인류의 미래는 청년들에게 달려 있다," 『로동신문』, 2016년 8월 27일.

90) 사회과학출판사, 『영도체계』, 평양: 사회과학출판사, 1985, 174~175쪽.

앞에서 살펴본 것과 같이 로동당 제7차 대회에서 청년동맹을 당의 후비대·척후대·익측부대라고 '새롭게' 규정한 것처럼 보이지만, 사실 청년동맹이 당의 후비대, 선봉대, 외곽단체 역할을 해 온 것을 새로운 '용어' 달리 표현한 것으로 보인다. 청년동맹에 대한 새로운 위상과 역할을 부여한 것보다는 김정은 시대 들어 청년동맹의 역할에 대해 새로운 표현을 사용하여, 김일성-김정일 시대와 차별성을 강조하고자 하는 의도로 파악할 수 있다.

(3) 청년강국 건설

김정은 시대의 북한은 '청년강국'을 내세운다. 청년강국이란 표현은 김정은이 2015년 4월 백두산선군청년발전소 건설장을 찾아 청년돌격대원들의 '영웅적 위훈'이 발휘되고 있다고 하면서 '청년강국'이란 "새로운 시대어로 값 높이 평가해 주었다"고 밝히고 있다.[91] 북한은 '새로운 시대어'로 '청년강국'이라고 하면서 "로동당시대의 번영기가 펼쳐지고 있는 격동의 오늘 우리의 경애하는 원수님께서 조국의 위용을 새로운 높이에 올려 세우시고 청년들에게 하늘같은 믿음을 안겨주시며 몸소 불러주신 조선의 새로운 이름"이라고 설명한다. 북한은 이미 어느 나라도 이루지 못한 정치사상강국, 최정예 강군을 가진 군사강국인데, "여기에 이 모든 것을 백배해주며 가장 강력하게 담보해주는 청년강국이 되었다"고 하면서 북한과 맞설 자가 없다고 주장한다.[92] 또한 "청년강국이란 당과 혁명, 조국과 인민에게 무한히 충실한 강력한 청년전위조직과 수백만의 청년대군을 가지고 있으며 그의 선봉대적, 돌격대적

91) "세상에 둘도 없는 청년강국," 『로동신문』, 2015년 8월 27일.
92) "청년강국의 힘 세계에 떨치라," 『로동신문』, 2015년 9월 7일.

역할에 의하여 약동하는 젊음으로 비약하며 부강번영하는 나라"라고 한다.[93]

북한은 강국 중의 진짜 강국은 청년강국이라고 하면서 "누구보다도 피 끓는 청년들이 용맹하게 떨쳐 일어나야 한다"면서 "혁명적으로 단련되고 강철같이 뭉쳐진 청년대군이 있는 청년강국은 그 어떤 천만대군이 달려든다 해도 단매에 때려눕힐 수 있는 제일 강하고 무쇠 같은 나라"라고 주장한다. 그러면서 조선로동당이 청년강국의 위대한 '향도자', '창조자'라고 규정한다. 조선로동당은 청년들을 떼어 놓고 혁명과 건설을 생각해 존 적이 없다고 한다. 북은 자신들이 말하는 청년강국은 단순히 젊음과 활력에 넘친 나라가 아니라 "위대한 당의 두리에 청년들이 천군만마와 같이 성새를 이룬 나라"라고 주장한다. 김정은이 "조선은 청년강국, 청년들은 당의 천군만마"라고 새롭게 불러주었다고 선전한다. "우리 원수님을 제일로 닮은 위대한 김정은 장군형의 청년대군이 붉은기를 높이 들고 당과 수령을 맨 앞장에서 옹위하고 있다"면서 "우리당이 불러 준 이 천군만마야말로 청년강국의 참모습이며 천군만마의 힘이 다름 아닌 청년강국 조선의 힘"이라고 주장한다.[94]

북은 청년강국이란 청년들이 강하여 나라가 강하다는 의미라고 하면서 북한의 청년들이 강한 것은 사상정신력이라고 한다. 다른 지역의 청년들과 구별되는 독특한 사상정신적 특질은 자기 영도자를 절대적으로 믿고 흠모하며 따르는 바로 그것이라고 규정한다. 북은 "사상과

93) "세상에 둘도 없는 청년강국," 『로동신문』, 2015년 8월 27일.
94) "청년강국의 힘 세계에 떨치라," 『로동신문』, 2015년 9월 7일.

신념으로 강건하고 정신도덕적으로 훌륭하며 슬기와 용맹에서 담찬 청년들의 대부대, 강성국가건설의 앞장에서 선봉적 역할을 하는 청년들의 대집단이 청년강국의 참모습"이라고 강조한다.[95] 북은 "수령결사옹위전, 당의 사상관철전, 당정책옹위전의 선봉에서 진격로를 열어나가는 선군청년전위들의 고상한 정신도덕적 풍모와 진취적이며 무궁무진한 힘과 열정에 의하여 온 세상에 청춘의 기상과 위력을 떨치며 승승장구해 나가는 전도양양한 나라"라고 자랑한다.

북은 청년강국에 관한 사상은 "사회발전과 혁명투쟁에서 청년들이 차지하는 지위와 역할에 대한 주체적 견해와 관점에 기초하고 청년운동으로부터 시작된 조선혁명의 고유한 전통과 오랜 역사적 과정에 이룩된 성과와 경험에 토대하고 있으며 경애하는 원수님의 청년중시사상, 청년중시정치가 구현되고 있는 우리조국의 현실과 창창한 미래를 가장 정확히 반영하고 있다는 데 그 독창성과 정당성이 있다"고 주장한다.[96]

최근 북한에서 강조하는 '청년강국'은 김정은 시대 들어서서 김일성, 김정은 시대 '청년중시'라고 했던 것을 더욱 강조하기 위해 만든 표현으로 이해할 수 있다. 백두산영웅청년발전소 건설 과정에서 발휘된 청년돌격대의 노력들을 전 사회에 확산하고 청년들이 더욱 더 당과 국가에 충성할 수 있도록 독려하기 위해, 김정일 시대에 강조했던 '강성대국' 건설이라는 표현을 김정은 시대엔 '청년강국'으로 다르게 표현하고 있다고 볼 수 있다. 즉 김일성·김정일 시대의 청년들의 역할과 사명

95) "청년강국으로 위용 떨치는 나라," 『통일신보』, 2015년 8월 29일.
96) "세상에 둘도 없는 청년강국," 『로동신문』, 2015년 8월 27일.

이라고 할 수 있는 청년중시, 강성대국 건설이라는 것을 김정은 시대엔 청년강국으로 변화, 발전시킨 것이다.

(4) 북한 인민중시 · 군대중시 · 청년중시 3대전략

북한 김정은은 조선로동당 창건 70돌 경축 열병식 및 평양시 군중시위 연설에서 인민중시 · 군대중시 · 청년중시의 3대 전략을 제시했다. 북은 "조선혁명을 승리로 이끌어 온 우리 당의 역사적 노정은 당에 충실한 인민이 있고 강위력한 혁명군대와 청년대군이 있으면 그 무엇을 두려울 것이 없고 못해낼 일이 없다는 것을 뚜렷이 확증"했다고 주장한다.[97] 김정은은 "전국의 모든 당조직과 청년동맹조직들이 위대한 장군님께서 제시하신 당, 군, 청 중시사상을 확고히 틀어쥐고 사회주의 조국의 전도와 관련되는 중대문제인 청년사업에 품을 아끼지 말" 것을 강조한다.[98]

김정은의 열병식 연설의 특징은 '인민'과 '청년' 강조로 새 세대를 중시하는 메시지가 부각되었다는 점으로 이것은 향후 지속적으로 이루어질 엘리트 세대교체와 관련된 것으로 평가하는 분석이 있다.[99] 사실 북한지도부는 "조선로동당=혁명위업의 향도자, 조선인민군=혁명위업의 수호자, 청년동맹=혁명위업의 계승자"라는 도식을 내세우며 청년동맹을 중요시 하고 있다.[100]

---

97) "조선로동당 창건 70돐 경축 열병식 및 평양시 군중시위에서 하신 김정은 동지의 연설," 『조선중앙통신』, 2015년 10월 10일.

98) "김정은동지께서 청년들을 고상한 정신과 미풍을 지닌 시대의 선구자들로 키워 낸 당조직들과 청년조직들에게 보내신 감사문," 『조선중앙통신』, 2015년 5월 27일.

99) 이상숙, "북한 로동당 창건 70주년 기념식 평가와 대외정책 전망," 『주요국제문제분석』, 외교안보연구소, 2015년 11월 20일, 5쪽.

북한의 '청년중시' 정책은 사회 각 부문에서 청년들의 역할을 내세워 주고 치켜세워 줌으로써 사기를 고양하고 수령에게 더욱더 충성하도록 하는 상승효과를 도모하고 있는 위기대응 전략에서부터 출발한다. 북한에서는 '청년중시'사상은 김일성이 '혁명의 길'에 나서면서 만들어졌다고 한다. 김일성은 당시 청년학생운동이 혁명운동의 '교량자' 역할에 머물 것이 아니라 '혁명의 전위'가 되어야 한다고 주장하였으며, 이를 통해 혁명운동에서 청년이 '중시'되어야 한다는 논리를 전개하고 있다. 이 기사에서는 김정일 시대 '청년중시'사상의 증거로서 청년동맹에 김일성 이름을 넣은 것, 돌격대의 이름을 '속도전청년돌격대'로 개명한 것, 철도역과 거리, 기념비적 창조물에 '청년'이라는 이름을 넣도록 하는 것 특히 평양-남포간 고속도로를 '청년영웅도로'로 부르도록 한 것을 들고 있다.[101]

북한의 청년중시에 대해 "청년들을 시대정신의 창조자로 내세워주고 청년강국의 주인공으로 억세게 키워준 당의 믿음과 사랑 속에 우리 청년들은 북부피해복구전선을 비롯한 200일전투장들에서 청춘의 슬기와 용맹을 남김없이 떨치고 있다"고 치하한다. 청년중시 노선으로 청년들을 주체혁명위업의 맹장들로 키우고 있다고 자랑한다. 청년들에게 청년강국 주인공으로 청년들을 내세우고 있는 만큼 "사회주의강국건설의 전투장마다에서 만리마속도창조의 기수가 되고 있으며 혁명의 무기, 계급의 무기를 억세게 틀어잡고 조국의 방선과 사회주의제도를 금성철벽으로 지키는 선군혁명의 척후대, 조국보위전의 주력부대로서의 사명을 다해 나가고 있다"고 자랑한다.[102]

---

100) 이종석, 『새로 쓴 현대북한의 이해』, 서울: 역사비평사, 2001, 309쪽.

101) "장군님의 선군정치아래 빛나는 청년중시사상," 『로동신문』, 1995년 8월 28일.

북한의 청년중시를 3대 전략으로 제시한 것에 대해 그 이유를 2가지로 설명하는 언론 기사가 있다. 하나는 김정은 위원장이 30대 초반이기에 자신과 동시대의 연배에 초점을 맞춘 듯 하다는 것이다. 즉 젊은 자신이 청년들과 함께 혁명과 건설을 수행하겠다는 것으로 이는 청년을 중심으로 세대교체를 하겠다는 의지를 피력한 것이라는 것이다. 다른 하나는 남측 상황과 연결한 해석이다. 남측에서는 청년을 인생에서 가장 중요한 세 가지인 취직 · 결혼 · 출산을 포기한 삼포세대라고 부르는 심각한 상황이다.[103] 북은 청년문제를 올바르게 해결하지 못하면 사회의 '우환거리'가 된다고 하면서 미국의 사례를 들면서 비판한다. 미국의 한 청년이 "삶이 없다"고 말하며 고민하던 끝에 교수와 학생들을 대상으로 무차별적인 총격을 가하여 13명을 한꺼번에 죽이는 끔찍한 일이 벌였다고 하면서 자본주의 나라들에서나 청년문제는 해결방도가 없는 문제가 되고 있다고 비판한다.[104]

북은 김일성과 김정일이 독자적인 청년중시 정치로 천하무적의 청년대군을 키워내고 세상에 둘도 없는 청년강국을 일으켜 세워 시대와 혁명 앞에 이룩한 업적이라 밝힌다. 김정은은 김일성 · 김정일의 청년중시사상을 계승하여 지도하여 "혁명의 계승자들이며 사회의 가장 활력 있는 부대인 청년들을 사상정신적으로 튼튼히 준비시켜야 인민대중의 자주성을 실현하기 위한 혁명위업이 실패와 좌절을 모르고 승승장구하게 된다"고 강조한다.[105]

102) "인민중시, 군대중시, 청년중시는 우리 당의 일관한 영도원칙," 『로동신문』, 2016년 10월 10일.

103) "북한의 '청년중시' 전략," 『통일뉴스』, 2015년 10월 12일.

104) "청년들을 통해 본 두 제도의 판이한 모습," 『민주조선』, 2015년 10월 25일.

105) "강철의 청년대오는 우리 혁명의 승리적 전진을 추동하는 위력한 역량," 『로

북은 인민생활제일주의, 선군정치에서 군대중시, "변화와 새로움에 민감하면서도 순수하고 열정적인" 이중성을 지닌 청년들을 단속하고 내세우기 위해 강조해 왔던 '청년중시'를 묶어 인민중시 · 군대중시 · 청년중시 3대전략을 강조하고 있는 것이다. 특히 청년중시를 지속적으로 강조하는 것은 김정은 자체가 '청년' 지도자이며, 변화에 민감한 청년계층이 지속적으로 수령과 당에게 충성을 다하도록 독려하는 차원으로 이해할 수 있다.

(5) 백두산영웅청년정신은 시대정신

백두산선군청년발전소는 "주체혁명의 성지인 백두대지"를 부각하기 위해 "백암군의 서두수 상류에 3개의 계단식 발전소로 수력발전소 건설에서 있어 가장 불리한 자연지리적 조건을 극복해야하는 어렵고 방대한 공사"라고 설명한다. 이 발전소 건설은 김정일이 "청년들을 혁명의 계승자, 강성국가건설의 선봉대, 돌격대로 묻게 믿고" 청년동맹에게 건설 임무를 2004년 6월에 준 것이다. 백두산선군청년발전소 건설은 "강추위가 연중 6개월이나 계속되고 수송조건이 매우 불리한 속에서 심심산중의 험준한 대자연을 개척"해야 하는 것으로 "말 그대로 악전고투이며 대격전"이다. 심지어 이 지역은 한 해에 천 번이나 눈비가 내려 '천수'라고 불릴 만큼 험악하다. 발전소 건설 임무를 맡은 청년동맹은 사상사업을 벌여 청년들을 적극 동원하였으며, 발전소에 필요한 설비와 자재, 수송문제 등을 해결하기 위해 유휴자재수집 등 좋은일하기운동을 벌였다.[106)]

동신문』, 2015년 12월 20일.

106) "열혈청춘들이 창조하는 새 세기의 영웅서사시," 『로동신문』, 2012년 8월 23일.

김정은은 2015년 4월 20일 최룡해, 리재일, 전용남을 동행하여 백두산선군청년발전소 건설 현장을 '현지지도'하였다. 이 자리에서 김정은은 "장군님께서 남기신 유산이고 사랑의 젖줄기이며 조국의 만년재부인 백두산선군청년발전소 건설을 하루빨리 완공자자는 것을 청년돌격대원들에게 호소"하기 위해 방문한 것이다. 김정은은 백두산선군청년발소 건설이 김정일의 고향인 삼지연군과 혁명전적지들이 잇는 양강도의 인민생활과 경제문제를 푸는 데서 중요한 의의를 가진다고 하면서 조선로동당 창건 70돌(2015년 10월 10일)까지 1호, 2호 발전소 건설을 마무리할 것을 강조한다.[107] 김정은은 "고난의 행군, 강행군 시기에는 혁명적군인정신과 강계정신이 창조되었다면 오늘의 어려운 시기에는 백두산영웅청년정신이 창조되었다고 하시면서 이것은 창당 첫 시기부터 장기성을 띠는 혁명발전의 요구에 맞게 청년들을 당의 후비대, 척후대, 익측부대로 키운 위대한 수령님들과 우리당의 영도가 얼마나 정당한가를 웅변으로 실증해준다"고 강조하였다.[108]

김정은은 2015년 9월 14일 또 다시 백두산선군청년발전소 건설 현장을 방문하였다. 김정은이 다녀 간 4월 이후 120여 일간 낮과 밤 없이 치열하게 공사를 진행하여 "세상을 놀래우는 영웅 청년신화를 창조"했다고 격려하고, 이것은 "당의 품속에서 교양육성된 조선청년들만이 창조할 수 있는 신화"라고 치켜세운다. 또한 "백두산영웅청년발전소 건설을 통하여 당의 결심은 곧 현실이고 실천이며 조선청년들은 당의 결

107) "경애하는 김정은동지께서 백두산선군청년발전소 건설장을 현지지도하시었다," 『로동신문』, 2015년 4월 20일.

108) "조선로동당 제7차 대회에 드리는 청년강국 주인공들의 충정의 선물," 『로동신문』, 2015년 4월 23일.

심을 관철하는데서 선봉대의 역할을 다해가고 있다는 것을 다시금 웅변으로 증명하였다"고 강조한다.[109)]

마침내 조선로동당 창건 70돌 기념일 일주일을 앞둔 2015년 10월 3일 백두산영웅청년발전소 준공식이 개최되었다. 김정은은 준공식에 직접 참여하여 축하 연설을 하였다. 김정은은 백두산선군청년영웅발전소 준공에 대해 "조선로동당 일흔 돌을 뜻 깊게 장식하는 대경사이며 우리 국가의 창창한 미래를 예고하는 일대 사변"이라고 의미를 부여하였다. 김정은은 "우리 당이 안겨 준 백두청춘의 담력과 용맹으로 낮과 밤이 따로 없이 백열전을 벌려 10년 동안에 한 일과 맞먹는 방대한 작업과제들을 불과 120여 일 동안에 해제끼고 1호 발전소 언제(댐)를 완공한 것은 우리 당의 청년강국 건설사를 자랑찬 노력적 성과로 빛내이기 위해 총궐기해나선 백두청춘들과 건설자들의 애국헌신이 낳은 충정의 열매이며 당의 품속에서 교양육성된 조선청년들만이 창조할 수 있는 영웅청년신화"라고 격려한다.

김정은은 백두산선군청년발전소 건설의 의미에 대해 발전소 건설 그 자체보다도 건설 과정에서 나타난 사상 교양을 더욱 의미 있게 평가한다. "발전소 언제가 완공되고 백두산 지구의 긴장한 전력문제를 해결할 수 있게 된 것보다 우리 청년들이 발전소 건설을 통하여 위대한 장군님의 의도대로 하나의 사상으로 무장되고 더 굳게 단결된 것"이라고 하면서 "이것이 제일 중요한 것이며 우리에게 있어서 제일 큰 성과"라고 강조한다. 백두산선군청년발전소 건설을 통하여 청년운동의 귀중한 재보인 선군시대의 청년 돌격정신과 청년문화가 창조되었다는 것

---

109) "김정은 원수님, 완공을 앞둔 백두산영웅청년발전소 건설장을 현지지도," 『조선신보』, 2015년 9월 14일.

이다. 그러면서 이러한 정신을 전사회적으로 확산할 것을 주문한다. 백두산영웅청년돌격대원의 모범을 따라 배우는 사업은 "청년교양에서 전환을 일으키며 우리 사회의 분위기를 일신하기 위한 일대 사상공세이며 제국주의자들의 사상문화적 침투 행동을 단호히 짓부시고 우리의 사상, 우리의 정신, 우리의 문화를 고수하기 위한 대사상전"이라 강조한다. 그러면서 이러한 정신을 계속 이어가서 내년(2016년) 청년절(8월 28일)까지 3호 발전소 건설을 무조건 끝내라고 명령을 내린다.[110]

2016년 5월 로동당 제7차 대회가 개최되면서 3호 발전소 건설 사업이 단축되었다. 청년돌격대원들은 로동당 제7차 대회 소집 결정이 나자 "백두산영웅청년3호발전소를 영광의 5월에 드리는 노력적 선물로 마련할 맹세"한다. 이후 영하 30도의 혹한이란 불리한 자연조건과 불리한 수송조건이란 역경 속에서도 청년들이 돌격정신을 발휘하여 공사를 완공했다고 한다. 이에 북은 "성스러운 백두대지에 또 하나의 청춘 기념비로 거연히 솟아오른 백두산영웅청년3호 발전소는 혁명의 성산 백두산에 신념의 기둥을 억척같이 뿌리박고 주체혁명위업수행의 맹장들로 자라난 우리의 청년대군이 조선로동당 제7차 대회에 드리는 가장 큰 충정의 노력적 선물"이라 규정한다. 앞에서 언급한 건설 사업이 사상사업이란 것을 청년동맹은 백두산영웅청년 3호 발전소 건설 과정에서 청년들의 활동을 '백두청춘대학'으로 '발전적'으로 정의한다. "'백두청춘대학'으로 자랑 높은 발전소 건설을 통하여 당의 사상관철전, 당정책옹위전의 전투적 선봉조직으로 청년동맹의 위력과 당의 품속에서 교양육성된 우리 청년들의 참모습이 뚜렷이 과시"되었다고 자랑한다.[111]

---

110) "김정은 원수님께서 백두산영웅청년발전소 준공식에서 하신 연설," 『조선신보』, 2015년 10월 3일.

이와 같이 북한은 백두산영웅청년정신은 오늘의 시대정신이라 강조한다. 백두산영웅청년정신에 대한 세부 내용을 살펴보면 〈표 4-6〉과 같이 정리할 수 있다.

〈표 4-6〉 백두산영웅청년정신 내용

내용	세부 내용
김정은 시대를 상징하는 혁명정신	백두산영웅청년돌격대원들이 당의 부름을 받아 건설장으로 달려나가 엄혹한 시련과 난관을 이겨내며 불굴의 투쟁을 벌리는 과정에 시대와 혁명의 요구를 앞장에서 관철한 불굴의 정신력을 '백두산영웅청년정신'으로 규정 대를 이어 계승되는 충실성의 빛나는 발현이며 김일성을 따라 백두의 행군길을 끝까지 걸어 혁명의 최후 승리를 안아오려는 결사의 각오와 신념을 지닌 김정은 시대 청년 전위들만이 떨칠 수 있는 영웅적 위훈
당의 숭고한 청년중시정치가 낳은 혁명정신	청년들에 대한 위대한 수령님들의 열화 같은 청년사랑, 미래사랑이 응축되어 있는 우리당의 청년중시 정치의 기념탑 청년중시정치는 김정은의 무한한 열과 정의 정치
영웅청년 정신은 온 나라 전체 인민이 따라 배워야 할 우리 시대의 혁명정신	각 계층 근로자들과 수 많은 청년학생들이 당의 숭고한 뜻에 따라 의하여 백두산영웅청년발전소 지구를 찾고 있으며 백두산영웅청년 위훈전시관을 비롯하여 백두청춘들의 피땀이 스며들어 있는 여러 곳을 참관하면서 시대가 요구하는 혁명가의 풍모와 일본새를 깊이 체득

※ 출처: "백두산영웅청년정신은 오늘의 시대정신이다," 『로동신문』, 2016년 8월 26일.

북한은 백두산영웅청년정신은 김정은 영도로 청년들이 창조한 것으로 선군시대 청년돌격정신으로 오늘의 '만리마'시대를 상징하고 대표하는 정신으로 승화되었다고 주장한다. 이에 북한의 모든 일군들과 당원들과 근로자들에게 오늘의 시대정신인 백두산영웅청년정신을 따라

111) "불패의 청년대강국의 위용을 만천하에 과시," 『로동신문』, 2016년 5월 1일.

배워 사회주의강국건설의 모든 전투장마다에서 새로운 기적과 위훈을 창조해 나가야 한다고 독려한다.[112)]

북한이 백두산영웅청년정신을 강조하는 것은 북한이 국제사회 대북제재 등으로 어려운 상황이지만, 청년들이 '엄혹한' 환경에 있는 백두산에서 발전소를 건설하는 과정에서 보여 준 강고한 정신력이 전 사회적으로 귀감이 된다고 평가하고 이러한 정신을 전 사회적으로 확산하기 위한 의도로 해석할 수 있다. 또한 어려운 상황에서도 최선을 다 한 청년들에 대한 정치사상적으로 독려하기 위해 시대정신으로 강조하고 있는 것으로 분석할 수 있다.

112) "오늘의 시대정신-백두산영웅청년정신," 『로동신문』, 2016년 8월 9일.

참고문헌

▶ 단행본

금성청년출판사 편, 『조선사회주의로동청년동맹 규약 해설』, 평양: 금성청년출판사, 1994.

금성청년출판사, 『위대한수령 김일성동지의 청년운동령도사』, 평양:금성청년출판사, 1997.

김종수, 『북한 청년동맹 연구』, 서울: 한울, 2008.

김진하, 『북한 3대 세습 후계구도 분석 및 정책변화 전망』, 서울: 통일연구원, 2010.

김흥광 등, 『김정은의 북한은 어디로?』, 서울: 늘품플러스, 2012.

박성희, 『남북한 청소년 교류방안에 관한 연구』, 서울: 한국청소년연구원, 1992.

박정렬, 『조선사회주의로동청년동맹 규약해설』, 평양: 금성청년출판사, 1994.

박종철 외, 『재스민 혁명의 분석과 북한에 대한 시사점』, 서울: 통일연구원, 2011.

박형중 외, 『독재정권의 성격과 정치변동: 북한 관련 시사점』, 서울: 통일연구원, 2012.

배정호 외, 『리더십교체기의 동북아 4국의 국내정치 및 대외정책 변화와 한국의 통일 외교 전략』, 서울: 통일연구원, 2012.

사회과학원, 『정치용어사전』, 평양: 사회과학출판사, 1975.

사회과학출판사, 『영도체계』, 평양: 사회과학출판사, 1985.

이교덕 외, 『김정은체제의 권력엘리트 연구』, 서울: 통일연구원, 2012.

이온죽·이인정, 『김일성사회주의청년동맹과 조선민주녀성동맹』, 서울: 서울대 출판문화원, 2010.

이종석, 『새로 쓴 현대북한의 이해』, 서울: 역사비평사, 2001.

정승욱, 『김정일 그 후』, 서울: 지상사, 2011.

정영태 외, 『북한의 부문별 조직 실태 및 조직문화 변화 종합연구』, 서울: 통일연구원, 2011.

조선로동당출판사, 『위대한수령 김일성동지의 불멸의 혁명업적 10』, 평양: 조선로동당출판사, 1998.

조정아 외, 『북한 주민의 의식과 정체성: 자아의 독립. 국가의 그늘. 욕망의 부상』, 서울: 통일연구원, 2010.

통일부 정세분석총괄과, 『2011 신진연구 논문집』, 서울: 통일부, 2011.

통일부, 『북한 주요인사 인물정보 2013』, 서울: 통일부, 2013.
홍영표·한만길·홍영란, 『내가 받은 북한교육』, 서울: 한국청소년개발연구원, 1992.
Andreyev. Andrei, *The Komsomol: Questions and Answers*, Moscow: Progress Publisher, 1980.
Gorsuch. Anne E, *Youth in Revolutionary Russia*, Indiana: Indiana University Press, 2000.

▶ 논문

김광인, "북한 권력승계에 관한 연구," 건국대학교 대학원 박사학위논문, 1998.
김근식, "김정은 시대 북한의 정치: 지속과 변화," 『평화학연구』 제14권 3호, 2013.
김일성, "조선로동당 제5차 대회에서 한 중앙위원회 사업총화보고(1970년 11월 2일)," 『김일성 저작집 25권』, 평양: 조선로동당출판사, 1983.
______, "온 사회를 주체사상화하기 위한 인민정권의 과업(조선로동당 중앙위원회, 조선민주주의인민공화국 최고인민회의 합동회의에서 한 시정연설, 1984년 4월 14일)," 『김일성 저작집 37권』, 평양: 조선로동당출판사, 1992.
______, "조선로동당 제6차대회에서 한 중앙위원회 사업총화 보고(1980년 10월 10일)," 『김일성 저작집 35권』, 평양: 조선로동당출판사, 1987.
김정일, "청년들은 당과 수령에게 충실한 청년전위가 되자(첫 청년절을 맞는전국의 청년들과 사로청 일군들에게 보낸 서한, 1991년 8월 26일)," 『김정일선집 12권』, 평양: 조선로동당출판사, 1991.
______, "인민대중중심의 우리식 사회주의는 필승불패이다," 『김정일선집 11권』, 평양: 조선로동당출판사, 1997.
______, "일군들속에서 혁명적수령관을 튼튼히 세울데 대하여 (조선로동당 중앙위원회 조직지도부. 선전부 책임일군들과 한 담화. 1988년 8월 23일)," 『김정일선집 9권』, 평양: 조선로동당출판사, 1997.
김종수, "북한 체제 변화와 '청년동맹': 동유럽 사례와 비교," 『평화학 연구』, 제11권 1호, 2010.
노귀남, "최근 북한의 사회·문화 분야 변화 흐름과 과제," 『민족문화 발전을 위한 동북아의 소통』, 민화협 정책위원회·문화예술위원회, 연변대학 동북아연구원·예술학원 공동 학술회의, 2016.
이상숙, "북한 로동당 창건 70주년 기념식 평가와 대외정책 전망," 『주요국제문제분석』, 외교안보연구소, 2015.

이수석, "북한 지도이념의 지속성과 변화, 7차 당 대회에서 나타난 '김일성-김정일주의'를 중심으로," 『김정은 체제와 조선로동당 제7차 대회 평가와 과제』, 한국평화연구학회·현대북한연구회 주최 공동학술회의, 2016.

이종석, "김일성사회주의청년동맹 연구," 이종석 편, 『북한의 근로단체 연구』, 세종연구소, 1998.

최대석·김종수, "북한 권력승계 시기 '조선사회주의로동청년동맹'의 변화 연구," 『현대북한 연구』 9권 1호, 2006.

▶ 기타 자료

『로동신문』, 『매일경제』, 『통일뉴스』.

2부

통일을 위한 노력

5장

'민족공동체통일방안'의 계승·발전 방안 연구

1989년 노태우 정부에 의해 한민족공동체 통일방안이 제시된 지 5년 만인 1994년 김영삼 정부에 의해 새로운 통일방안이 제시되었다. 김영삼 정부는 1994년 8월 15일 제49주년 광복절 경축사를 통해 점진적이고 평화적 수단에 의한 통일이라는 철학과 원칙, 과정 등에 대한 구체적인 내용을 담은 '한민족공동체 건설을 위한 3단계 통일방안(이하 민족공동체통일방안)'을 천명하였다. 김대중 · 노무현 정부는 10년 동안 화해협력정책을 통한 북한체제의 실질적인 변화를 통한 평화정착을 위해 통일방안에서 밝힌 '과정으로서의 통일'을 시도하였다. 이후 이명박, 박근혜 정부에는 북한의 핵과 미사일 능력 고도화로 인한 한반도 안보 위기 상황에 대처하기 위해 '선핵 폐기'와 '비핵화 우선조치'만을 요구하며, 고립과 압박 일변도의 정책을 추진하였다.

이는 통일방안에서 제시하고 있는 대화와 협상을 통한 통일준비와는 분명히 다른 방향으로 흘러가고 있는 것을 의미한다. 2016년 1월의 북한의 제4차 핵실험과 추가 핵실험 가능성이 존재하고 있는 박근혜 정부는 공공연히 북한체제 붕괴로 인한 흡수통일을 말하고 있으며[1], 북한은 이에 대해 강력히 반발하는 등 사실상 24년 전 발표되었던 우리의 통일방안은 유명무실화 되어가고 있다.

우리는 통일의 로드맵이며 통일에 대한 국민적 합의 기반인 통일방안에 대해서 더 현실적으로 고민할 필요가 있다. 지난 24년 간 통일 환경의 변화와 '과정으로서의 통일, 대화와 협상을 통한 통일 준비 등 통

---

1) "박근혜 정권 본색 드러낸 북한 붕괴론 동북아 외교서 한국 역할만 붕괴할 수도," 『경향신문』, 2016년 2월 28일. 올해 1월 1일 박 대통령은 현충원의 방명록에 '올해 통일을 이루겠다'고 썼다. 2013년 12월 24일 남재준 전 국정원장의 "2015년 통일 위해 다같이 죽자"라는 발언은 사실상 대통령의 통일철학이고 대북관이었던 것이다. 박근혜 정부는 북한 붕괴론과 흡수통일을 바탕으로 사실상 매해를 통일을 이루는 해로 설정하고 있는 셈이다.

일방안에 기반 한 통일정책이 얼마나 효과적이었을까? 각 정부는 통일방안에 대해서 어떻게 인식하고 이행하였을까? 각 정부의 대북정책과 통일방안은 어떠한 관계가 있을까? 지난 24년간 유지된 통일방안의 계승·발전의 모색을 요구하고 있는 시대적 상황과 핵심 변수는 무엇일까? 이를 토대로 현 통일방안의 문제점은 무엇이며, 어떻게 보완해야 할까? 본 연구자는 이러한 연구 분야에 답하기 위해 각 정부별로 통일방안에 기반 한 통일정책 '이행(process)'평가를 토대로 대내외 통일 환경 변화와 그 핵심 변수를 분석하고 기존 통일방안에서 명확하게 규정하지 못해 논쟁이 있었던 부분들을 재규정함으로써 민족공동체통일방안의 계승·발전 방향을 제시하려고 한다.

1절
민족공동체통일방안의 내용과 특징

1. 민족공동체통일방안의 등장 배경과 내용

1980년대 말 탈냉전의 영향으로 동구 사회주의권은 몰락하고 동서독은 통일되었다. 동서독의 통일의 영향으로 '사회주의 체제의 몰락'과 '통일'은 남북한 분단과 북한체제 적용가능성이 높은 현실성 있는 대안으로 간주되었다. 현실 가능한 '통일'은 한반도와 동북아의 역학구조에 큰 영향을 미쳤으며, 남과 북 자체의 대내외 정세인식 변화와 국제사회의 남북한에 대한 시각은 현실적으로 남한 주도 통일이 세계사의 자연스러운 흐름이라는 사실을 깨닫게 만들었다. 이것은 남한주도의 통일 준비를 위해 기존의 통일을 위한 방법이나 계획을 변경하거나 재수립해야 한다는 것을 의미했다.

북한은 탈냉전의 상황 속에서 동유럽 사회주의권의 몰락, 1990년 한소수교, 1992년 한중 수교, 핵 문제 제기 등으로 인하여 외교적으로 고립되었고, 이는 만성화된 경제난을 더욱 가중시켰다. 반면 남한은 1988년 7.7선언과 서울올림픽의 성공적인 개최, 동유럽 사회주의권과의 수교 등을 통하여 경제발전의 기반을 더욱 공고히 하며 정치 · 외교 · 경제적 측면에서 북한에 압도적인 우위를 점하기 시작했다.

탈냉전과 남한의 급속한 경제성장으로 인한 남북 간 위상변화는 남북한의 통일정책의 유지 · 발전에도 영향을 미쳤다. 냉전기 남한의 통일정책은 '두 개의 한국' 슬로건이 말해주듯이 수세적인 현상 유지를 위한 선언에 불과했다. 그러나 탈냉전 이후 북한에 대한 남한의 체제 우위가 분명하게 확인된 상황에서 남한은 남북관계 발전을 통한 통일정책 추진에 주도적인 입장이 되었다.[2] 이에 노태우 정부는 1989년 9월 11일 국회에서 남북 간의 상호교류 · 개방 · 협력 및 주변 4강과의 교차승인을 전제로 국제적 협력을 제시했던 7 · 7선언의 후속조치로서 '한민족공동체 통일방안'을 발표했다. 1993년 2월 출범한 김영삼 정부는 "어느 동맹국도 민족보다 더 나을 수 없다"며 대북화해협력 의지를 강하게 내비쳤으며, 남북정상회담 추진 의사를 천명하는 등 적극적인 대북정책을 모색했다. 또한 지난 정부의 통일방안을 계승하고 보완해 1994년 8월 광복절 경축사를 통해 '민족공동체통일방안'을 제시했다. 이 통일방안은 현재까지 우리 정부의 공식적인 통일방안으로 확립되어 지속되고 있다.

민족공동체통일방안에서는 통일의 기본철학으로써 '자유민주주의 이념'을, 통일의 접근시각으로서 '민족공동체'를 설정하였다. 자유민주주의 이념은 통일의 과정이나 절차, 통일국가의 미래상에서도 '자유'와 '민주'가 통일방안의 철학을 구성하는 핵심 요소임을 강조하는 것이다. 민족공동체는 하나의 민족, 하나의 국가로 정치적 통일을 완성해 나간

---

2) 정해구, "남북한 정치통합 연구-남북한 통일정책 및 통일방안의 정치통합 구상을 중심으로," 『아세아연구』 제45권 1호, 고려대 아세아문제연구소, 2002, 135~136쪽.

다는 평화적이고 점진적인 통일의 접근시각을 담고 있다.

민족공동체통일방안은 통일을 추진함에 있어서 견지해야 할 기본원칙으로 자주 · 평화 · 민주를 제시하고 있다. 여기서 자주란 통일이 어떤 외부세력의 간섭을 받음이 없이 우리 민족의 역량에 의해 자주적으로 이뤄져야 한다는 것을, 평화란 통일이 전쟁이나 상대방을 전복하려는 방식에 의해 이뤄져서는 안 된다는 것을, 민주란 통일이 민족구성원 모두의 자유와 권리를 바탕으로 민주적 통합의 방법으로 이뤄져야 함을 의미한다. 동시에 여기에는 우리 민족 개개인 모두에게 통일의 방법과 절차를 정하는 일에 참여할 수 있는 기회를 보장해 줄 뿐만 아니라 통일에 공헌할 수 있는 기회도 고루 주어져야 한다는 의미도 내포되어 있다.

민족공동체통일방안은 통일을 하나의 민족 공동체를 건설하는 방향으로 점진적, 단계적으로 이루어 나가야 한다고 설명하고 있다. 통일의 과정을 ① 화해 · 협력 단계, ② 남북연합 단계, ③ 통일국가 완성 3단계로 설정하고 있다. 첫째, 화해 · 협력 단계는 남북이 적대와 불신 및 대립관계를 청산하고, 상호 신뢰 속에서 남북화해를 제도적으로 정착시켜나가고 실질적인 교류 · 협력을 실시함으로써 화해적 공존을 추구해 나가는 단계이다. 다시 말해, 화해 · 협력 단계에는 남북한이 적대와 대립을 화해와 협력관계로 전환해 나가는 과정으로 남북은 상호 두 체제를 인정 · 존중하는 가운데 경제 · 사회 · 문화 등 각 분야의 교류와 협력을 통해 신뢰를 쌓는다.

둘째, 남북 간 교류가 활성화, 정착되면서 상호 신뢰가 더욱 강화되면 남북관계는 통일을 제도적으로 준비하는 남북연합단계로 발전하게 된다. 남북연합은 하나의 완전한 통일국가 건설을 목표로 이를 추구해 가는 과정에서 남과 북이 잠정적인 연합을 구성하여 남북 간의 평화를 제도화하고 민족공동생활권을 형성하면서 사회 · 문화 · 경제적 공동체를 이뤄나가는 과도적 통일체제이다. 남북연합에 어떤 기구를 두어 어떤 일을 할 것인가는 남북 간의 합의에 의해 구체적으로 정해질 것이지만, 기본적으로 남북정상회의와 남북각료회의가 상설화되고 남북의 의회대표들이 함께 모여 통일에 따르는 법절차를 준비하게 된다. 다시 말해, 남북연합 단계에는 남과 북이 평화정착과 공존공영을 통해 경제 · 사회공동체를 형성 · 발전시키며, 남북이 공동으로 구성하는 기구에서 정치통합을 위한 여러 방법들이 논의되며, 남북의회 대표들이 통일헌법을 마련한다.

셋째, 통일국가 완성 단계에는 1민족 1국가의 통일국가를 완성하며, 남과 북은 통일헌법에 기초한 민주적 절차에 따라 통일국회와 통일정부를 구성하여 정치통합을 실현한다. 남북 의회 대표들의 의해 마련된 통일헌법에 따라 민주적 선거에 의해 통일정부, 통일국회를 구성하고 두 체제의 기구와 제도를 통합함으로써 1민족 1국가로의 통일을 완성하게 되는 것이다.[3]

〈표 5-1〉 민족공동체통일방안 내용

- 통일의 철학: 인간 중심의 자유민주주의

- 통일의 원칙: 자주, 평화, 민주
  - ▷ 자주: 민족자결의 정신에 따라 남북 당사자간의 해결
  - ▷ 평화: 무력에 의거하지 않고 대화와 협상
  - ▷ 민주: 민주적 원칙에 입각한 철자와 방법으로

- 통일의 과정(3단계): 화해 · 협력 → 남북연합 → 통일국가

화해 · 협력	남북한이 서로의 실체를 인정하고 적대 · 대립관계를 공존 ·

3) 통일부, 『통일백서』, 서울: 통일부, 1995, 83쪽.

	공영의 관계로 바꾸기 위한 다각적인 교류 협력 추진
남북연합	남북간 체제의 차이와 이질성을 감안, 경제 · 사회공동체를 형성 · 발전시키는 남북연합을 과도체제로 설정(2체제, 2정부) ① 남북정상회의(최고결정기구) ② 남북각료회의(집행기구) ③ 남북평의회(대의기구/100명 내외 남북 동수 대표) ④ 공동사무처(지원기구/상주연락대표 파견)
통일국가	△ 남북평의회에서 통일헌법 초안 마련 ⇒ △ 민주적 방법과 절차를 거쳐 통일헌법 확정 발표 ⇒ △ 통일정부와 통일국회 구성(1체제 1정부)

• 통일국가 미래상: 자유 · 복지 · 인간 존엄성이 구현되는 선진 민주국가

※ 출처: 통일부 홈페이지(www.unikorea.go.kr)

2. 민족공동체통일방안의 특징과 평가

민족공동체통일방안에는 크게 두 가지 특징이 있다. 통일로 가는 '과정'을 중시한 것과 국민적 합의를 통한 통일방안의 대국민지지 확보이다. 첫째, 민족공동체통일방안에서는 통일을 점진적, 단계적 '과정'으로 인식하고 장기적인 관점에서 평화적 수단을 통해 이룩해야 한다고 강조하고 있다. 그렇다면 한민족공동체 통일방안에서는 제시되지 않았으며, 민족공동체통일방안에서 통일의 '과정'적 측면에서 중요한 단계로 설정된 남북연합은 무엇일까? 그리고 우리의 통일방안이 이러한 남북연합 단계를 설정하고 연합제를 근간으로 사회 · 경제공동체를 발전시키는 장기 플랜을 설정한 이유는 무엇일까?

민족공동체통일방안에서는 점진적, 단계적 통일을 위해 화해협력-

남북연합-통일국가라는 3단계를 제시하였으며, 통일국가 건설 전 과도체제인 남북연합을 통일이라는 민족공동체 형성과정에서 가장 중요한 단계로 설정하였다. 남북연합 단계에서는 남북정상회의, 남북각료회의, 남북평의회, 남북공동사무처 등을 둘 수 있고, 완전한 통일국가는 통일헌법에 따라 총선거를 실시하여 통일정부를 구성함으로써 수립된다고 규정하였다. 과도적 통일체제인 남북연합을 제시한 것은 1국가-1체제-1정부로 가기 위해서는 2국가-2체제-2정부인 현 상태에서'상징적 1국가-사실상의 1체제(민족공동체)-과도적 2정부'단계를 인정한 것이다.[4] 이것은 남북연합이 공존공영의 통일과정을 상징적으로 나타내는 정치적 표현이라는 것을 말해준다.[5]

우리 정부는 공식적으로는 사회 · 경제공동체를 발전시키는 장기 플랜을 설정한 이유로 남북한 체제의 차이와 이질성을 감안하고 있다고 설명하고 있다. 독일통일의 사례에서도 보듯이 급격한 통일의 후유증은 심각했다. 동서독은 1970년대 활발한 교류와 경제협력을 진행시켜 왔음에도 불구하고 통일 비용 추산 실패 등 구체적인 통합정책은 비현실적이었다. 1990년 10월 독일 통일 당시 서독 정부는 통일 비용에 대해 크게 신경 쓰지 않았으며, 당시 헬무트 콜 총리도 통일로 인한 세금 증가는 없을 것이라고 장담할 정도였다.[6]

이것은 분명 갑작스레 찾아온 통일을 제대로 준비 못한 채 맞았던 결과였던 동시에 서독 중심의 일방적 통합이라는 '결과'에 대한 지나친 자신감의 결과이기도 했다. 이러한 이유로 급격한 통일이 이뤄질 경우

---

4) 박선원, "남북한 통일방안의 수렴 추이: 단일정치권력으로의 통합에서 평화공존으로," 『통일연구』 제6권 제2호, 연세대학교 통일연구원, 2002, 145쪽.

5) 김연철, "대북정책과 통일정책의 상관성: 과정으로서의 통일과 결과로서의 통일의 관계," 『북한연구학회보』 제15권 제1호, 북한연구학회, 2011, 121쪽.

6) "준비했던 독일도 통일비용 20년간 3000조원," 『중앙일보』, 2010년 9월 6일.

우리 정부가 부담해야 할 경제적 부담에 대한 우려가 사회 · 경제적 공동체 형성을 통한 장기적인 통일플랜을 선호하게 만들었다. 그러나 본질적으로는 사회주의권의 몰락과 독일통일의 사례에서도 볼 수 있듯이 체제 우위를 점하고 있는 우리의 입장에서는 장기적 통일의 과정은 체제 우위 현상을 유지하면서 그것을 반영하는 통일을 위한 것이었다.

둘째, 국민적 '합의'를 통한 통일방안의 제정이다. 민족공동체통일방안과 그 모체가 되는 한민족공동체 통일방안은 그 합리성과 현실성 못지않게 국민 각계각층의 다양한 의견 수렴 절차를 통해 형성되었다. 한민족공동체 통일방안이 사실상 현 정부까지 이어지는 통일장전의 성격을 가지고 있지만 폭 넓은 합의를 위한 과정에 대해서는 많이 알려지지 않고 있다.

우리의 통일방안은 국민의 대의기관인 국회와 정부, 그리고 최고지도자의 의지까지 합쳐져 남북이 서로를 하나의 체제로 인정하고 공동체로 살아가자는 것에 대한 전 국민적 '합의'였고, 이 '합의'는 제정된 지 22년이 지난 지금까지도 지속될 수 있었던 힘이었다.[7] 이것은 사실상 기존 북진통일 논의의 종지부를 찍는 것을 의미했다.

우리 정부는 통일방안의 입안을 위해 통일논의를 개방하고 250회에 걸친 세미나 · 간담회 등을 통해 학계 · 언론계 · 종교계 · 문화계 · 경제계 · 여성계 등 각계각층의 의견을 수렴하였으며, 특히 국회 통일특별위원회의 공청회 등을 통해 정치권은 물론 재야의 의견까지도 광범위하게 청취하였다. 이런 의미에서 1988년부터 1991년까지 활동한 제13대 국회 통일정책특별위원회는 남북기본합의서 채택 및 한민족공동체 통일방안 마련에 기여하는 등 매우 이상적이고 중요한 성과를 보여준

7) 이홍구, "분단체제 극복 위해 남북이 합의하고 국제사회가 보장하는 틀 만들어야," 『민족화해』 제75호, 민족화해협력범국민협의회, 2015, 6~7쪽.

특별위원회로 평가받고 있다.[8)]

통일정책특별위원회는 1988년 7월 25일 북한에 남북국회연석회의 제안에 대한 논의를 첫 의제로 선택했다. 이후 통일정책특별위원회는 남북학생회담을 둘러싼 정부와 학생 측의 첨예한 대립과 갈등을 해소하기 위한 공청회, 통일정책 관련 공청회 및 한민족공동체 통일방안에 대한 정부 보고회를 개최함으로써 정부와 여당 그리고 야당과 다양한 사회세력들의 통일논의를 수렴하고 조율하는 성과를 올렸다. 이를 통해 노태우 정부는 정부 수립 이후 최초로 체계화된 통일방안 시안을 마련하고 전국 단위의 공청회를 개최함으로써 민의를 수렴하고 국회 차원의 공론화를 거쳐 정부는 공식적인 통일방안을 발표하게 되었다. 국민적 '합의'를 통해 제정된 이 방안은 별 다른 반론과 수정 없이 지금까지도 정부의 공식 통일방안 기조로 자리매김하고 있다.[9)]

---

8) 국회입법조사처, 『대북·통일정책과 국회의 리더십』, 국회 대북정책 거버넌스 자문위원회, 국회입법조사처, 한국의회발전연구회 공동주최 세미나 토론회 자료집, 2013, 32쪽.

9) 김근식, "북핵문제 해결을 위한 입법과제와 국회의 역할," 2013년 국회사무처 연구용역 보고서, 94~95쪽.

2절
역대 정부의 이행 노력 평가

김대중 정부의 통일담론은 무리한 통일추진 보다 남북한 교류협력을 통해 통일기반을 조성해야 한다는 것이 주요 특징이다. 김대중 정부 대북정책의 공식 명칭은 포용정책(Engagement Policy)이며, 햇볕정책은 대북정책을 상징하는 개념이었다. 포용정책이란 미국 클린턴 행정부의 대외정책의 원칙이었던 개입과 확장(Engagement and Enlargement Policy)의 의미를 내포한 것이다. 서독의 브란트 정권이 추진했던 동방정책의 기본 개념, '접촉을 통한 변화'도 마찬가지였다. 서로 왕래하고 경제교류를 해야 이질성을 완화하고 긴장을 약화시킬 수 있으며 최종적으로 자체 통일역량을 강화시킬 수 있다는 것이다.

김대중 대통령은 취임사를 통해 "남북관계는 화해와 협력 그리고 평화정착에 토대를 두고 발전시켜 나가야 할 것"임을 밝혔다. 대북정책 3원칙으로 △한반도의 평화를 파괴하는 일체의 무력도발 불용, △흡수통일 배제, △남북 간 화해협력의 적극 추진을 표명하였다. 김대중 정부는 북한의 변화가 전제되지 않고서는 우리가 추구하는 인류의 보편가치가 구현되는 통일국가를 이루기는 어렵다고 보고 남북관계 개선을 통한 북한의 변화를 통일을 이루기 위한 가장 중요한 조건으로 보았다. 문제는 이 같은 북한의 변화를 어떻게 촉진할 것인가 하는 것이다. 북한체제의 특성상 변화를 강요하는 것은 그들 체제의 붕괴를 의도하는 것으로 인식되어 오히려 반발을 불러일으킬 수 있기 때문에 북한 스스로 변화의 필요성을 느끼고 개혁과 개방의 길로 나오도록 하는 것이 중요하다고 판단하였다.[10)]

2000년 남북정상회담은 남북관계를 '접촉이 없었던 시대'와 '접촉의 시대'로 구분할 만큼 다양한 교류협력의 계기가 되었다. 6 · 15 정상회담에서 남북협력과 관련된 부분은 "제반 분야에서 남북 간 교류협력을 증진해 나가는 것이 민족전체의 발전과 이익에 부합된다"는 추상적으로 합의했지만, 이후 장관급 회담과 경제협력추진위원회를 통해 구체적으로 이행되었다. 수많은 국민들이 남북 교류협력에 직접 참여함으로써 '사실상의 통일 상태'를 실현시킬 수 있다는 가능성을 확인했다. 남북 교류협력이 절정을 이룬 2007년을 기준으로 보면 하루 평균 300대의 차량과 30대의 선박이 남북을 넘나들었으며 비행기는 이틀에 한 번 꼴로 승객을 수송하였다. 매달 3만 명의 관광객 외에도 1만 명 이상의 우리 국민이 업무와 관련해 방북하였으며 남북의 기업들 간에는 1억 달러 이상의 물자를 서로 거래하였다.[11)]

노무현 정부의 평화번영정책 또한 기본적으로 포용정책의 방법론을 계승하면서, 정책목표를 보다 분명히 한 것으로 평가할 수 있다.[12)] 노무현 정부 평화번영정책의 정책목표는 한반도 평화증진과 남북한 공동번영 실현 및 동북아 공동번영 추구이다. 평화번영정책은 햇볕정책

10) 통일부, 『통일백서』, 서울: 통일부, 1999, 39~40쪽.
11) 한반도평화포럼, 『잃어버린 5년, 다시 포용정책이다』, 서울: 삼인, 2012, 48쪽.
12) 김연철, "민주정부 10년의 대북화해협력 정책," 『민주정책연구원 보고서』, 2010, 5쪽.

의 주된 초점이었던 화해협력의 진전만으로 한반도의 공고한 평화가 달성하기 힘든 측면이 존재한다는 문제인식에서 출발한다. 북한의 핵실험이 보여주듯 남북정상회담 이후 남북관계의 발전에도 불구하고 한반도 안보문제가 해결되지 않는 이상 화해협력 뿐 아니라 한반도 평화는 불안정할 수밖에 없다. 즉 화해협력을 넘어 평화정착에로 나아가야 하는 현실적 고민이 평화번영정책으로 나오게 된 것이다. 결국 평화번영정책의 의미는 햇볕정책과의 관계 속에서 정책 내용적 측면에서는 '화해협력을 넘어 평화번영'을 지향하고 정책 대상적 측면에서는 '남북을 넘어 동북아'를 고려한 것으로 정리할 수 있다.[13)]

이명박 정부의 대북정책 요체는 '비핵 · 개방 · 3000 구상'이었다. 후보 시절 비핵 · 개방 · 3000 구상을 밝히면서 "'철저하고도 유연한 접근'의 일환으로써 북한이 핵폐기의 대결단을 내리면 국제사회도 그에 상응하는 대결단을 내리겠다"는 전제를 명시하였다. 북한 핵문제가 해결되면 북한경제를 매년 평균 17% 이상 성장시켜 10년 후에 북한 주민들의 소득을 3,000달러로 만들겠다는 것이다.[14)]

---

13) 황병덕 외, 『한반도 평화·번영 거버넌스의 실태조사』, 서울: 통일연구원, 2006, 3쪽.

14) 3000 달러 실현을 위한 5대 중점 프로젝트를 다음과 같이 제시하고 있다. ① <경제: 300만 불 이상 수출기업 100개 육성>: - 경제·법률·금융 분야의 전문컨설팅 인력파견(전직경제관료, 경영인), - 북한지역 내 5대 자유무역지대 설치, - 年 300만 불 이상 수출 가능한 100개 기업 육성, - KOTRA 등 한국의 해외네트워크 활용 ② <교육: 30만 산업인력 양성>: - 30만 북한 경제·금융·기술 전문 인력 육성, - 북한 주요도시 10곳에 기술교육센터 설립, - 북한판 KDI 및 KAIST 설립 지원, - 북한 대학의 경제, 금융, 통상 교육과정 지원 ③ <재정: 400억불 상당 국제협력자금 조성>: - World Bank 및 ADB 국제차관, - 남북교류협력기금, - 해외직접투자 유치 협력, - 북·일 관계 개선에 따른 일본의 대북지원금 ④ <인프라: 신(新)경의고속도로 건설>: - 에너지난 해소를 위한 협력, - 기간통신망 연결 및 항만·철도·도로 정비, - 400Km 新경의(서울-신의주) 고속도로 건설, - 대운하와 연계 ⑤ <복지: 인간다운 삶을 위한 복지 지

이 같은 문제인식은 북한의 핵실험이 남북관계에 결정적인 장애물이며 핵문제가 해결되지 않고서는 대화와 교류를 아무리 지속하더라도 소용이 없다는 판단 때문이었다. 북한의 핵문제 해결은 북한이 고집하는 선군정치의 목표가 바뀌지 않고서는 실현될 수 없다는 판단에서 '핵문제 해결'과 '북한의 변화'를 화두로 내걸었다. 때문에 이명박 정부는 통일담론에서 대화와 소통, 교류협력에 앞서 북한의 변화를 우선적으로 추구하였다. '북한의 선변화'가 통일담론의 핵심키워드로 등장한 것이다.

이명박 대통령은 2010년 8 · 15 경축사에서 "주어진 분단 상황의 관리를 넘어서 평화통일을 목표로 삼아야 한다"면서 평화공동체 → 경제공동체 → 민족공동체 순으로 이행하는 3단계 통일방안을 제시한 바 있다. 평화공동체를 앞세운 데는 '선핵폐기론'에 따라 핵문제 해결을 우선하겠다는 것으로, 이를 실현하지 못하면 사실상 더 이상의 경제협력의 확대를 할 수 없다는 것이었다. 이명박 정부는 이전 김대중-노무현 정부가 추진했던 '법적, 제도적인 통일'에 앞선 '사실상의 통일'정책을 민족공동체통일방안의 1단계 화해협력정책단계의 통일과정으로 보지 않고 분단관리정책으로 인식했던 것으로 보인다. 결국 이명박 정부가 '과정으로서의 통일', '단계적 통일'을 분단관리로 규정하고 급진통일을 적극 추진하고자 한 데는 단계적 점진통일보다는 북한의 급변사태를 염두에 둔 흡수통일을 염두에 두고 있었기 때문으로 볼 수 있을 것이다.[15]

원>: - 식량난 해소를 통한 절대빈곤 해소, - 의료진 파견, 병원설비 개선 등 의료 지원, - 주택 및 상하수도 개선사업 협력, - 산림녹화를 위한 1억 그루 나무심기.

15) 고유환, "민족공동체 통일방안의 이행과정과 추진전략 재검토,"『통일인문학』 제60집, 건국대학교 인문학연구원, 2014, 253쪽.

2013년 2월 출범한 박근혜 정부는 김대중-노무현 정부의 포용정책 10년, 이명박 정부의 대북 압박정책 5년에 대한 비판적 재평가에 기초해서 새로운 대북정책을 추진하고자 하였다. 박근혜 정부의 대북정책 키워드는 '한반도 신뢰프로세스'이다. 박근혜 정부는 통일기반 구축과 통일인프라를 강화하기 위해 민족공동체통일방안을 발전적으로 계승하겠다고 밝히면서 통일의 방식으로 작은 통일(경제공동체)에서 시작하여 큰 통일(정치통합)을 지향해 나가겠다는 입장을 밝혔다. 이와 같이 박근혜 정부의 신뢰프로세스를 통한 평화통일 기반구축 → 한반도 경제공동체 수립 → 민족공동체 통일이라는 3단계의 점진적 접근에 입각한다.

그러나 2016년 1월 북한의 제4차 핵실험과 2월 '장거리 로켓' 발사라는 도발행위로 인해 박근혜 정부의 대북정책은 공개적인 고립과 압박정책, 더 나아가 북한체제 붕괴론까지 언급하였다. 또한 서해교전과 지난 3차례 핵실험에도 정상적으로 운영했던 개성공단을 폐쇄시키는 조치를 취함과 동시에 국제적으로 북한을 고립, 압박시키기 위한 사실상 흡수통일외교를 공공연히 펼쳤다. 남북관계가 냉전시기 보다 더 얼어붙어 있는 상황에서 민족공동체통일방안을 계승 · 발전시킨다는 선언에 대한 심각한 의구심을 가질 수밖에 없으며, 이 방안에서 제시하고 있는 점진적, 단계적인 평화적 통일을 만들어갈 수 있을지 근본적의 회의가 드는 것은 부인할 수 없다. 이것은 북한의 도발이라는 변수는 차치하더라도 우리 사회의 합의된 통일방안과 최고지도자의 통일철학 및 대북관이 다를 경우 '이행'은 퇴보할 수 있으며, '통일의 과정'보다는 '통일이라는 결과'를 위한 정책이 추진될 수 있음을 보여준다.

3절
민족공동체통일방안의 계승·발전 방향

민족공동체통일방안이 수립된 지 24년이 지난 현재의 한반도 통일 환경은 세계정세, 북한체제 내부, 남북관계 등 모든 면에서 큰 변화가 있었다. 민족공동체통일방안을 천명할 때 예상하지 못한 사건들과 변수들로 인해 이러한 변화를 적극적으로 수용 및 반영하는 통일방안과 정책수립의 필요성이 커지고 있는 상황이다.

1. 북핵문제와 화해협력 단계의 관계 설정

민족공동체통일방안의 첫 단계인 화해협력 단계는 "남북한이 적대와 불신, 대립관계를 청산하고 상호신뢰 속에 남북화해를 제도적으로 정착시켜 나가면서 실질적인 교류협력을 실시함으로써 화해적 공존을 추구해 나가는 단계"이다. 남북한 상호 체제를 인정하고 존중하는 가운데 분단 상태를 평화적으로 관리하면서 경제, 사회, 문화 등 각 분야의 교류협력을 통해 상호 적대감과 불신을 해소해 나가는 과정이라고 할 수 있다. 이러한 1단계 과정을 거치면서 남북간 교류와 협력이 활성화되고 정착되면서 상호신뢰가 쌓이게 되면 남북관계는 평화를 제도화하고 통일을 본격적으로 준비하게 되는 남북연합 단계로 발전하게 된다.

이에 대해 학계와 정치권에서는 화해와 협력의 단계 관련 크게 두 가지의 문제점을 제기하고 있다. 첫째, 남북한 관계가 어느 수준까지 발전해야 화해와 협력이 이루어졌다고 판단할 수 있으며, 이에 대한 판단 근거는 무엇인가에 대한 부분이다. 남북 당국 간 대화의 제도화 없이 민간차원의 교류와 협력만 활성화되어도 이 단계의 목표가 충족되는지도 분명치 않다는 것이었다.[16] 이와 연장선상에서 류길재 전 통일부장관은 2014년 2월 19일 글로벌 리더스포럼 특강에서 민족공동체통일방안에 대해서 이것이 통일로 가는 구체적인 로드맵을 보여주는 것인지에 대해서 의문점을 제기하면서 "3단계처럼 보이지만 화해 · 협력 단계가 굉장히 길게 갈 수 밖에 없다. 경제 · 사회 · 문화적인 협력이 굉장히 길게 돼 있다"며, "1989년 당시 시점에서는 그렇게 만들 수 밖에 없었을 것"이라고 지적했다.[17]

둘째, 북핵문제가 한반도 통일의 최대 걸림돌로 부각됨에 따라 이 문제 해결과 화해협력 단계 간의 관계 설정 문제이다. 한반도 주변과 역내 안보상황을 포함한 통일 환경은 사실상 북핵 문제에 따라 변화되고 있다. 국제사회와 주변국들이 핵을 가진 통일한국을 인정할 리 만무하기 때문에 이 문제의 해결 없이는 통일 실현은 불가능하다.[18] 설

16) 정성장, "남북한 통일방안에 대한 대안의 모색," 『통일환경의 변화와 통일방안의 재검토』, 경실련통일협회 토론회 자료집, 2014년 8월 13일, 40~41쪽.

17) "류길재, 내년에 새로운 통일방안 만들어야," 『연합뉴스』, 2014년 2월 19일.

18) 이기동, "통일환경의 변화와 '민족공동체 통일방안'," 『한국동북아논총』 제71호, 한국동북아학회, 2014, 203쪽.

상가상으로 남북관계 개선에도 불구하고 남북한 사이에 군사적 충돌이 완전히 사라지지 않고 북한 핵문제가 해결되지 않음에 따라, 한국 사회 내부에서 대북관과 대북정책을 둘러싼 갈등이 점점 체계적으로 나타나기 시작하고 있다.[19] 이러한 현실을 직시하여 통일방안에서는 화해와 협력과 핵문제를 해결하기 위한 '원칙과 기준'이 필요한 상황이다.

이러한 문제점과 한계를 토대로 민족공동체통일방안에서는 현재의 화해와 협력의 단계를 보다 구체화하여 '화해협력 · 평화 단계'로 수정될 필요가 있다. 화해협력 단계는 1992년 2월 19일 발효된 남북기본합의서를 규범으로 한다. 남북기본합의서는 남북화해, 남북불가침, 남북교류협력으로 세부 구성되어 있으며, 특히 남북불가침 이행과 준수를 위한 부속 합의서에서는 무력불사용, 분쟁의 평화적 해결 및 우발적 무력충돌 방지, 불가침 경계선 및 구역, 군사직통전화의 설치 · 운영 등을 명시하고 있다. 이런 차원에서 볼 때 기존의 남북합의서의 화해협력 내용과 함께 남북불가침으로 대표되는 평화 정착을 위한 기초적인 방안을 화해협력 단계에서 중요 과제로 설정할 필요가 있다.

지난 네 차례 핵실험과 다섯 차례 미사일 발사 실험 등 북한의 도발 행위도 민족공동체통일방안 발전 방향에 중요한 영향을 미친다. 2016년 1월 북한의 제4차 핵실험과 2월 '장거리 로켓' 발사 이후 개성공단 전면 폐쇄라는 남북관계 현황을 평가할 때 한반도 평화 정착과 남북 화해협력 사업을 병행 추진될 수밖에 없는 상황이다. 북한은 2012년 4월 13일 헌법 개정을 통해 핵보유국의 지위를 명문화하고, 2013년 3월 31일 당 중앙위원회 3월 전원회의에서 경제·핵무력건설 병진노선을 채택하였다. 다음 날 4월 1일에 열린 최고인민회의 제12기 제7차 회의에

19) 박순성, "한반도 분단체제와 한국의 민주주의," 『북한학연구』 제10권 제2호, 동국대 북한학연구소, 2014, 21쪽.

서 '자위적 핵보유국의 지위를 더욱 공고히 할 데 대하여'란 법령을 제정함으로써 김일성 주석의 한반도 비핵화 유훈은 사실상 폐기됐다.[20] 현재 북핵 해결의 실마리를 찾지 못한다면 남북관계 복원 시도 자체가 어려운 상황에 놓여 있다.

위에서의 논의를 종합해 보면 결론적으로 화해협력이라는 통일준비와 북핵문제는 문제해결의 선후관계인가 아니면 병행전략이 가능한 선택의 문제인가에 대한 근본적인 의문이 제기된다.[21] 북핵문제 해결은 처음부터 북한을 상대로 관련국들과 함께 추진할 성격이고, 통일준비 또한 일단 대내 차원에서 내실을 기할 필요가 있다는 점에서 병행추진이 가능하다. 이 문제는 이 둘을 병행 추진할 때 어떤 관점과 기조를 가지고 접근하고 해결하려 하는가[22]에 대한 최고지도자와 국민들의 하나 된 '의지'가 제일 중요한 것이다.

최고지도자의 의지와 철학으로 포장된 일관성 없는 대북 및 통일정책은 남북관계는 엄격한 원칙만을 고수한 채 소극적 방관자적 자세를 취하고, 국제적으로는 통일외교라는 이름으로 대북 고립정책만을 추구하게 만들었다. 이것은 통일방안에서 제시하고 있는 이행 로드맵의 사실상 거부나 무시를 의미했다. 남북한이 주체가 되어 남북관계 진전과 한반도 비핵화를 연계해 문제를 해결하려는 노력과 국제사회와의 공조를 병행함으로써 핵과 미사일 문제 해결 관련해 '국제사회의 보장'이 이루어지도록 유도해야 한다.

그러나 북핵 및 미사일 문제의 직접 당사국은 남북한임에도 불구하

20) 고유환, 앞의 글, 2014, 269쪽.

21) 서보혁·박홍서, "통일과 평화의 우선순위에 대한 사례연구,"『북한학연구』제7권 제2호, 동국대 북한학연구소, 2011, 64~65쪽.

22) 위의 글, 64~65쪽.

고 남북한은 당국 간 대화 없이 주변국들에게 문제 해결을 요청하여 그들의 전략적 이익에 따라 남북한이 움직이는 현상이 나타나고 있다. 평화는 남북이 주도가 되어 상호이익이 되는 우호적인 통일 환경을 만들 때만이 가능하다. 그러므로 민족공동체통일방안에서 기존 화해협력 단계에 핵문제 해결을 위한 남북간의 군사 신뢰 조치를 제도화하고 북핵문제의 해결 의지와 정책을 추가한 '남북 화해협력 · 평화단계'로 수정하는 것이 필요하다.

2. 남북연합 실행 방안 구체화

민족공동체통일방안에서는 "남과 북은 화해와 협력을 바탕으로 공존공영하면서, 평화를 정착시키는 남북연합 단계로 나아가야"한다고 규정하고 있다. 동시에"남북연합 단계에서는 남과 북이 경제 · 사회공동체를 형성, 발전시킴으로써 정치적 통합을 위한 여건을 성숙시켜 나아가야"한다고 밝히고 있다.

민족공동체통일방안에서는 각 단계마다 별도의 법적, 제도적 기초가 존재한다. 남북기본합의서는 제1단계 화해협력 단계의 법적 기초이고, 남북연합 헌장은 제2단계 남북연합의 법적 토대이고, 제3단계 1민족 1국가 통일국가의 법적 기초는 통일헌법이 된다는 것이다.

남북연합이 형성될 수 있는 조건은 분명하다. 북한이 붕괴하지 않고 장기간 유지된다는 전제 하에 남한과 협력을 통해 남북한과 국제사회 모두가 인정할 수 있는 수준에서 체제를 전환시키고, 국제규범을 준수하는 노력을 통해 남북한과 동북아, 국제사회 모두의 이익을 확대하는 방향으로 나아가야 한다. 그러나 남북연합 단계는커녕 첫 단계인 화해협력 단계조차도 '가다 서다'행태를 반복하면서 뚜렷한 진전을 이루지 못하고 있으며, 심지어는 현재와 같이 남북관계가 퇴행하는 경우도 발생하고 있다.

학계에서는 남북연합 실행 방안 구체화 관련해 크게 세 가지 의제를 중심으로 논의되고 있다. 첫째, 남북연합을 통일의 '잠정적인' 최종형태로 검토하는 방안이다. 다시 말해, 민족공동체통일방안을 그대로 두고 남북연합의 성격과 의미를 부각시켜 남북이 당장 추구해야 할 현실과제로 남북연합을 선택하고 통일 국가의 가능성을 열어두자는 것이다.[23] 그러나 '잠정적인'최종형태라고 하더라도 '잠정적'이라는 단어가 내포하는 의미는 사실상 중간단계 통일로서의 연합을 하자는 것이므로 남북 간 정확한 목표점과 그것을 어떤 형태로 현실화 시킬 것 인가의 문제는 또 별개일 수 있다. 우리는 6.15공동선언 2항이 실현가능성이 적다고 생각했어도 교류 · 협력 등의 항목과 공존의 틀을 만들기 위해 그것에 동의했을 수 있고, 북한은 자신들의 '고려민주연방공화국'안을 관철하는 중간단계가 된다고 생각하여 그 안에 동의했을 가능성도 배제할 수 없다.[24]

둘째, 남북한 통일방안의 수렴 가능성 검토이다. 이 논의는 크게 두 가지 논리로 나눠진다. 첫째, 북한의 고려민주연방화국 창립방안의 시대적 배경과 현재 북한체제의 상황으로 현실적 의미를 재검토 해 볼 때 북한의 통일방안은 남한으로의 일방적인 흡수통일 가능성을 배제시키고 체제 생존이라는 현실적 목표를 관철하기 위한 수단으로 볼 필요가 있다는 것이다.[25] 실제로 북한은 남북사이의 불신과 갈등을 부추

---

23) 김병로, "통일 환경과 통일담론의 지형 변화: 정부통일방안을 중심으로,"『통일문제연구』 제26권 제1호, 평화문제연구소, 2014, 26쪽.

24) 민병천,『평화통일론』, 서울: 대왕사, 2001, 180~181쪽.

기는 제도통일(흡수통일)을 추구하지 말아야 한다며 우리 정부의 대북 강경책을 극도로 경계하고 있다.[26)]

둘째, 2000년 6 · 15공동선언 제2항 "남측의 연합제안과 북측의 낮은 단계의 연방제가 서로 공통성이 있다고 인정하고 이 방향에서 통일을 지향시켜 나가기 한다"고 합의했듯이 연합제와 낮은 단계 연방제 간의 유사점과 파급효과가 있다는 것이다.[27)] 이것은 남북한은 서로의 통일 방안에 대해서 상호 양보와 타협에 의해 평화통일로 가는 중간과정으로써 합의의 여지는 있다는 것을 의미한다. 그러나 상대방에 대한 갈등과 불신이 남북공존과 신뢰 형성을 어렵게 하는 요인이 되고 있다.[28)] 중요한 것은 남한의 연합제와 북한의 연방제는 모두 평화적 통일을 전제로 하고 있다는 사실이다.

남북연합은 민족공동체통일방안에서 최종 통일로 가는 중간과정이면서 핵심 단계이다. 남북연합에서는 남북정상회의, 남북각료회의, 남북평의회 등 남북 체제 차이를 극복하고 남북 경제 · 사회문화 공동체를 형성하여 궁극적 통일을 만들어가는 것이다. 그렇다면 남북연합 진입단계의 '입구'는 무엇인가? 무엇을 근거로 남북연합 단계에 진입하였다고 판단할 수 있는가? 남북연합 단계 내 기구의 기능과 역할을 어떻게 부여할 것인가?[29)] 북한과의 연방제 방안과의 관계는 어떻게 설정할 수

---

25) 최완규, "세계화의 압력과 새로운 통일논의: 쟁점과 과제,"『한국과 국제정치』 제16권 제1호, 경남대 극동문제연구소, 2000, 21~23쪽.

26) "신년사,"『로동신문』, 2015년 1월 1일.

27) 허문영 외,『평화번영정책 추진성과와 향후과제』, 서울: 통일연구원, 2007, 134~135쪽.

28) 황철연, "북한 통일방안의 성격,"『북한연구학회보』 제9권 제2호, 북한연구학회, 2005, 159쪽.

29) 이와 관련해서는 이수석, "한국의 연합제 통일방안에 대한 연구,"『국제정치연구』 제10집 2호, 동아시아국제정치학회, 2007, 200쪽. 이수석은 이 연구에

있을 것인가 등에 대한 보다 세밀한 실행방안이 제시되어야 한다.

첫째, 남한의 연합제안과 북한의 낮은 단계의 연방제 안에서도 남과 북 모두가 사실상(de facto) 각자 주권을 가지는 정치체로써 인정을 받는다.[30] 그러나 남북한 모두 국가 헌법에서 자신들의 정부가 한반도 내 유일하게 정통성을 가지고 있다는 것을 강조하며 상대를 부정하고 있다. 현실은 한반도 내 두 개의 국가가 존재하고 있다는 사실이다. 남북연합 단계에서는 통일을 위한 최소한의 요건, 즉 상호체제 인정과 안전 보장, 정전협정을 평화협정으로 전환 등을 바탕으로 3단계에서 추진될 통일헌법의 초안 작업을 2단계 남북연합 단계와 연계해 국제법적으로 하나의 한국의 존재한다는 것을 명확히 할 필요가 있다. 이것이 남북연합 단계 진입의 입구가 될 것이며, 이 단계에 진입했다 판단하는 근거를 제공해 줄 것이다.

둘째, 우리의 통일방안에 따르면 최고기구로 남북정상회의, 고위기구로 남북각료회의, 남북평의회 등을 제시하고, 공동사무처가 회의 업무를 지원하는 것으로 되어 있다. 이것만 보면 조절 · 협력을 논의하는 '협의체'만이 존재한다고 볼 수 있다.[31] 남북연합 단계에서는 남북정상회의, 각료회의 및 남북평의회, 공동사무처로 구분된 협의체를 사실상 하나의 공동정부기구를 조직해 이 조직 하에서 실제 운영될 수 있도록 하는 방안도 검토해 볼 필요가 있다. 이것은 사실상 제도적 통일을 현실화하는 노력이 될 것이다.

셋째, 앞에서도 지적했듯이 남북연합은 '잠정적'으로 중간단계 통일

서 각 정치기구의 역할과 임무를 초기, 중기, 후기로 구분해 비교적 상세히 기술하고 있다.

30) 제성호, "남측의 연합제와 북측의 낮은 단계의 연방제 비교," 동국대 북한학 연구소 세미나 발표문, 2000년 11월 21일, 13~14쪽.

31) 민병천, 앞의 책, 2001, 179쪽.

로서 연합을 하자는 것이므로 목표점이 다를 수 있고 그것을 어떻게 현실화시킬 것인가에 대한 문제가 발생한다. 체제와 제도가 다른 남북한이 공유하고 함께 건설하고자하는 국가관과 이념을 도출해 내는 과정은 3단계로 넘어가기 전에 필요하다. 우리는 자유 민주주의 통일 국가를 천명하고 있으나, 북한은 이를 흡수통일이라며 반발하고 있는 것이 대표적인 예이다. 통일 준비라는 것은 사실상 우리가 북한에게 체제 우위 현상을 유지하면서 그것을 반영하는 과정일 수밖에 없다. 남북한이 함께 건설하고자하는 '국가와 이념'에 대한 공감대 형성은 이후 통일 준비과정에서 분쟁을 방지하고 지속적인 협력을 유도하는데 중요하다. 또한 주변국의 협력 유도, 국민적 합의 기반 조성, 통일 후 남북한 국민들의 내적통합 및 전체 통일 과정과 결과에도 정당성을 부여할 것이다.

남북연합 단계에서는 외교권과 군사권을 남북 정부가 각각 갖게 되는데 이념에 대한 공유 혹은 합의 부재는 원상복구 혹은 어느 한쪽의 방향으로 흡수될 가능성을 배제할 수 없게 만든다. 예멘의 사례에서도 볼 수 있듯이 무력 내전이 발생할 수도 있기 때문이다.[32] 그러므로 군대의 통합 없는 연합과 연방제 내에서 군사충돌을 막는 제반의 조치가 반드시 필요하다.

마지막으로 경제·사회공동체 형성 관련 남북한뿐만 아니라 국제사회와의 공조도 필요하다. 현 정부는 북한의 제4차 핵실험과 미사일 발사 실험으로 인해 개성공단 잠정 중단 조치를, 북한은 공단 폐쇄 조치를 취하였다. 문제는 우리 정부가 민족 경제공동체와 경제통합의 모델로 평가받던 개성공단 잠정 중단의 명분으로 북측 근로자들의 임금이

---

32) 민병천, 앞의 책, 2001, 181쪽.

로동당 지도부로 흘러들어가 핵과 미사일 개발에 전용되었다고 주장하였다는 사실이다. 이는 유엔 대북제재를 준수와 위반의 문제이므로 결과적으로 유엔 회원국 누구라도 남북 경제 · 사회협력 과정에서 자금의 투명성 문제를 쉽게 제기하게 만들 수 있게 만들어 버렸다. 특히 우리의 통일과 직접 이해를 같이하는 주변국들 특히 강경대북정책을 구사하고 있는 미국과 일본에게는 사전 협조 차원에서 사실상 '눈치'를 봐야 하는 상황에 놓인 것이다.

실제로 2014년 2월 미 의회 보고서에서는 민족 경제공동체의 상징인 개성공단의 '국제화'와 관련한 박근혜 정부의 정책이 대북 금융제재강화법안 등 북한에 대한 제재를 확대하려는 미 의회와 충돌할 가능성이 있다고 지적한 바 있다.[33] 우리 정부는 경제 · 사회공동체 형성을 위한 경제 · 사회분야 협력 과정에서 국제사회의 대북제재를 어떻게 해결하여 재개입(re-engagement)을 할 것인가에 대한 문제도 고민해봐야 한다. 남북 경제 · 사회공동체 건설은 국제사회와 특히 미국의 대북한 경제정책의 완화와 밀접한 관계가 있으므로 공동체 건설의 안정적 추진이 보장되는 국제협력체를 구성하는 것도 고려할 필요가 있다.

3. 교류확산(spill over) 효과의 보완: 기능주의와 신기능주의 결합

민족공동체통일방안은 궁극적으로 화해협력 단계를 통해 남북연합으로 발전하는 과정에서 기능주의 이론을 토대로 하고 있다. 미트라니(David Mitrany) 제2차 세계대전 이후 사회 · 기술적 발전과 분화는 중

33) Mark E. Manyin, Ian Chanlett-Avery, Mary Beth Nikitin, William H. Cooper, "U.S.-South Korea Relations," *CRS Report*, February 12, 2014, p. 2.

요한 글로벌 이슈이며, 사회 · 기술적 발전과 분화는 국가와 국민의 자발적인 참가를 전제로 개별 국가들이 스스로 평화적인 발전을 위한 것이 아니라 전 세계 국가가 함께 글로벌 이슈에 대응하며 더욱 역동적으로 변화하게 위한 것이라고 주장하였다.[34] 다시 말해 사회 · 기술적 발전은 국제협력과 통합을 촉진시키며 이러한 발전은 정치 분야 협력을 가능케 한다는 것이다.

남북관계의 근본적 딜레마는 기능주의를 심화하는데 북한의 우려를 어떻게 불식시키는 것인가에 대한 문제이다.[35] 기능주의 심화는 남북 경제격차 확대 등 현실에서 우리의 입장이 상대적으로 유리하며,[36] 더 많은 교류협력이 진행될수록 북한체제에는 더 높은 긴장감을 유발시킬 수밖에 없다. 그러므로 경제 · 기술 분야 협력이 반드시 자동적으로 다른 분야로 확산되거나 특히 정치 분야 협력을 가능케 하는 것은 아니다. 대북화해협력정책이 북한의 근본적인 변화를 유도하지 못했다고 비판하는 사람들은 기능주의적 접근이 실패했다고 주장한다. 그러나 기능주의 접근법이 공동체 형성을 위한 경제협력과 교류협력 자체가 가능했던 상호 우호적이었던 서유럽에 적용된 것이었으므로 이질적 체제에 있는 남북 간에 적용함으로 나타나는 문제가 있었다.[37]

이러한 기능주의적 접근의 한계로 인해 새롭게 제시된 것이 바로 신기능주의 접근법이다. 신기능주의에서 확산은 각 행위자가 그들의 이익이 보탬이 된다는 인식하에 한 부분에서 그와 연관된 다른 부분으로

---

34) David Mitrany, “The Functional Approach in Historical Perspective,” *International Affairs*, Vol. 47, No. 3, July 1971, pp. 537~538, p. 540.

35) 전재성 외, 『민족공동체통일방안 계승 및 발전방향 공론화』, 통일부 정책연구용역 결과보고서, 2013, 26쪽.

36) 위의 글, 33쪽.

37) 김병로, 앞의 글, 2014, 6쪽.

협력과 통합의 경험을 새로운 상황에 적용시키면서 비로서야 발생하는 것이다.[38] 다시 말해 기능적 접근에 그칠 것이 아니라 '제도'를 통한 북한 변화를 이끌어 내야 한다는 것이다. 경제 · 기술 영역에서의 협력이 정치적 통합으로 확대되는 파급효과는 통합되는 국가들의 정치엘리트들이 공동이익에 대한 인식을 공유할 때 발생한다.[39]

남북연합 단계에서는 북한이 원하는 사회 · 기술적 협력 분야를 활성화시키는 방안에 대해서 고민할 필요가 있다. 정책의 주체는 북한이기는 하지만 남한은 북한에 대한 기술협력 경험이 많지 않고, 북한은 기술보다는 기술전수의 체제 영향력을 더욱 중요시 할 가능성이 있는 만큼 어떻게 일관성 있게 정책을 실행하는가에 대해서 남북이 함께 고민해볼 필요가 있다. 따라서 교류협력을 통해 남북관계를 진전시켜 나가는 과정에서 남북관계의 불가역성을 강화할 수 있는 제도적 장치를 마련함으로써 남북관계를 보다 안정적으로 만들어 궁극적으로 통일을 달성하는 방향으로 발전시켜 나가야 할 것이다.

38) 박종철 외, 『민족공동체 통일방안의 새로운 접근과 추진방안: 3대 공동체 통일구상 중심』, 서울: 통일연구원, 2010, 16쪽.

39) 박영호 외, 『남북연합 하에서의 남북정치공동체 형성 방안』, 서울: 통일연구원, 2002, 7~8쪽.

4절
결론

남북관계의 변화 및 통일에 대한 국민의 인식 변화, 미중관계로 대변되는 동북아와 국제정세의 변화, 전대미문의 사회주의 3대 세습 및 북한의 핵 능력, 기술의 고도화로 인한 지역 안보 위기 고조, 민족 경제공동체의 상징이었던 개성공단 폐쇄 등 통일 환경의 변화는 우리에게 또 다른 통일 로드맵을 요구하고 있다. 이에 각 정부별로 통일방안에 기반 한 통일정책 '이행(process)' 평가를 토대로 대내외 통일 환경 변화와 핵심 변수를 분석하고 기존 통일방안에서 명확하게 규정하지 못해 논쟁이 있었던 부분들에 대해서 재규정함으로써 민족공동체통일방안의 계승·발전 방향을 모색할 필요성이 제기된다.

남북한의 통일방안에 대한 개념 정의를 토대로 남북한 모두는 통일방안에 대해서 통일을 위한 과정과 방법, 즉 로드맵으로 인식하고 있음을 알 수 있다. 이것은 남북한의 국력 및 통일 역량의 차이를 감안할 때, 상호 간의 비평화적이며 물리적인 수단을 통한 통일 가능성(흡수통일 포함)을 배제한다면 남북한 통일방안에 대한 수렴 가능성이 존재한다는 것을 의미한다.

남북관계 제로 시대는 우리정부가 변화된 국내외 통일 환경을 이해하고, 그것을 전략적으로 통일로 가는 길에 활용하려는 노력이 부족했다는 것을 보여준다. 화해와 협력 정책을 추진했음에도 불구하고 그것을 제도화하지 못했다는 점, 통일의 가장 큰 걸림돌로 지적되는 핵과 재래식 무기 문제의 경우 정권의 성격에 따라 최고지도자의 철학 및 통치행위로 정당화되어 사실상 우리정부가 장기적이고 구체적인 로드맵을 가지고 있지 않다는 것과 역대 정부 또한 이행에 대해 의무감을 가지고 있지 않았다는 사실을 증명하는 것이다.

지난 24년간 우리 통일환경의 변화에서도 볼 수 있듯이 주변국들은 철저하게 자국의 이익에 따라 전략적으로 협조와 갈등 관계를 유지하고 있다. 이것은 남북이 주체가 되어 동북아시아의 평화와 안정에 기여할 수 있는 방향으로 통일 환경을 변화시킬 때 주변국들의 지지와 협력을 이끌어 낼 수 있음을 알 수 있다.

그러므로 우리는 통일방안의 보완·발전을 위해서 다음과 같은 사항을 고려해야 한다. 첫째, 화해협력이라는 통일준비와 북핵문제는 문제해결의 병행전략이 가능하며 이 둘을 병행 추진할 때 어떤 관점과 기조를 가지고 접근하고 해결하려는 가에 대한 의지가 제일 중요하다. 민족공동체통일방안에서 기존 화해협력단계에 핵문제 해결을 위한 남북간의 군사적인 초기 신뢰조치를 제도화하고 북핵문제를 해결하겠다는 의지와 정책 실행방안을 추가하는 남북 화해협력·평화단계로 수정하는 것을 검토할 수 있다.

둘째, 상호체제 인정과 안전 보장, 정전협정을 평화협정으로 전환 등을 바탕으로 3단계에서 추진될 통일헌법의 초안 작업을 2단계 남북연합 단계와 연계해 국제법적으로 하나의 한국의 존재한다는 것을 명확히 할 필요가 있다.

셋째, 우리의 통일방안에 따르면 남북정상회의, 남북 각료회의 등 조절과 협력을 논의하는 협의체만이 존재하고 있는 만큼 사실상 하나의 공동정부기구를 조직해 이 구분된 협의체를 이 조직 하에서 실제 운영될 수 있도록 하는 방안도 검토해 볼 필요가 있다.

넷째, 체제와 제도가 다른 남북한이 하나의 이념을 도출해 내는 과정과 남북연합 단계에서는 외교권과 군사권 공유와 관련 군사충돌 방지를 위한 군대 통합논의도 반드시 필요하다.

마지막으로 남북연합 단계에서는 북한이 원하는 사회 · 기술적 협력 분야를 활성화 시키는 방안에 대해서 고민할 필요가 있으며, 이를 통해 남북관계의 불가역성을 강화할 수 있는 제도적 장치를 마련함으로써 남북관계를 보다 안정적으로 만들어 궁극적으로 통일을 달성하는 방향으로 발전시켜 나가야 할 것이다.

참고문헌

▶ 단행본

박종철 외, 『민족공동체 통일방안의 새로운 접근과 추진방안: 3대 공동체 통일구상 중심』, 서울: 통일연구원, 2010.

민병천, 『평화통일론』, 서울: 대왕사, 2001.

장 석, 『김정일장군 조국통일론 연구』, 평양: 평양출판사, 2002.

한반도평화포럼, 『잃어버린 5년, 다시 포용정책이다』, 서울: 삼인, 2012.

황병덕 외, 『한반도 평화·번영 거버넌스의 실태조사』, 서울: 통일연구원, 2006.

허문영 외, 『평화번영정책 추진성과와 향후과제』, 서울: 통일연구원, 2007.

통일부, 『통일백서』, 서울: 통일부, 1995, 1999.

▶ 논문

고유환, "민족공동체 통일방안의 이행과정과 추진전략 재검토," 『통일인문학』 제60집, 건국대 인문과학연구소, 2014.

국회입법조사처, 『대북·통일정책과 국회의 리더십』, 국회 대북정책 거버넌스 자문위원회, 국회입법조사처, 한국의회발전연구회 공동주최 세미나 토론회자료집, 2013.

김근식, "북핵문제 해결을 위한 입법과제와 국회의 역할," 2013년 국회사무처 연구용역 보고서.

김병로, "통일환경과 통일담론의 지형 변화: 정부통일방안을 중심으로," 『통일문제연구』 제26권 제1호, 평화문제연구소, 2014.

김연철, "민주정부 10년의 대북화해협력 정책," 『민주정책연구원 내부 보고서』. 2010.

______, "대북정책과 통일정책의 상관성: 과정으로서의 통일과 결과로서의 통일의 관계," 『북한연구학회보』 제15권 제1호, 북한연구학회, 2011.

박선원, "남북한 통일방안의 수렴 추이: 단일정치권력으로의 통합에서 평화공존으로," 『통일연구』 제6권 제2호, 연세대학교 통일연구원, 2002.

박순성, "한반도 분단체제와 한국의 민주주의," 『북한학연구』 제10권 제2호, 동국대 북한학연구소, 2014.

서보혁·박홍서, "통일과 평화의 우선순위에 대한 사례연구," 『북한학연구』 제7권

제2호, 동국대 북한학연구소, 2011.
이기동, "통일환경의 변화와 '민족공동체 통일방안'," 『한국동북아논총』 제71호, 한국동북아학회, 2014.
이수석, "한국의 연합제 통일방안에 대한 연구," 『국제정치연구』 제10집 2호, 동아시아국제정치학회, 2007.
이홍구, "분단체제 극복 위해 남북이 합의하고 국제사회가 보장하는 틀 만들어야," 『민족화해』 제75호, 민족화해협력범국민협의회, 2015.
전재성 외, 『민족공동체통일방안 계승 및 발전방향 공론화』, 통일부 정책연구 용역 결과보고서, 2013.
정성장, "남북한 통일방안에 대한 대안의 모색," 『통일환경의 변화와 통일방안의 재검토』, 경실련통일협회 토론회 자료집, 2014년 8월 13일.
정해구, "남북한 정치통합 연구-남북한 통일정책 및 통일방안의 정치통합 구상을 중심으로," 『아세아연구』 제45권 1호, 고려대 아세아문제연구소, 2002.
제성호, "남측의 연합제와 북측의 낮은 단계의 연방제 비교," 동국대 북한학연구소 세미나 발표문, 2000년 11월 21일.
______, "'민족공동체통일방안'의 보완·발전 방향 모색," 『전략연구』 통권 제67호, 한국전략문제연구소, 2015.
최완규, "세계화의 압력과 새로운 통일논의: 쟁점과 과제," 『한국과 국제정치』 제16권 제1호, 경남대 극동문제연구소, 2000.
황철연, "북한 통일방안의 성격," 『북한연구학회보』 제9권 제2호, 북한연구학회, 2005.
David Mitrany, "The Functional Approach in Historical Perspective," *International Affairs*, Vol. 47, No. 3, July 1971.
Richard Weitz, "Regional Powers Grapple with North Korea's New Leader Kim Jong Un," *The Korean Journal of Defense Analysis*, Vol. 24, No. 3, September 2012.
Mark E. Manyin, Ian Chanlett-Avery, Mary Beth Nikitin, William H. Cooper, "U.S.-South Korea Relations," *CRS Report*, February 12, 2014.

▶ 기타

『중앙일보』, 『세계일보』, 『연합뉴스』.

6장

독일 '통일 정책'의 한국 적용 의미와 방안

프라이카우프, 잘츠기터, 연대세를 중심으로

독일과 한반도의 분단 상황이 다르다는 점에서 양 지역 간 분단문제에 대한 비교연구의 타당성이 종종 의문시되기도 한다. 그러나 분단극복을 위한 전제조건들이 충족되지 않는 가운데 긴장과 대립이 상존하는 상황에서 서독이나 한국 같은 분단국이 선택할 수 있는 정책대안은 무엇인가라는 질문이 항상 제기되며, 이에 대한 답변을 찾는 과정에서 비교연구의 타당성이 부각될 수밖에 없다.[1]

이런 차원에서 우리사회 내에서는 독일의 통일 전후 과정에서 시행되었던 정책들을 한반도 상황에 접목하고자 하는 시도들이 진행되고 있다. 프라이카우프(Häftlingsfreikauf: Freikauf, 이하 프라이카우프로 서술)는 동독 내에서 정치적인 이유로 투옥되어 여러 가지 인권침해를 받고 있는 정치범들을 서독으로 자유롭게 이주시키기 위하여 서독정부가 외환이나 상품을 동독에 지불한 거래를 말한다. 우리사회에서도 경제적 대가를 지불하고서라도 국군포로, 납북자 등 이산가족들에 대한 귀환, 상봉 등 국가 책무를 다해야 한다는 주장이 있다. 서독 정권은 동독 정권에 의한 인권침해 사실에 대한 수집, 기록 및 보존 업무를 담당했던 중앙기록보존소(Die Zentrale Erfassungsstelle der Landesjustizverwaltungen in Salzgitter, 이하 잘츠기터로 서술)를 설치하였다. 우리사회에서도 북한주민의 인권 증진을 위해 북한인권법 제정 논의가 국회에서 진행되고 있으며, 이 법안의 주요 내용으로 잘츠기터를 전형으로 한 북한인권기록보존소 설치하는 내용이 포함되어 있다. 독일은 통일과정에서 지속적인 재정적자 누적의 부담으로 1991년 7월 1일 연대기여금(Solidaritatsbeirag, 이하 연대세로 서술)[2]이라는 이름으로 증세조치를

1) 황병덕·김학성 외, 『신동방정책과 대북포용정책』, 서울: 두리, 2000, 29~30쪽.

2) 연대세는 엄밀히 말하면 통일을 준비하기 위한 정책이기보다는 통일 이후의 정책이라 할 수 있다. 따라서 이 글에서는 광의의 의미로 통일을 준비, 달성

단행하였다. 우리 또한 2010년 이명박 대통령이 광복절 경축사에서 '통일세' 논의 필요성을 제기한 이후 통일비용과 통일편익에 대한 연구가 활기를 띠고 있다. 박근혜 정부도 국정과제로 통일기반 구축을 제시하고 통일 준비 차원에서 통일비용에 대한 연구를 이어가고 있는 현실이다.

따라서, 이 글은 독일의 '통일정책'이라고 할 수 있는 정치범 석방 거래인 프라이카우프, 인권기록보존소, 연대세에 대한 내용과 의미, 전개과정을 살펴보고, 이것이 우리의 통일정책으로 활용 가능한지 비교, 분석하는 것을 목적으로 한다. 연구 방법으로는 문헌 분석 방법을 중심으로 하며 비교연구 방법을 활용하였으나, 1차 문헌보다 2차 문헌에 의존한 한계가 있다.

하는 과정, 통일 이후 실행했던 정책 전체를 '통일 정책'으로 규정한다.

1절
독일 통일과 한반도

독일 통일은 우리가 남북통일의 길을 모색하는 데에 있어 하나의 사례일 뿐이다. 독일 통일이 마치 통일의 전형(典型)으로 오해하는 경우가 있는데, 이 장에서는 독일 통일과정을 살펴보고, 한반도 상황과의 비교를 통해 우리에게 주는 시사점을 얻고자 한다.

독일은 제2차 세계대전 이후 분단된 나라들 가운데 가장 통일이 어려울 것으로 보였던 나라였다. 그렇게 판단되는 이유로 독일은 세계대전을 일으킨 전범국이면서 패전국으로, 미 · 영 · 불 · 소 4개 연합국에 의해 강제로 분할되었고, 그래서 독일통일은 이 연합국들의 권한과 책임아래 있었기 때문이었다. 또한 독일은 지정학적으로 볼 때 유럽의 중심부에 위치하여 역사적으로 유럽정치에 많은 영향을 미쳐 독일통일에 대한 주변국들의 이해가 일치하기 어려웠기 때문이다. 이에 그들은 현실적으로 불가능한 통일에 집착하지 않았을 뿐만 아니라 주변국들의 시선 때문에 통일이라는 용어의 사용조차 주저할 수밖에 없었다. 다만 최선의 방법으로 인적 · 물적 교류와 같은 비정치적 분야에서부터 협력체계를 증대시켜 나감으로써 "분단되어 있으면서도 통일된 효

과"를 누리고자 하였다.[3)]

건국 후 동서독은 서로 각기 합법적 정부라고 주장하며 체제 경쟁을 벌였다. 서독은 동독이 주민의 자유의사에 따라 수립된 것이 아니기 때문에 불법정권이며, "주민의 자유선거로 수립된 서독만이 독일을 대표하는 유일한 합법적 국가이고, 독일제국의 후속 국가실체로서 독일 국민을 대변할 권한이 있다"는 이른바 '단독대표권'을 주장해 왔다. 반면 동독은 서독 정부가 파시즘을 계승한 정부로서 정통성이 없으며 '반파쇼 민주국가'인 동독이야 말로 합법적인 국가라는 주장을 펴왔다. 동독의 최초 헌법에는 "독일은 분리할 수 없는 하나의 국가이며, 유일한 하나의 독일 국적만이 존재하고, 동독이 전체 독일을 대표하는 공화국"으로 규정하고 있었다. 그러나 갈수록 국력 격차가 커지고 국제사회로부터 유일한 합법정부로 인정을 받는 것이 현실적으로 어려워지자 동독 지도부는 서독의 단독대표권과 할슈타인 독트린을 비난하며 국제사회를 상대로 "독일에 2개의 국가가 존재한다"는 이른바 '2국가론'을 주장했다.[4)]

서독의 초대수상 아데나워(1949~1963)는 국제정치에서 초강대국 미·소의 등장, 냉전의 발발, 패전국 독일 등을 직시하고 현실주의적 입장에 입각하여 대외정책을 추진하였다. 아데나워는 힘의 우위정책에 입각, 서방측의 단합으로 소련과 동구공산주의 위협에 대처하는 한편, 경제력 및 국방력을 강화시켜 강력한 서독의 힘을 바탕으로 동독의 국가 존재를 부인하고 서독정부의 유일 합법성을 강조하는 '단독대표권'과 동독을 승인하는 국가와는 외교관계를 수립치 않는다는 '할슈

3) 정용길, "독일 통일과정에서의 동서독관계와 남북관계에서의 시사점," 『저스티스』 통권 제134-2호, 2013, 467쪽.

4) 김동명, 『독일 통일, 그리고 한반도의 선택』, 서울: 한울, 2010, 465쪽.

타인 독트린'을 일관성 있게 추진하였다. 전후 독일 경제부흥의 공로자로서의 후광에 힘입어 수상직에 오른 에어하르트(1963~1966)는 당시 미 · 소의 접근 및 동구권에서의 다극화 현상이라는 새로운 국제정세에 대응하기 위한 정책의 일환으로 친미노선을 견지하여 자체 안보문제를 해결하는 한편, 동구권과는 비록 외교관계는 수립하지 않지만 서독의 경제력을 기반으로 동구공산권에 접근하여 통상관계를 수립 · 강화함으로써 동독을 고립시킨다는 새로운 정책을 추진하였다. 이후 키징거 수상의 기민당과 사민당의 대연정(1966~1969)은 당시 긴장완화 추세의 국제정세에 적응하기 위해 실리적이고 적극적인 외교정책을 추진하였다. 대연정 정부는 독일문제 해결에 외교정책상의 우선순위를 두고 에어하르트 정부에 의해 약화된 서독의 국제적 위상을 향상시키는 것을 외교정책상의 최우선 과제로 삼았다. 이러한 목표를 위해 군사안보문제와 통일문제를 결부시키지 않고 별도로 추진하였는데 동독을 고립시키겠다는 과거 서독정부의 외교노선으로부터 진일보하여 동독을 사실상 존재하는 정권으로 수락할 용의가 있다고 선언하였다.[5)]

1970년대 들어 유럽에서도 긴장완화 추세가 나타났고, 동서 양 진영 간에는 평화공존의 분위기가 지배하고 있었다. 브란트 수상은 국제적 긴장완화 추세에 맞추어 그간 서독 외교정책의 핵심이었던 아데나워의 '친서방정책' 및 '힘의 우위 정책'을 수정하여 보완하고 동독과의 관계를 개선하고자 했다. 그가 추진했던 외교정책의 핵심은 독일의 분단을 극복하고 전 유럽에 평화질서가 유지되는 가운데에서만 독일 통일이 이루어질 것이라는 전제에서 출발하고 있다. 따라서 미소 간의 긴장완화와 소련을 위시한 동구권과의 관계 개선을 통해 동서냉전을 극

---

5) 황병덕·김학성 외, 앞의 책, 2000, 42~46쪽.

복하고 분단으로 인한 부정적인 면들을 제거하기 위해서는 양독 간의 물적 · 인적 교류와 협력을 꾸준히 확대해 나가야 한다는 것이다.[6)]

브란트의 신동방정책이 결정될 당시의 국제정세 변화에 주목할 필요가 있다. 1960년대 말 국제정세를 규정한 핵심 요인들은 미국에서 닉슨 대통령의 취임과 동시에 추진된 미국과 중국의 관계 개선, 1949년 이후 공산화된 중국이 국제무대에 등장함에 따른 소련의 부담감 증가 그리고 1968년 '프라하의 봄' 무력 진압에 따른 소련의 국제적 위상 실추와 탈출구 모색 및 1969년 초 우수리 강 근처의 중국과 소련의 충돌사건에 따른 중 · 소 관계 긴장 고조로 요약될 수 있다. 1960년대 초반부터 진행된 해빙 분위기가 무르익기 시작했고, 사회주의권 내에서 소련과 중국의 갈등이 첨예화되었으며, 이 틈새에서 사회주의권에 대한 미국의 적극적인 접근 전략이 국제정세에 주요한 흐름으로 자리 잡아가고 있었다. 이에 발맞추어 흐루시초프는 1969년 3월 부다페스트에서 열린 바르샤바 조약국가 정치지도자 회의에서 대립과 충돌을 피하고 대화가 필요하다는 점을 피력하면서, 과도한 군비경쟁을 피하고 경제교류가 활발히 이루어져 침체된 경제를 극복하기 위한 협력을 모색해야 함을 강조했다. 1945년 이후 국제질서를 지배했던 첨예한 갈등과는 사뭇 다른 분위기가 조성된 시기였던 것이다.[7)]

독일 신동방정책의 가장 큰 특징은 통일시각이 현실적임과 동시에 장기적이라는데, 그리고 통일기반 조성을 위해 분단국간 교류 · 협력, 특히 민족적 이질성 극복과 동질성 회복을 위해 사회 · 문화 분야 교류 · 협력을 중시하는데 있다. 신동방정책은 통일을 향한 전제조건이

---

6) 김동명, 앞의 책, 2010, 48쪽.

7) 황병덕·여인곤 외, 『독일의 평화통일과 독일통일 20년 발전상』, 서울: 늘품플러스, 2010, 45쪽.

양 독일에 존재하지 않는 상황에서 무의미한 통일논의보다는 통일여건의 조성차원에서 양독 관계의 실질적 개선이 중요하다는 현실주의적 시각에서 출발하여, '접근을 통한 변화'를 통해 장기적으로 통일을 추구한다는 원칙에 입각하였다. 그리고 그 과정에서 양독일 간의 교류 · 협력을 부단히 추진하였다.[8]

독일과 한반도의 통일여건은 여러 차원에서 차이점을 나타낸다. 동서독 간의 적대감이 우리와는 차이가 있다. 즉 동서독 서로 간에 전쟁을 겪지 않았고, 군사적인 대결도 동서 진영 간 대결의 양상을 띠고 있어 상호간에 적대감이 높지 않았으며 특히 동서독 주민 간에는 적대감이 전혀 없었다는 것이다. 남북한의 경우 6 · 25전쟁을 겪은 데다 1953년 휴전 이후에도 양측의 철저한 이념교육과 북한의 계속된 도발로 남북한 정부는 물론 남북 주민 간에도 불신과 적대감이 높다는 것이다. 또한 동독주민은 민주주의의 경험이 있었으며, 동독 주민은 서독 방송과 텔레비전의 수신이 가능했으며, 주민통제 수준도 달랐다는 것이다.[9] 또한 궁극적으로 독일 통일을 위해서는 2차 세계대전 전승국의 승인이 반드시 필요한 것에 비해, 우리의 경우 주변국과의 관계에서 상대적으로 덜하다고 평가할 수 있다.

독일의 통일 대통령이라 불리는 바이츠제커는 "40년 간의 분단 후, 상대에 대해 그리고 상대에게서 서로 배워나가야 하는 우리의 과제는 통일 후 20년이 지났지만 여전히 미완으로 남아 있다"고 회고한다.[10] 이는 서로 다른 두 체제에서 살아 온 사람들의 통일과 통합이 어렵다

---

8) 손기웅, 『독일통일 쟁점과 과제 2』, 서울: 늘품플러스, 2009, 92쪽.

9) 염돈재, 『독일통일의 과정과 교훈』, 서울: 평화문제연구소, 2010, 49~50쪽.

10) 리하르트 폰 바이츠제커 지음·탁재택 옮김, 『우리는 이렇게 통일했다』, 서울: 창비, 2012, 191쪽.

는 것을 설명하고 있는 것이다. 독일 통일에 대해 얼마나 성공하게 될지를 결정하는 것은 동서독정부간의 조약도, 입법기관의 헌법이나 규약도 아닌 주민의 태도에 달려 있다고 주장한다. 서독과 동독 주민 서로가 마음을 열고 애정과 관심을 보이는 것이 중요하다는 것이다.[11) 독일통일이 한반도에 주는 시사점은 통일 이전에 동서독이 실천하였던 분단관리체제로부터 얻을 수 있다. 분단구조 하에서 동서독관계의 원칙은 교류와 협력을 통한 상호공존이었다. 그 첫걸음으로 그들은 편지와 전화를 할 수 있었음은 물론이고 서로 왕래도 하였고 상대방의 TV를 시청할 수도 있었다.[12)]

11) 위의 책, 215쪽.

12) 정용길, 앞의 글, 2013, 477쪽.

2절
독일 '통일 정책'의 내용과 의미

1. 프라이카우프(Häftlingsfreikauf: Freikauf)

민족 분단으로 인해 가장 고통 받는 사람들은 이산가족이다. 특히 6·25전쟁 시기에 북한군의 포로가 되었다가 석방되지 못한 채 북한지역에서 계속 살아가는 사람들과 전쟁과 그 이후 납북되어 송환되지 못한 사람들과 그 가족들의 고통을 해소하는 것이 국가의 책무이다. 이런 차원에서 서독과 동독이 인도주의 문제 해결 차원에서 시행했던 '정치범의 석방을 위한 거래'인 프라이카우프 사례를 살펴보고, 이 사례를 남북한의 국군포로, 납북자 나아가 광범위한 이산가족 문제를 해결하는 데 있어 적용 가능한 지 검토하고자 한다.

프라이카우프는 동독 내에서 정치적 이유로 구금되어 인권침해를 받고 있는 반체제인사, 특히 정치범들을 서독으로 이주시키기 위하여 서독 정부가 일정한 대가를 동독에 지불하고 이들을 석방한 거래를 말한다. 서독 정부는 프라이카우프를 특별사업으로 분류하여 비공식적으로 추진하였다. 1963년부터 시작된 프라이카우프는 통일 직전까지 지속되었는데, 최초에는 개별사안에 대한 협상으로 시작되었으나 차후에는 점차 조직적인 형태를 띠게 되었다.[13)]

프라이카우프는 양독 정부 차원에서 진행되기 이전부터 동독에 억류되어 있는 정치범 등을 석방하기 위한 석방거래 시도가 존재했다. 1947년부터 서독 개신교계, 가톨릭교계는 2차 대전 이후 소련점령지역 즉 동독지역에 전쟁포로 등으로 잡혀 있는 목사, 교회관계자 등의 석방, 수형조건 개선을 위해 다각도로 동독과 협상을 진행했다. 1950년대에는 동독에 억류되어 있는 교계 관련 인사를 석방시키기 위해 노력해야 한다는 인식이 서독 개신교계 수뇌부에 확산되면서 개신교계의 일부 인사는 서독변호사를 통해 동독과 접촉을 시도했다. 이러한 가운데 개신교계의 의뢰를 받아 1960년대 초부터 석방거래 협상을 계속 시도했던 변호사 라이마 폰 베델과 유르겐 슈탕에는 동베를린의 변호사 볼프강 포겔과 접촉하였다. 루드비히 A. 레에링어에 따르면 라이너 바르쩰이 전독성장관이 된 시점인 1962년 12월 즈음 동베를린의 변호사 포겔이 법률변호사무소에 동독이 물적 대가를 전제로 정치범들을 대규모로 석방할 용의가 있다고 전해왔다는 소식을 슈탕에가 가져왔다고 한다.[14)] 서독과 동독은 협상을 통해 1962년 총 15명의 개신교계 인사를 대상으로 한 석방거래가 처음으로 성사되었다. 이후 석방거래가 계속 시도되었고 1962~1963년 초 사이에 총 100여 명이 석방된 것으로 알려지고 있다. 석방거래는 동독정부뿐 아니라 만성적 재정부족의 어려움을 겪었던 동독교회, 교회관련 병원 등의 시설물에 많은 재정적 도움을 가져다주었다. 이후 동독정권이 석방거래에 대해 보다 적극적인 관심을 보이기 시작했고 서독의 교계가 재정적인 이유 등으로 전체

---

13) 안지호 외, 『서독의 대동독 인권정책』, 서울: 통일연구원, 2013, 102쪽.
14) 손기웅, 『독일통일 쟁점과 과제 1』, 서울: 늘품플러스, 2009, 247~248쪽.

를 감당하는 것이 용이하지 않게 되자 석방거래는 정치권 등 서독정부 차원에서도 논의되기 시작했다.[15] 동독차원에서는 체제에 반대하는 정치범이 생겨나면서 이들의 처리문제가 불가피하게 대두되었으며, 이런 상황에서 서독측 일부 인사들로부터 흘러나온 프라이카우프를 추진하면 어떻겠냐는 제안은 동독이 정치범문제를 처리하면서 동시에 재정적 측면에서 엄청난 이득을 가져오는 것이기에 수용한 것이다.[16]

서독측은 프라이카우프 추진에 있어 다음과 같은 원칙들을 준수하였다. 첫째, 인도주의적 당위성이다. "불합리한 정치적 이유로 부당한 처우를 받고 있는 독일인을 도와야 한다"는 것이다. 둘째, 서독은 프라이카우프 사업을 통해 간접적으로 동독 내의 인권개선이라는 정치적 부수효과를 노렸다. 동독에서 정치범을 심판한 판사가 다시 자신의 서명으로 죄수들을 사면해야 하는데, 이 과정을 통해 사법부라는 동독내 인권억제기구가 도덕적으로 입지를 잃고 업무의 무의미성에 대해 자괴감에 빠질 것이라는 예상이었다. 셋째, 사업의 효율성을 위하여 프라이카우프는 국가가 독점하여 진행하는 것인데, 사업의 지속을 위한 비공개 형식으로 진행하는 것이 유리하다는 것이다. 이는 부유한 서독의 친인척들이 동독측 변호사들을 선임해 정치범의 몸값을 올리는 것을 방지하기 위한 것이기도 했다. 넷째, 프라이카우프 실제 업무수행상의 원칙으로 이념적 쟁점들과의 연계를 피하고 상대방 비방이나 사상전향의 시도 없이 철저히 개인을 돕는 업무에 목적론적으로 충실을 기했다는 것이다.[17]

---

15) 위의 책, 250쪽.

16) 위의 책, 271쪽.

17) 손기웅·강구섭·양대종, "동서독간 정치범 석방사례 연구,"『한반도 군비통제』 제45집, 2009, 113~114쪽.

프라이카우프는 대동독 전담 부서인 전독성(1969년 이후 내독성)을 중심으로 진행되었는데, 특별사업의 추진을 위한 재원을 확보하고 사업전반을 주관하는 등 핵심적 역할을 수행하였다. 그러나 전독성/내독성은 협상과정의 전면에 나서지 않았는데 이는 무엇보다 정부기관이 직접 프라이카우프 협상을 진행하는 것에 대한 부담감이 존재했기 때문이다.[18] 전독문제연구소는 동독 정치범에 대해 수집된 정보를 토대로 정치범 명단을 만들어 내독성에 제공하였고, 내독성은 이에 근거해 석방거래 대상자를 동독측에 넘겨주었다. 1970년대까지는 반체제 인사들이 정치범 석방거래의 대상자가 되었으나, 1980년대는 탈출을 시도했다가 잡힌 사람들이 주를 이루었다. 동서독 국경이나, 다른 동유럽국가의 국경에서 잡힌 사람들도 정치범 석방거래의 대상자가 되었다.[19] 프라이카우프 시행 결과 1963년부터 독일 통일까지 프라이카우프를 통해 석방된 동독인은 정치범 31,755명과 어린이 2,000명을 합해 33,755명이다. 이 사업과 별도로 서독은 이산가족 재상봉을 추진하여 1989년 11월 9일 베를린장벽 붕괴까지 250,000명의 동독인을 서독으로 이주시키는 성과를 거두었다. 프라이카우프 사업 초기 정치범 1명당 약 40,000 DM에 해당하는 보상액은 1977년까지의 가격이다. 그 후에는 교육비 인상 등의 이유로 1명당 95,847 DM으로 두 배 이상 올랐다. 프라이카우프 사업 비용만의 정확한 액수는 집계되지 않았으며 전체 31,775명의 석방에 2,276,804,470 DM의 비용이 지출됐다고 볼 수 있다.[20]

프라이카우프로 인해 제공되는 경제적 대가로 동독 정권을 연장하는데 기여한 것이 아닌가하는 논란이 있었다. 1989년 12월 당시 동독

18) 안지호 외, 앞의 책, 2013, 102쪽.

19) 김영윤·양현모 편, 『독일, 통일에서 통합으로』, 서울: 통일부, 2009, 30쪽.

20) 손기웅·강구섭·양대종, 앞의 글, 2009, 114쪽.

지도자였던 호네커 계좌의 잔금은 20억 마르크 이상이었던 것으로 알려졌다. 이 호네커 계좌의 약 60%가 프라이카우프로부터 마련되었으며, 이 입금액은 동독 특권층의 개인적 용도로 많이 지출되었을 것으로 추정되기도 하였으나 추정과 달리 상당 부분이 국제수지 청산 및 국가경제를 위해 지출된 것으로 확인되기도 하였다. 프라이카우프로 인해 제공된 현물이 동독 정부의 체제 유지에 일정 부분 기여한 것은 사실이라 할 수 있다. 그러나 석방된 정치범 및 재결합된 이산가족의 인권보장과 석방거래 대가로 동독에 제공된 경제적 급부를 비교할 때 동독이 얻는 실익보다는 서독이 얻은 실익이 결코 더 적다고 할 수 없을 것이다.[21)]

궁극적으로 남북의 이산가족, 국군포로, 납북자 문제와 같은 인도주의 문제 해결을 위해서는 동서독이 추진했던 인도주의 문제와 경제적 지원의 교환을 검토할 시점에 왔다고 여겨진다. 우리정부가 고령의 이산가족들을 더 이상 외면할 수 없으며, 북한당국의 이산가족과 국군포로, 납북자 문제에 대한 입장을 전향적으로 유도하기 위해서는 과감한 경제적 지원이란 유인책이 필요한 것이다.

2. 잘츠기터

잘츠기터는 서독이 동독의 인권침해를 기록하기 위해 설립한 조직이다. 1961년 8월 13일 미국에서는 케네디 대통령이 취임했고, 독일에서는 베를린 장벽이 구축되었다. 1961년 1월에서 장벽이 설치되기 전

21) 김영윤·양현모 편, 앞의 책, 2009, 32쪽.

인 8월 12일까지 동독주민 159,753명이 서독으로 넘어왔다. 1961년부터 1989년까지 동서독 국경을 넘다 죽음을 당한 탈출 희생자는 모두 200명에 달했다. 동독이 베를린 장벽을 설치하며 국경을 봉쇄하자 독일 함부르크주 하원의원이자 함부르크시 기독민주연합(CDU) 당수였던 엘릭 블루멘펠트(Erik Blumenfeld)의원은 1961년 9월 1일 동독의 인권 침해 사례를 문서로 남기기 위한 기구를 설립하자고 제안했다. 이 제안은 독일 통일과정에서 매우 역사적인 일로 기록된다. 빌리 브란트(Willy Brandt) 당시 서베를린 시장은 1961년 9월 5일 서독 연방의 각 주 총리들에게 블루멘펠트 의원이 제안한 기록보존소 설치 필요성을 역설하는 전문을 보냈다. 이에 서독 연방 정부와 서베를린시 법무장관들은 10월 25일부터 27일까지 3일간 합동회의를 갖고 기록보존소 설치에 합의했다. 이 합동회의에서 동서독 간 가장 긴 국경선을 갖고 있던 니더작센(Niedersachsen) 주의 잘츠기터에 기록보존소를 설치하고, 아울러 그 운영을 맡도록 의견을 모았다.[22)]

잘츠기터는 1961년 11월 24일 부장검사를 소장으로 하여 검사보와 검찰사무관 각 1명으로 업무를 개시하였다. 처음 3명의 인원으로 하여 시작하였지만 예상하지 못하였던 업무의 증가로 1962년부터 7명으로 증원되었고 구체적인 업무 분장은 소장이 결정하였다. 잘츠기터의 근무자들은 동독당국에 의하여 내정간섭을 이유로 1966년 10월 13일 공포된 동독의 '동독시민의 시민권과 인권보호에 관한 법률' 제1조와 동독형법 제90조에 대한 위반자로 지목되어 그 인적사항이 동독의 지명수배자 명부에 등재되었다. 그리하여 동독이나 동독과 범죄인 인도조약을 체결한 공산국가에 여행할 수도 없었고 심지어 서독에서 동독을

22) 전지연, "독일 잘츠기터 중앙기록보존소를 통해 본 북한인권기록보존소 설치 방안," 『통일과 법률』 제15호, 2013, 63~64쪽.

통하여 서베를린으로 가는 고속도로조차 이용할 수 없었다.[23)]

잘츠기터는 설립 초기 베를린 장벽과 국경선에서 발생하는 동독 '폭력행위'의 수집 · 기록 · 보존에 국한된 업무를 수행했다. 그러나 이후 동독정권의 불법행위 전반에 대한 추적 필요성이 제기됨으로써 업무영역이 확대되었다. 첫째, 동독공산당이 법적 절차 없이 정치적 이유에서 인권을 침해하는 살인, 육체적 상해 및 자유박탈 행위 둘째, 정치적 이유로 인도주의와 법치주의 기본원칙에 반한 불법적 판결, 셋째, 재판상의 조사를 빙자한 수감자에 대한 가혹행위 등이었다.[24)] 이에 잘츠기터의 필요한 정보의 수집방법은 매우 광범위하였는데 첫째, 연안국방수비대의 현황보고서 접수 둘째, 언론매체의 분석 셋째, 피해자나 증인들의 개인적 증언의 심사 넷째, 주 및 연방 정부에 의한 조회정보의 분석 · 심사 다섯째, 임시수용소인 기센 소재 연방수용소에서 석방거래된 동독출신 정치범 여섯째, 귀순 동독군에 대한 설문조사 일곱째, 동 · 서독을 왕래하는 상호 방문자들을 활용하는 우회적인 동독 내 인권침해 사례수집 등이 그것이다.[25)] 잘츠기터는 설립 당시부터 그 활동을 종료하기까지 약 29년간에 걸쳐 축적한 공식적인 동독의 인권침해에 관한 기록은 총 41,390건으로, 연 평균 1,427건을 기록하여 보관하였다. 가장 많은 기록을 작성한 해는 1985년으로 2,660건이었고, 가장 적은 기록을 작성한 해는 1961년 134건이었다.[26)]

잘츠기터 설립과 활동의 의미는 첫째, 인권의 보편성을 바탕으로 동독주민의 인권침해를 구체적으로 파악함으로써 대내외적으로 자유주

23) 김하중, 『통일한국의 과거청산』, 서울: 나남, 2013, 168쪽.
24) 김영윤·양현모 편, 앞의 책, 2009, 26쪽.
25) 안지호 외, 앞의 책, 2013, 120쪽.
26) 전지연, 앞의 글, 2013, 70쪽.

의체제의 정당성을 보여주는 것이었다. 둘째, 분단으로 인한 민족적 고통을 최소화시키는 '실천'이란 맥락으로 분단 극복의 당위성 및 의지를 명확하게 표명하는 것이었다.[27] 잘츠기터는 당초 통일을 염두에 둔 실용적 목적보다는 동독 관리들에 대한 상징적, 경고적 목적으로 설립되었으나 통일 후 동독지역 사법체계 신설을 위한 동독 판 · 검사의 재임용 심사자료, 동독치하에서 박해 받은 사람들에 대한 복권 및 보상 심사자료, 반 법치국가적 범죄행위 가담자에 대한 형사처벌 근거 자료 등으로 활용되었다.[28]

잘츠기터를 둘러싸고 서독 내, 동독과 서독 간의 논란이 있었다. 독일 사민당은 잘츠기터가 설립된 이후부터 1989년 통독이 되기 전까지 지속적으로 폐지를 주장하였는데, 이는 동서독관계에 좋지 않은 영향을 미친다는 회의(懷疑)에서 비롯된 것이었다. 폐지 주장 이면에는 서독의 대동독정책에 대한 긴장완화정책의 시행에 따른 고민에 기인한다. 긴장완화정책의 근간은 당시 동독정권을 독점하고 있는 "동독사회주의통일당의 개혁능력을 인정"하고 "통일정책의 큰 틀을 만들어 나간다"는 데에 있었다. 또한 동독을 향한 긴장완화정책의 지향은 잘츠기터를 동서독관계에 있어서 적개심을 불러일으키고 동서독관계의 정상화를 방해하는 요소로 인식하게 하였다.[29] 동독정권도 잘츠기터를 '법적인 침공', '복수주의 기관' 또는 '냉전시대의 잔재'로 지속적으로 비난을 한 것에서 알 수 있듯이, 그들은 잘츠기터를 자신이 잘못한 모든 행위들을 기록하고 보존하는 고통스럽고 불편한 조사기구로 인식하였

27) 윤여상·제성호, "서독의 동독 인권침해 기록사례와 한국의 적용방안: '북한인권기록보존소'의 설치·운영을 중심으로," 『중앙법학』 제8집 제1호, 2006, 299쪽.

28) 염돈재, 앞의 책, 2010, 84쪽.

29) 이건묵, "동독주민과 북한주민의 인권침해기록보존소에 대한 정치적 갈등사례 비교와 시사점," 『사회과학 담론과 정책』 제4권 2호, 2011, 45~46쪽.

다. 따라서 그들은 잘츠기터 설치가 동독정권의 주권을 간섭하는 것이라 비난하였고 끊임없이 해산을 요구하였다.[30] 한 때 호네커 동독 공산당 서기장은 내독관계의 진전과 잘츠기터 폐지를 연계시키는 정책을 펴기도 했다. 하지만 서독은 이러한 압력에 끝내 굴하지 않고 동독 내 인권침해 기록 활동을 통일 전까지 계속하였다.[31]

우리도 북한주민의 인권 상황에 대해 체계적인 조사, 분석을 통해 실질적인 개선 방안을 마련하는 것이 중요한 과제로 제기되고 있다. 그러나 북한당국이 인권 문제에 대해 민감하게 여기며 강력하게 반발하는 현실적 문제도 고려해야 한다. 따라서 우리에게는 남북관계를 개선하기 위한 전체적인 노력과 북한주민 인권개선 노력이 상호 조화롭게 풀어가는 지혜가 필요한 상황이다.

3. 연대세

베를린 장벽이 무너진 이듬해인 1990년 동독의 자유총선거 결과 '자유와 번영'을 구호로 내걸었던 독일연합이 승리하자 독일의 통일은 급물살을 타게 되었다. 독일연합은 기독교민주당을 중심으로 서독 콜 총리의 지원을 받으며 통일문제를 전면에 내세웠다. 그들은 동독이 서독의 기본법을 그대로 수용하여 빠른 시일 내에 흡수 통합되는 방식을 제안하였다. 독일연합의 승리는 '조기 흡수통일'과 '서독식의 풍요한 경제생활'을 전제로 한 통일의 초석을 다졌다. 궁핍한 경제에 지친 동독주민들은 통일로 인한 경제적 풍요를 상상하며 사회문화적 교류로

30) 위의 글, 48쪽.

31) 윤여상·제성호, 앞의 글, 2006, 299쪽.

쌓아올린 신뢰감을 바탕으로 정치적 통합에 찬성한 것이다.[32] 동서독 교류는 자연스럽게 동독 주민들 간에 형성된 서독체제에 대한 강력한 열망이 사실상 독일통일의 실제적인 계기와 동력이 되었다. 동독의 주민들은 서독의 자유와 사회보장제도, 서독의 체제를 신뢰하고 열망하게 된 것이다.[33]

1990년 5월 18일 체결되어 동년 7월 1일자로 효력을 발생한 '경제, 통화 및 사회통합협약' 체결은 전체 독일에 단일경제단위의 원칙이 적용한 것이다. 서독 DM화가 공동통화로 인정되면서 1,980억의 동독 마르크가 1,200억 서독 DM으로 변신하게 되었다. 분단기간 동안 서독의 DM은 동독의 은행에서조차 1:6에서 1:9의 불안정한 환율로 교환되었고, 암시장에서는 1:30의 환율로까지 교환되고 있었다.[34] 독일의 많은 경제 전문가들은 화폐의 1:1 교환과 같은 경제적 고려를 무시한 정치적 결정이 통일 이후 큰 경제적 어려움을 초래했다고 주장한다. 물론 타당한 이야기이다. 그러나 급변했던 당시의 상황에서 그러한 정치적 결정, 동독 주민들에게 매력적이었던 유인책이 없었다면 과연 통일의 길로 독일이 순탄하게 진입했을까 하는 어려운 질문이 남는다. 경제적 고려에 의해 신중하게 통일문제를 해결하려 했다면 과연 통일 자체가 가능했을 것인가라는 질문이 다시 던질 수 있는 것이다.[35]

통일비용은 통일을 위해 지출된 모든 비용을 의미한다. 따라서 동독 재건 및 생활수준 향상을 위한 시설투자 환경정화 비용, 신연방주에

---

32) 전상진·강지원·원진실, "통일에 대비한 한국의 통일비용 재원조달방안에 관한 논의," 『한·독 사회과학논총』 제17권 제3호, 2007, 13쪽.

33) 김유진, 『독일통일 전후 재정운용의 특징과 시사점』, 서울: 국회예산정책처, 2014, 1~2쪽.

34) 손기웅, 『독일통일 쟁점과 과제 2』, 2009, 262쪽.

35) 손기웅, 『독일통일 20년: 현황과 교훈』, 서울: 통일부 통일교육원, 2010, 88쪽.

대한 재정지원, 동독경제를 서독수준으로 끌어올리고 일자리를 창출하기 위한 민간기업 및 공공기관의 투자, 신연방주 주민에 대한 사회보장 혜택의 제공, 구동독의 부채청산, 몰수재산 처리와 과거 청산에 따른 보상, 소련군 주둔 및 철수 비용 지원 등 1회성 지출 등이 모두 포함되는 것이 일반적이다.[36] 통일 후 독일의 재정계획은 장기목표로 동서독에 동일한 수준의 삶의 조건을 실현시키는 것이었다. 이 목표를 달성하기 위한 전략으로는 첫째, 동독의 신생주들에 더 많은 투자와 고용을 유도할 것 둘째, 동독지역 지자체에 대한 재정지원 셋째, 동독지역의 행정과 법무기능 확보를 들 수 있다. 이 중장기 목표를 달성하기 위해 여당은 대규모 세금인상보다는 국가채무를 늘리는 쪽을 원했고, 야당은 세금인상의 필수불가결함을 역설하였다. 그러나 결과적으로 국가채무증가, 세금인상, 서독지역에 대한 지원금삭감 등을 통한 연방재정 긴축 운영 등 세 가지가 통일비용을 결정짓는 핵심 요소로 절충되었다.[37]

〈표 6-1〉은 주독일 한국대사관이 독일정부 발표 내용과 민간연구소의 추정 내용을 종합하여 집계한 1991년 말 현재 통일비용 추정액이다. 1991년부터 10년간 통일비용 추정치는 약 2조 마르크이다. 사회간접자본 시설을 제외한 산업시설 투자는 민간 및 외국 투자를 유치하여 조달한다는 계획이었기 때문에 정부가 부담할 통일비용은 1조 마르크 정도로 예상했다.[38]

---

36) 염돈재, 앞의 책, 2010, 293쪽.

37) 손기웅, 『독일통일 쟁점과 과제 2』, 2009, 273쪽.

38) 염돈재, 앞의 책, 2010, 295쪽.

〈표 6-1〉 1991년부터 2000년까지 통일비용 추정액 내역

내역	액수(DM)	비중
○ 통일을 위해 필수불가결한 1회성 지출 - 신탁청 관리기업으로 인한 부담액 - 동독의 대내외 부채, 화폐통합에 따른 차액 보전액 - 과거청산에 따른 피해보상(인적보상 7억, 재산보상 150억) - 소련군 철수비용	3,700억 2,500억 1,000억 157억 130억	18%
○ 동독재건 및 생활수준 격차 해소 비용 - 환경정화 시설 투자 - 교통망 개선(철도 480, 도로 700, 해운 80, 공항 10) - 에너지 산업 설비 현대화 - 교육환경 격차 해소 - 우편 · 통신 분야 시설투자 - 주택분야 보수 · 유지 및 현대화 - 의료시설 확충 - 농업구조 재편을 위한 지원금	6,400억 2,000억 1,270억 700억 700억 550억 500억 300억 70억	32%
○ 신연방 지역 노동자 (750만) 생산성 향상을 위한 투자 - 새 일자리 창출 (20만 DM × 일자리 250만개) - 일자리 현대화 (10만 DM × 일자리 500만개)	1조 5,000억 5,000억	50%
계	2조	100%

※ 출처: 염돈재, 『독일통일의 과정과 교훈』, 서울: 평화문제연구소, 2010, 296쪽 재인용.

독일정부는 1999년 이후 통일비용을 공식적으로 발표하고 있지 않기 때문에 정확한 추산은 어렵다. 독일연방 건설교통부가 발표한 통일비용 내역을 살펴보면 〈표 6-2〉와 같다. 그러나 〈표 6-2〉에서는 화폐교환 보전금 330억 유로, 신탁청 적자보전금 1,050억 유로, 동독부채 청산기금 469억 유로, 과거청산에 따른 피해보상 81억 유로, 소련군 철수비용 지원금 67억 유로, 소련군 주둔비용 75억 유로 등 1회성 지출경비 2,072억 유로는 포함되지 않았다. 따라서 전체적인 통일비용은 독일연방 건설교통부 발표 금액 보다 더 많다고 봐야 할 것이다.[39] 또한 서독지역에서 동족지역 이전지출액의 거의 절반의 액수가 사회보장성

〈표 6-2〉 1991년부터 2003년까지 통일비용 추정액 내역

<table>
<tr><th>구분</th><th colspan="2">내용</th><th>금액(유로)</th><th>비율(%)</th></tr>
<tr><td>인프라 재건</td><td colspan="2">도로, 철도, 수로개선, 기초단체 교통개선, 주택 및 도시 건설</td><td>1,600억</td><td>12.5</td></tr>
<tr><td>경제활성화 지원</td><td colspan="2">지역경제 활성화, 농업구조·해안 보존, 투자보조, 이자보조, 전철 등 근거리 교통 보조</td><td>900억</td><td>7</td></tr>
<tr><td>사회보장성 지출</td><td colspan="2">연금, 노동시장 보조, 육아 보조</td><td>6,300억</td><td>49.2</td></tr>
<tr><td rowspan="4">임의 기부금 지출</td><td>독일통일 기금</td><td>620억</td><td rowspan="4">2,950억</td><td rowspan="4">23</td></tr>
<tr><td>판매세 보조</td><td>830억</td></tr>
<tr><td>주 재정균형 조정</td><td>660억</td></tr>
<tr><td>연방 보조금 지급</td><td>850억</td></tr>
<tr><td>기타 지출</td><td colspan="2">인건비 및 국방비</td><td>1,050억</td><td>8.2</td></tr>
<tr><td colspan="3">총 이전지출 (A)</td><td>1조 2,800억</td><td>100</td></tr>
<tr><td colspan="3">구 동독수입 (B, 세금 및 사회부담금 수입)</td><td>3,000억</td><td>23.4</td></tr>
<tr><td colspan="3">순이전지출 (A-B)</td><td>9,800억</td><td>76.6</td></tr>
</table>

※ 출처: 황병덕 외, 『독일의 평화통일과 통일독일 20년 발자취』, 서울: 늘품플러스, 2010, 281쪽 재인용.

지출에 사용되었다. 통일 이후 동독지역 주민의 사회보장을 위해 어느 정도의 지출은 불가피한 것이었으나, 만약 소비성이 강한 사회보장성 지출을 줄이고 대신 인프라 재건이나 경제 활성화 등 생산적인 부문에 지원을 더 했더라면 동독지역의 경제를 조기에 끌어올림으로써 전체 통일비용을 더 줄일 수 있었을 것이라는 지적이 있다.[40]

당초 서독 정부는 동독의 자산을 매각한 대금과 통일 독일의 발전으로 늘어날 세금을 통일비용의 주요 재원을 생각하고 있었다. 하지만 동독의 설비는 서독을 비롯한 외국 기업들에 매각하기에는 너무 낙후되어 있었고, 세수가 늘기에는 경기침체의 골이 너무 깊었다. 예상보다 재정 부담이 커지자 서독은 증세를 단행했다.[41] 통일 당시 콜 수상

---

39) 염돈재, 앞의 책, 2010, 299쪽.

40) 조동호, 『통일비용보다 더 큰 통일편익』, 서울: 통일부 통일교육원, 2011, 50쪽.

41) 신민영·최문박, "독일 통일로 본 통일 경제의 주요 이슈," LGERI 리포트,

은 세금 인상이나 해외자본의 차입 없이도 동독 경제를 재건할 수 있다고 장담하면서 신속하게 1:1 화폐교환 조치를 취했고, 빠른 시일 내에 동 · 서독 주민들 간의 생활수준을 일치시키겠다고 공약했다. 그러나 1991년 9월 1일 콜 수상은 통일 독일의 재원 보충을 위해 연대세를 도입했다. 이 세금은 자유의지로 기여금을 내는 성격으로 포장되어 동 · 서독 주민 모두가 지금까지 내고 있다. 이 세금은 1991년 7월 1일부터 1992년 6월 30일까지 1년간 시행되다가 1993년과 1994년에는 중지되었고, 1995년 1월 1일부로 다시 도입되었다. '사회연대특별세'는 연방세로서 근로소득, 기타 소득 그리고 법인에 부가되는 직접세의 성격을 띠고 있다. 1998년까지 7.5%를 적용했으나 이후 자민당의 압력으로 5.5%로 인하했고, 매년 평균 약 100~110억 유로가 징수되고 있으며,[42] 2010년 기준으로 총 1,850억 유로가 징수된 것으로 추정된다.

연대세가 1995년 재도입될 당시 독일 일간 빌트지는 '월급봉투의 충격'이라 표현할 정도로 독일 내에서 저항이 적지 않았다. 또한 위헌 논란도 계속되고 있는데 독일납세자연맹이 2006년 연방헌법재판소에 위헌 소송을 냈는데, 헌법재판소는 "구체적인 사용계획이나 내역 없이 통일세를 거두는 것은 적합하지 않으며 연대세는 한시적 조치"라는 판결을 내렸다. 이후 니더작센주 금융법원은 "일시적 성격의 연대세가 장기적 세금으로 성격이 바뀌었다면 장기적인 추가부담을 금지하고 있는 헌법에 어긋난다"고 위헌판결을 내렸다. 그러나 퀼른 금융법원과 뮌스터 금융법원은 합헌판결을 내리는 등 독일 내에서 평가가 엇갈리고 있는 상황이다.[43]

2015년 1월 6일, 6쪽.

42) 김동명, 앞의 책, 2010, 237쪽.

43) 이승현·김갑식, 『한반도 통일비용의 쟁점과 과제』, 서울: 국회입법조사처, 2010, 8쪽.

3절
한국 적용 방안 검토

1. 프라이카우프

국가는 국군포로, 납북자 등 분단으로 인해 가족과 헤어져 살아가고 있는 이산가족들이 원래 가족과 재회하고 같이 살아갈 수 있도록 보장하는 것을 중요한 자기 책무이다. 한반도에서는 분단과 전쟁을 겪으면서 고향을 등진 실향민을 비롯하여 다양한 형태의 이산이 양산되어 왔다. 전쟁이 종결되었음에도 불구하고 미귀환 국군포로가 열악한 환경 속에서 북한에 생존하고 있는 것으로 알려지고 있다. 뿐만 아니라 정전협정 체결 이후에도 북한당국이 우리 주민들을 납치하여 억류하는 비인도적 행위를 저지름으로써 당사자와 가족들이 고통을 겪고 있다. 전 세계적인 냉전과 분단의 고착화로 인해 생사확인이라는 최소한의 요망마저 실현되지 못하는 상황에서 국군포로와 납북자가 고령화로 세상을 떠나고 있기 때문에 인도주의적인 차원에서 국군포로와 납북자 문제 해결이 시급한 상황이다.[44] 이에 독일에서 인도주의 문제 해

44) 김수암 외, 『국군포로, 납북자 문제 해결방안』, 서울: 통일연구원, 2007, 2쪽.

결을 위해 추진하였던 프라이카우프가 국군포로, 납북자 등의 문제를 해결하기 위한 방법으로 창조적으로 활용할 수 있는 이유는 다음과 같이 독일과 한반도 간에 존재하는 유사성 때문이다. 첫째, 이들 문제의 해결은 국가의 의무로서 어떠한 조치이든 취해져야만 하는 사안이다. 둘째, 모두 인권적인 문제이다. 셋째, 동독은 정치범의 존재를 인정하지 않았고, 북한은 국군포로와 납북자의 존재를 근본적으로 인정하지 않고 있다. 넷째, 동독과 마찬가지로 북한에게도 프라이카우프는 매력적인 '사업'이 될 수 있다.[45)]

이산가족상봉 신청자는 2018년 8월 31일 기준 총 132,731명이며 현재 생존한 사람은 56,707명이다. 현재까지 남북당국을 통해 이산가족이 상봉한 것은 총 20,761명에 불과하다. 화상상봉도 3,748명에 불과하다. 〈표 6-3〉에서 알 수 있듯이 이산가족 상봉 신청자의 80% 이상이 70세 이상의 고령자이다. 2018년 8월에 이루어진 이산가족 상봉에서는 170가족 833명이 상봉했다. 즉 1회 상봉에 1,000명 규모를 넘지 않는 것으로 현재 상봉을 대기하고 있는 약 5만 6천명이 1회라도 대면 상봉을 하기 위해서는 56회를 해야 하는데, 1년에 1~2차례 상봉하는 현재 방식으로는 한계가 명확하다.

〈표 6-3〉 이산가족 신청 생존자 현황

(2017년 12월 31일 기준)

구 분	90세 이상	89-80세	79-70세	69-60세	59세 이하	계
인원수(명)	12,061	23,480	12,851	4,628	3,687	56,707
비율(%)	21.3	41.4	22.7	8.1	6.5	100

※ 출처: '이산가족정보통합시스템' 이산가족 등록현황.

45) 손기웅·강구섭·양대종, 앞의 글, 2009, 125쪽.

유엔군과 공산군은 1953년 7월 27일 정전협정 체결 이후 1954년 1월까지 3차례에 걸쳐 전쟁포로를 상호 교환하였다. 당시 유엔군 측은 국군 실종자의 수를 8만 2,000여 명으로 추정하였으나, 공산군 측으로부터 최종 인도된 국군포로는 8,343명에 불과하여 상당수가 북한에 강제 억류된 것으로 추정된다. 국방부는 귀환한 국군포로와 북한이탈주민의 진술을 바탕으로 현재 약 500여 명의 국군포로가 북한에 생존해 있는 것으로 추정하고 있다. 납북자는 6·25전쟁 중 납북자 즉 전시납북자와 정전협정 체결 이후 납북자 즉 전후납북자로 구분된다. 전시납북자 규모는 조사 시기와 주체에 따라 차이를 보이는데, 1952년과 1953년 발간된 '대한민국 통계연감' 등을 고려하면 8만 명을 상회할 것으로 추정된다.[46] 전후납북자에 대한 추정은 〈표 6-4〉와 같다.

〈표 6-4〉 전후납북자 현황(추정)

(단위: 명)

구분		어선원	대한항공(KAL) 납치	군·경	기타		계
					국내	해외	
피랍자		3,729	50	30	6	20	3,835
귀환자	송환	3,263	39	-	-	8	3,310
	탈북·귀환	9	-	-	-	-	9
미귀환자		457	11	30	6	12	516

※ 출처: 통일부, 『2016 통일백서』, 서울: 통일부, 2016, 111쪽.

광의의 이산가족 문제에 있어 가장 어려운 점은 북한당국이 국군포로와 납북자의 존재를 인정하지 않는다는 것이다. 국군포로는 전원 중립국 송환위원회에 이관하였고 북한 내에는 단 1명의 국군포로도 존재하지 않는다고 주장한다. 납북자에 대해서도 납북자의 존재 자체를

46) 통일부, 『2014 통일백서』, 서울: 통일부, 2014, 111쪽.

인정하지 않고 있으며, 강제로 납치된 것이 아니라 '의거입북'한 것이라 주장하고 있다.[47] 결국 현실적으로 납북자, 국군포로 등 이산가족 문제를 해결하기 위해서는 남북간의 정치적 타협이 이루어져야 한다는 것이다.

이런 차원에서 지난 정부 시기 국군포로, 납북자 문제 해결을 경제적 보상으로 교환하는 방안이 시도된 적이 있다. 이종석 전 통일부장관의 회고자료에 따르면 국군포로 송환이나 납북자 문제 해결을 위해 상봉 · 송환의 대가로 북한에 경제적 보상을 하는 특단의 방법을 강구하겠다는 것을 노무현 대통령에게 보고하여 승인을 받았다고 한다. 이에 이종석 전 장관은 2006년 4월에 개최된 제18차 남북장관급회담에서 "생산 확인 및 서신교환이 성사될 경우 평양에 심장병 센터를 건립해 주고, 상봉이 실현되면 북한에 식료품 공장이나 주택을 건설할 용의가 있으며, 송환시 북한의 사회간접자본을 지원할 용의가 있다. 즉 남포항을 현대화하거나 개성-평양 간 고속도로를 보수해 줄 수 있다"고 구체적으로 제안했다는 것이다. 그의 제안에 북한 측은 상당히 놀랐으며 긍정적인 태도를 당장 보이진 않았지만 대신에 강한 부정도 하지 않았다면서 그 정도의 반응이라면 집요하게 북측을 설득하면 좋은 결실을 맺을 수 있다는 확신이 들었다고 평가하였다. 이에 우리 측은 당국 차원에서 직접 비공개협상을 진행하자고 했고 북은 적십자회담을 통해서 논의하자고 주장하였다. 결국 합의문에서는 "남과 북은 전쟁 시기와 그 이후 소식을 알 수 없게 된 사람들의 문제를 실질적으로 해결하기 위해 협력하기로 하였다"고 절충하였다.[48]

47) 김수암 외, 앞의 책, 2007, 19쪽.
48) 이종석, 『칼날위의 평화』, 서울: 개마고원, 2014, 487~489쪽.

정권이 교체됨에 따라 노무현 정부 시기 검토된 것이 이어지지 못하고 있지만 남북간의 인도주의 문제에 대한 대타협에 대한 정치권의 요구가 지속되고 있다. 2013년 10월 8일 민주당 전병헌 원내대표는 국회 교섭단체 대표연설에서 "과거 서독이 동독의 정치범을 데려오며 지원했던 프라이카우프를 우리 현실에 적용한 '남북 인도주의문제 대타협' 즉 '한반도 프라이카우프'를 제안"하였다. 구체적으로 "북한에 현금이 아닌 현물 지원을 하는 조건으로 현재 생존해 있는 납북자, 국군포로까지 포함된 이산가족 7만여 명이 10년 내에 전원 상봉하는 민족 대상봉 프로젝트"를 추진하자고 제안하였다. 이어 국회 외교통일위원회 위원인 심재권 의원도 2013년 10월 15일 통일부 국정감사에서 프라이카우프 방식이 납북자나 국군포로의 자유권을 회복하는 데 가장 효율적인 방법이 될 수 있다고 지적하였으며, 이에 대해 류길재 통일부장관은 "과거부터 논의도 해왔고, 그것도 포함해서 검토하겠다"고 답변하였다.[49]

우리정부는 70대 이상 고령자가 절대 다수를 차지하고 있는 이산가족과 북한이 실체를 인정하지 않고 있는 국군포로, 납북자 문제를 해결하기 위해서 '과감'한 결단을 해야 할 시점이다. 남북도 국군포로, 납북자, 이산가족의 생사 확인, 서신교환, 화상 상봉, 대변 상봉, 송환 등을 실현하기 위해 독일 사례와 같이 경제적 지원을 통해 실현하는 방안을 적극 검토해야 할 것이다.

---

49) "통일장관이 검토하겠다는 '프라이카우프'란," 『연합뉴스』, 2013년 10월 15일.

2. 잘츠기터

2014년은 북한인권 문제가 '책임성 규명'이라는 차원에서 국제무대의 중요한 아젠더로 등장한 한해였다. 유엔 북한인권조사위원회(COI)는 북한에서 이루어지고 있는 조직적이고 광범위하며 중대한 인권 침해를 국제법상 '인도에 반한 죄'로 보고, 이러한 범죄로부터 북한 주민을 보호하는 것은 국제사회의 책임이라고 결론을 내렸다. 북한은 국제사회의 움직임의 질적 변화를 감지하고 다각적인 대응전략에 분주한 한 해를 보냈다. 강력한 부인 전략과 외교적 유화 제스처부터 핵무력 대응 등의 초강경 대응 주장까지 냉온 양면을 오가는 전방위적 대응전략을 구사했다.[50)]

이처럼 북한의 인권침해 사례를 적극적으로 조사, 기록하여 북한주민의 인권 개선을 이루어야 한다는 주장이 강해지고 있는 현실이다. 이에 서독이 동독의 인권증진을 목적으로 설치한 잘츠기터를 참고하여 북한인권기록보존소 설치가 논의되고 있다. 북한인권기록보존소 설립의 의미를 3가지로 설명한다. 첫째, 탈북자의 인권침해 중지에 대한 압력수단이다. 독일 잘츠기터의 기능과 효과를 통해 볼 때 북한정권 담당자의 반인권적 행위를 고발하고 인권침해행위에 대한 중지 압박 효과 수단이 될 수 있다는 것이다. 둘째, 북한주민 인권개선에 기여한다는 것이다. 북한주민들에 대한 인권유린행위로서 경제생활에서의 인권유린행위, 정치생활에서의 인권유린, 사상문화 생황에서의 인권유린 행위가 자행되고 있는데 북한인권기록보존소가 북한 내에서 벌어지는 모든 형태의 인권침해사안이 포함되어 실질적인 인권개선을

---

50) 홍민, "북한의 인권문제 대응과 2015년 전망," 통일연구원 온라인 시리즈, CO 14-20, 2014년 12월 26일, 1쪽.

도움이 된다는 것이다. 셋째, 통일준비 기관이다. 탈북자의 인권유린 상황이 남북이 분단됨으로서 나타난 우리민족의 고통이라면 인권기록 보존소는 남북이 다시금 재통일이 될 것이라는 의지의 표현이라는 것이다.[51]

이처럼 우리사회 내에서도 북한주민의 인권 문제의 심각성이 제기된 지 오래되었으며, 이런 차원의 하나로 국회에서는 북한인권기록보존소 설치를 규정하고 있는 '북한인권법' 제정이 제기된 지 10년이 경과하였다. 제17대 국회에서 2005년 8월 김문수 의원이 최초로 북한인권법을 발의하였으며, 이 법안 제9조에서는 북한 내에서의 인권침해 사례와 그 증거를 체계적으로 수집 · 기록 · 보존하기 위하여 국가인권위원회에 북한인권기록보존소를 두도록 규정하고 있다. 이 법안은 제17대 국회가 임기 만료됨에 따라 자동 폐기되었다. 18대 국회에서도 윤상현, 황우여, 황진하 의원 등이 북한인권법을 발의하였으며, 홍일표 의원은 북한인권재단 설립법을 발의하였다. 윤상현, 황우여 의원의 법안에서는 국가인권위원회에 북한인권기록보존소 설치 관련 내용이 포함되어 있으며, 황진하 의원 법안에서는 국가인권위원회가 북한 내 인권실태에 대한 정보를 수집, 분석하고 그 보고서를 국회에 제출하도록 규정하고 있으며 별도의 북한인권기록보존소 설치 내용은 두지 않았다. 홍일표 의원의 북한인권재단 설립법에서는 북한인권재단을 설치하고, 재단이 이권 실태에 대한 조사 · 연구, 북한인권 침해 실태의 기록에 대한 보존 · 검증 등의 사업을 하도록 하고 있다. 이 법안들 또한 제18대 국회가 임기만료됨에 따라 자동 폐기되었다.

51) 윤여상·이건호, "참여정부의 대북정책에 있어서 독일사회주의통일당 범법행위 중앙기록보존소의 의미: 탈북자 인권침해기록보존소의 한 모델로서," 『통일정책연구』 15권 2호, 2006, 239~244쪽.

19대 국회에서는 여당과 야당이 각각 당론으로 북한인권법을 발의하였다.[52] 먼저 야당인 새정치민주연합은 2014년 1월 13일 김한길 대표가 신년기자회견에서 "북한의 인권과 민생을 개선하기 위한 '북한인권민생법'을 당 차원에서 마련할 것"이라 밝혔으며, 이에 대한 구체적 작업을 수행하기 위해 전담팀을 만들어 본격적인 논의를 진행하였다. 전문가 간담회, 회의 등을 통해 '북한인권증진법'을 성안하여 심재권 의원이 대표 발의하였다. 새누리당도 2014년 11월 21일 기존 윤상현, 황진하, 이인제, 조명철, 심윤조 의원이 대표 발의한 북한인권법을 통합하여 김영우 의원이 대표발의하였다.

〈표 6-5〉 북한인권 관련 법 북한인권기록보존소 관련 조항

구분	새누리당 북한인권법	새정치민주연합 북한인권증진법
조항	제12조(북한인권기록보존소) ① 북한인권 침해사례를 조사하고 관련 자료를 체계적으로 수집·신고접수·기록·보존하기 위하여 법무부에 북한인권기록보존소를 둔다. ② 법무부장관은 북한인권 침해사례 조사 업무와 관련하여 필요한 경우에 관계 중앙행정기관 또는 지방자치단체의 장에게 협조를 요청할 수 있다. ③ 그 밖에 북한인권기록보존소의 구성 및 운영에 관한 사항은 대통령령으로 정한다.	제10조(인권정보센터의 설치) ① 북한주민 인권개선에 관한 정보를 수집·보존하기 위하여 통일부 내에 인권정보센터를 둔다. ② 정보센터는 다음 각호의 사항을 수행하고 각종 자료 및 정보의 수집·연구·보존·발간 등을 담당한다. 1. 북한주민 인권 실태조사·연구와 관련한 사항 (이하 생략) ③ 제2항 제1호 사업에 대해서는 외부기관에 위탁할 수 있다. 이 경우 예산의 범위에서 필요한 경비를 지원할 수 있다.

※ 출처: 국회 의안정보시스템

52) 제19대 국회에서 새누리당과 새정치민주연합이 각각 당론에 의한 통합 법안이 발의되기 전에는 윤상현의원 북한인권법(2012년 6월 1일), 황진하의원 북한인권법(2012년 6월 15일), 이인제의원 북한인권법(2012년 8월 20일), 조명철의원 북한인권법(2012년 9월 5일), 심윤조의원 북한인권법(2013년 3월 29일), 심재권의원 북한주민인권증진법(2012년 11월 15일)이 발의되었다.

〈표 6-5〉를 통해 알 수 있듯이 새누리당 북한인권법은 북한인권기록보존소를 법무부에 별도로 설치하도록 규정하고 있으며, 목적을 "인권침해 사례를 조사하고 관련 자료를 체계적으로 수집 · 신고접수 · 기록 · 보존"하기 위한 것으로 규정하고 있다. 이에 반해 새정치민주연합 북한인권증진법은 북한주민의 인권개선에 관한 정보를 수집 · 보존하기 위해 통일부 내에 인권정보센터를 설치하도록 규정하고 있다. 또한 이러한 업무를 외부기관에 위탁을 할 수 있으며 예산도 지원할 수 있도록 하고 있다. 이 업무 위탁 조항은 국책연구기관인 통일연구원이 매년 발행하고 있는 북한인권백서 제작 사업에 법적 근거를 제공하고 정부예산 지원을 통해 안정적으로 진행하기 위한 의도이다. 통일연구원은 1994년 12월 북한인권 개선을 위한 국제사회의 개입이 실질적 효과를 거두기 위해서는 무엇보다도 북한인권 상황에 대한 객관적 실태조사와 분석이 뒷받침되어야 한다는 판단으로 북한인권사회연구센터를 설치하고 1996년부터는 매년 '북한인권백서'를 발간하고 있다.[53] 이와 같이 새정치민주연합은 새누리당의 북한인권기록보존소 설치 조항에 대해 북한당국이 우리정부가 "보복과 복수의 근거자료"를 축적한다고 반발할 것이 예상되어 남북관계의 장애 요인이 될 것이며, 추후 처벌을 염두에 둔 '수사' 성격보다는 북한주민의 실태를 조사 · 연구에 중점을 두고 있다. 서독이 잘츠기터를 설립하게 된 직접적 원인인 월경자에 대한 동독군인의 총격이라는 명백한 객관적 상황이 한반도에서도 존재하는 것인가를 검토해 봐야 할 것이다.

이에 반해 남북관계 경색에 대한 우려보다는 북한인권법 제정을 통해 우리가 얻을 수 있는 가치가 무엇인지 생각해 볼 필요가 있다는 지적이 있다. 북한인권기록보존소가 그 기능을 제대로 수행한다면 통일

53) 통일연구원, 『북한인권백서 2014』, 서울: 통일연구원, 2014, 20쪽.

이후의 과거청산에 대한 우려 때문이라도 북한의 인권침해 기관 종사자들이 심리적으로 위축됨으로써 얻게 되는 실질적인 북한의 인권개선 효과가 훨씬 더 가치 있는 일이라는 것이다. 이와 같이 과거청산을 염두에 둔 북한 인권침해의 기록에 따른 북한인권 개선의 효과는 단순히 인권침해 자료를 수집하고 국제사회와의 공조 등을 통해 북한에 대해 인권개선을 촉구하는 것 보다 훨씬 강력하고 직접적인 효력을 가져온다는 것이다.[54]

국가인권위원회는 북한인권기록보존소는 북한인권 침해사례를 역사적 기록으로 남겨 국제사회에 실상을 알리고 피해자 명예회복, 인권교육 등을 위해 국가인권위원회에 두어야 한다는 입장을 제시하였다. 새누리당 북한인권법에서는 처벌을 전제로 법무부에 북한인권기록보존소를 두는 것에 대해 서독이 인권침해 가해자의 형사소추를 목적으로 운영한 잘츠기터를 모델로 한 것이지만, 독일 통일 이후 실제 처벌받은 사례는 극소수(41,390건 중 1.8% 756명이 유죄판결)에 불과하며 2008년 동서독 사회통합 등을 위해 폐지하였다고 하면서 형사소추 중심의 북한인권기록보존소 설치에 반대하였다. 국가인권위원회는 북한의 인권침해자들에 대한 형사소추만을 목적으로 할 것이 아니라 통일 이후에 후세의 인권교육과 사회통합의 차원에서 과거를 청산하기 위한 자료를 수집하는 역할을 수행해야 한다고 하면서 형사소추기관인 검찰보다는 국가인권위원회가 북한주민의 인권개선에 주안점을 두고 그 침해를 조사하도록 하는 것이 적합하다고 주장한다.[55] 이에 반해

54) 한명섭, “북한 과거청산과 북한인권기록보존소 설치에 관한 고찰,” 『통일과 법률』 제18호, 2014, 29쪽.

55) 국가인권위원회, “북한인권법 제정 논의 관련 국가인권위원회 입장,” 2014년 11월 27일.

북한인권기록보존소에서 수집할 자료는 북한의 인권침해 사례이고 해당 자료는 추후 인권 침해자에 대한 처벌이나 손해배상 또는 피해자의 복권 등 다양한 기초자료로 사용될 것이기에 수사권 및 형사 소추권을 가지고 있는 법무부에 북한인권기록보존소를 설치하자는 의견도 있다. 북한인권기록보존소에서 취급할 자료는 북한의 인권정책이나 북한의 제도적 인권침해와 같은 일반적 사항이 아니라 특정한 개별사건들을 구체적으로 조사하여 이를 수집하는 업무를 담당한다고 규정할 때 국가인권위원회나 변협과 같은 민간 기구에 두는 것이 적절하지 않다는 것이다.[56]

3. 연대세

2010년 8월 15일 이명박 대통령은 광복절 경축사에서 "통일은 반드시 옵니다. 그날에 대비해 이제 통일세 등 현실적인 방안도 준비할 때가 됐다고 생각합니다."고 밝혀 통일비용 조달에 대한 사회적 논의를 다시 촉발하였다.[57] 대통령의 통일세 신설 언급 이후 통일부는 차관으

56) 전지연, 앞의 글, 2013, 80~81쪽.

57) 기존 통일비용 조달을 둘러싼 논의를 보면, 추정치는 연구자별로 큰 차이를 보이고 있다. 각 연구에서의 통일비용 추정치가 큰 차이를 보이는 중요한 이유 중 하나는 통일비용에 대한 개념이나 통일비용에 포함되는 내용이 연구자별로 다르기 때문이다. 일부 연구에서는 민간투자까지도 통일비용의 범주에 포함하는 반면 다른 연구들에서는 정부지출만을 대상으로 정의한다. 또한 통일의 방식과 시점에 따라서도 달라진다. 통일 후 북한의 소득수준을 남한수준으로 끌어올리려는 경우에는 통일비용이 크게 나타나지만, 북한의 소득수준을 기존 북한의 소득수준에 비해 일정한 정도 끌어올리는 정책목표를 가지는 경우에는 상대적으로 작아진다. 이 논문은 통일비용에 대한 연구보다는 재원조달 특히 세금 도입문제를 다루고 있기에 통일비용의 세부적 논의는 생

로 단장으로 하는 통일세 추진단을 구성 운영하였다. 당시 여당인 한나라당도 별도의 통일정책 태스크포스를 구성하고 통일세 대신에 남북협력기금법을 개정하여 통일기금을 조성방안을 논의하였다. 윤증현 기획재정부 장관은 통일세 신설에 대해 "통일재원 마련도 예를 들면 세금, 부담금, 기여금, 다른 보장으로 할 것이냐 등 여러 가지 논의가 나올 수 있는데요, 아직은 통일세에 대해서는 구체적으로 진전된 사항은 없다"면서 '속도조절'에 나섰다.[58]

정부가 대통령이 언급한 '통일세'를 도입하지 못한 것은 국민들의 조세 저항을 우려한 측면이 크다. 독일의 경우에는 평화통일의 과정에서 신속한 사회통합을 위하여 막대한 통일비용이 필요하였지만 막대한 서독의 경제력과 통일독일의 연방제도에 따른 공공비용의 부담 등을 통해 적절히 적응하였다고 평가되지만, 구체적인 통일비용의 재원마련에 대하여는 문제점이 있다는 비판이 제기되었다. 조세를 통한 통일비용의 마련에 대해서는 저소득층에 대한 부담을 가중하였다는 점이 문제점으로 지적되었는데, 연대세는 기업과 저소득층에 부담을 지웠지만 간접세 등 나머지 조세인상은 물가인상과 고용감소로 이어져 오히려 저소득층에게 더 큰 부담이 지웠다는 평가를 받았다. 통일비용의 재원 마련을 위해서 추진된 예산의 절감도 주로 서독의 사회복지 부문 예산을 통하여 달성되었으므로 그 부담은 구서독 저소득층에게 전가된 것이다.[59] 즉 통일세 도입 방안은 국민의 조세저항이 예상되며, 독일의 경우를 참고할 때 위헌의 소지가 있고, 특히 감세를 통한 경제 활

략한다. 최준욱, 『통일재원 조달 방식에 대한 연구』, 서울: 한국조세연구원, 2011, 22쪽; 기존 통일비용에 대한 연구는 131~133쪽을 참고.

58) 이승현·김갑식, 앞의 책, 2010, 32쪽.

59) 이효원, 『통일비용의 법률적 쟁점』, 서울: 법제연구원, 2010, 14쪽.

성화 정책기조에 바탕을 두는 정부의 재정운영 방향과도 맞지 않는다는 점에서 선불리 통일세 도입을 결정하기보다는 사전에 충분한 논의를 통하여 우리 실정에 가장 적합한 재원조달 방안에 대한 사회적 합의를 도출할 필요가 있다는 것이다.[60]

국민들의 통일인식 조사 결과에 따르면 통일이 필요하다고 본 응답자 중에서도 44.5%가 경제가 나빠지면 통일을 서두르지 않아도 된다고 생각한다.[61] 즉 평소 통일의 필요성에 공감한 응답자의 절반에 가까운 사람이 경제가 나빠지면 통일이 시급하지 않다고 한 것이다. 이런 경향은 통일 필요성에 공감하지 않을수록 뚜렷하다. "통일이 필요하지 않다"고 응답자 사이에서 "경제가 나빠지면 통일이 시급하지 않다"고 답한 비율은 80.7%나 되었다. 통일을 경제적 부담으로 인식하는 한국인의 접근법은 통일세에 대한 의견에도 반영된다. 통일비용 조달을 위한 추가 세금 부담에 대해 어떻게 생각하는지를 묻자 48.1%가 찬성했고, 40.8%는 반대했다. 모름/무응답으로 의견을 유보한 비율은 11.0%였다. 통일의 필요성에 공감한 한국인이 86.6%였던 것에 비하면 통일세 부담에 찬성한 비율은 낮다고 할 수 있다. 통일세에 대한 의견에서도 세대별 격차는 발견되었다. 20~30대가 통일세, 복지세 추가 부담에 대한 거부감이 비슷한 수준이었던 것과 달리 40대 이상은 통일세에 대한 부담이 낮은 것으로 나타났다. 통일이 향후 상당 기간에 거쳐 달성해야 할 과제라는 것을 생각해 보면, 실질적으로 세 부담이 있는 젊은 세대에서 통일세에 대한 거부감이 높은 것은 정책적으로 고려해

---

60) 염명배·유일호, "독일과 한국의 통일비용 및 통일재원 비교 연구," 『재정학연구』 4권 2호, 2011, 28쪽.

61) 아산데일리폴 자료로 전국 만 19세이상 성인남녀 1,000명을 대상으로 유선/휴대전화 RDD 전화인터뷰 조사 방법으로 2014년 9월 4일~6일 조사한 것으로, 95% 신뢰구간에서 ±3.1% 포인트 표집 오차가 있음.

야 한다는 분석이다.[62)]

통일기금 조성 자체가 현재의 부를 통일의 시점으로 이전시키는 것을 의미하며, 지금 당장 필요로 하는 분야의 투자를 포기하는 데 따르는 기회손실비용을 발생시키기 때문이다. 또한 그렇게 조성된 대규모의 통일기금은 그대로 쌓아두지 않고 투자나 융자의 형태로 특정사업에 운용될 가능성이 높기 때문에 통일에 따라 통일기금이 시급하게 필요한 시점에서 효율적인 회수가 가능한지도 의문이기 때문이다. 이런 점에서 통일기금은 통일이 급작스럽게 이루어질 때를 대비해 필요비용의 일부를 마련한다는 점에서 상당한 의의를 가지나, 그 규모는 최소한의 필요규모에 한정시키는 것이 바람직할 것이다. 만약 통일기금을 조성한다면 위에서 언급한 북한에 대한 긴급구호 및 위기관리에 소요되는 규모에 한정시키는 것이 바람직할 것으로 판단된다. 대신 통일이 이루어졌을 경우 통일비용을 효과적이며 안정적으로 조달할 수 있는 제도적 장치를 미리 강구해 놓는 것이 더 효과적일 것이다.[63)] 즉 통일비용을 성격에 따라 구별하고 재원조달에 합당한 시기를 통일 전후로 나누어서 각각의 여건에 합당한 재원조달 방안을 구성하는 일종의 재정정책이 필요하다는 것이다.

결국 정부는 통일세를 직접 도입하기 보다는 남북협력기금법 개정을 통해 통일 대비 재원을 확보하는 방향을 추진하였다. 2012년 5월 16일 통일부 남북협력기금법 일부 개정안을 입법 예고하였는데, 18대 국회에서 정부가 제출한 법안이 임기 만료로 폐기됨에 따라 19대 국회 개

62) 김지윤 외, 『한국인의 대북·통일인식 변화』, 서울: 아산정책연구원, 2015, 30~32쪽.

63) 김영윤, “독일통일에서의 통일비용조달과 시사점,” 『국민대학교 법학연구소 학술발표대회 논문집』, 2010, 70쪽.

원과 함께 재제출하기 위해 추진된 것이다. 정부는 "국회에 계류 중인 남북협력기금법 개정안이 이번 18대 국회 회기 중에 처리되기 어려운 점을 감안하여 정부입법으로 통일재원 법제화를 재추진하기로 하였다"고 설명하였다. 이에 앞서 2012년 5월 12일 류우익 통일부 장관은 경북 문경시 '영남요'를 방문하여 '평화통일'이라고 적힌 '통일항아리'를 제작하는 등 '통일계정'(통일 항아리로 표현) 설치의 의지를 피력한 바 있다. 정부의 남북협력기금법 개정 주요 내용은 기존 법의 목적인 남북교류협력 외에 "통일 이후 한반도의 안정적 통합 지원"을 추가하는 것이 핵심이며, 종전 남북협력기금을 남북협력계정과 통일계정으로 구분하여 운용·관리하던 것에 통일계정 재원을 정부출연금, 정부 외의 자의 기부금품, 남북협력계정 전입금, 다른 법률에서 정한 전입금 또는 출연금 등으로 구체화한 것이다. "통일부장관은 기획재정부장관의 협의를 거쳐 해당 회계연도에 남북협력계정에서 집행되지 아니한 금액 중 일부를 대통령으로 정하는 바에 따라 다음다음 회계연도에 (통일계정) 전입금으로 계상할 수 있다"고 규정하고 있다.

이에 대해 야당에서는 정부가 추진하는 통일계정 신설을 주요 내용으로 하는 남북협력기금법개정에 대해서 신중한 검토가 필요하다는 입장을 제시하였다. 먼저 남북협력계정 미집행 금액을 통일계정으로 전입한다는 것은 예산을 편성하고 확정한 경우 전체 집행을 전제로 한다는 원칙을 훼손한다는 것이다. 또한 통일을 위해서는 남북협력기금을 남북협력사업에 정상적으로 집행하여 통일비용을 줄여나가는 하는데, 남북협력사업에 집행하지 않고 불용액을 통일계정으로 적립하는 것은 큰 의미가 없다고 비판하였다. 정치적 측면에서는 협력기금 불용액을 '통일계정'으로 적립하는 것은 남북협력기금 집행 저조에 대한 비난을 모면하기 위한 방안이라 의심할 수 있다는 점이 지적되었다. 남북협력사업을 정상적으로 추진해서 남북간의 격차를 해소하고 통일을 대비해야 한다는 차원에서 볼 때 굳이 별도의 통일계정 신설은 필요하지 않다는 입장이 제시되었다. 그러면서 협력기금 불용액을 적립하는 문제와 '통일계정' 신설 문제를 별개로 고민할 필요가 있다는 의견 제시도 있었다. 2010년 이명박 대통령의 통일세 도입 필요성 언급 이후 통일세 도입 대신 추진되었던 남북협력기금에 통일재원 적립마저도 국회에 계류된 채 진척되지 못하였다. 특히 2013년 3월 27일 박근혜 대통령은 "통일재원을 만드는 것도 필요하지만 우리나라가 지금 부채도 많이 있는데 어디 쌓아 놓고만 있을 수 있는 형편이냐는 것을 생각해야 한다"고 하여 사실상 별도의 통일재원 마련에 대한 정부의 추진 동력은 떨어지고 있음을 알 수 있다.

통일 후 독일이 어려움을 겪은 근본적인 이유는 결국 동서독간 경제력 격차였다는 점에서 남북한이 통일 후 겪게 될 진통은 더욱 심할 가능성이 크다. 막대한 통일비용을 부담하는 과정에서 남한의 경기 하강 압력이 커질 우려가 있다. 그렇기 때문에 점진적 경제통합, 혹은 남북한 경제의 한시적 분리가 더욱 의미를 가진다. 점진적 통합이 큰 탈 없이 진행된다면 통일 이후의 극심한 혼란을 방지함으로써 통일비용을 감축하는 한편 민간부문의 선순환 구조가 갖춰지는 시기도 앞당길 수 있다. 무엇보다도 장기적인 시각을 가지고 하나하나 준비해 나가는 자세가 요구된다.[64]

남북경제협력 사업은 교역과 투자의 이익을 누릴 수 있는 동시에 북한에게 시장경제 경험을 제공해 통합의 충격을 줄일 수 있기 때문에 보다 강화해야 한다. 이런 측면에서 대만과 중국은 서로의 차이점을

64) 신민영·최문박, 앞의 글, 2015, 23~24쪽.

제쳐두고 공동이익을 추구하는 구동존이(求同存異)의 정신에 기초하여 경제우선 실용주의로 최근 6년 사이에 양안관계가 눈부시게 발전하고 있다. 교역과 투자 등 경제협력 활성화로 양안 간에는 주당 30편으로 시작한 정기항공노선이 지금은 8백여 편이 운항되고 있으며, 왕래인원이 연 8백만 명에 이르고 있다. 우편, 전화, 송금 등이 자유로우며, 8만 개의 대만 기업이 중국에 진출해 있고, 중국에 상주하는 대만인이 2백만 명을 넘는다. 정경분리원칙으로 경제공동체를 형성하여 통일된 것과 비슷한 '사실상의 통일 상황'을 실현하고 있는 점을 우리도 참고해야 할 것이다.[65]

〈표 6-6〉 남북협력기금 사업비 집행 현황

(단위: 억 원)

구 분	계 획	집 행	집행률
'91 ~ '04	48,436	33,180	68.5
'05	10,034	6,744	67.2
'06	16,357	4,710	28.8
'07	11,349	7,157	63.1
'08	11,045	2,312	20.9
'09	11,182	1,000	8.9
'10	11,189	863	7.7
'11	10,153	427	4.2
'12	10,060	694	6.9
'13	10,979	2,958	26.9
'14	11,132	876	7.8
'15	12,348	554	4.4
'16	12,550	5,295	42.1
'17	9,588	684	7.1
계	196,402	67,453	34.3

※ 출처: 통일부 제출 자료

65) 임동원, "무엇을 어떻게 해야 할 것인가," 부산 한반도평화포럼 토론회 기조연설, 2014년 11월 19일, 4쪽.

남북협력기금은 남북간의 상호교류와 협력 사업에 필요한 자금을 확보하여 공급함으로써 남북교류협력을 촉진하고 민족공동체 회복에 기여하고자 설치, 운영되고 있는 예산이다. 즉 남북협력기금은 통일을 대비한 재원의 사전적 지출 기능을 가진 것으로 독일통일의 예에서 볼 수 있듯이 천문학적인 규모의 통일비용을 분산시킬 뿐만 아니라 남북한의 경제적 격차를 축소시킴으로써 통일에 따르는 충격을 사전에 줄여주는 기능을 일정부분 담당하고 있다.[66] 〈표 6-6〉에서 알 수 있듯이 남북협력사업에 매년 1조 이상이 책정되어 있지만 집행률이 34.3%에 불과하다. 특히 2009년부터 2017년까지 2013년을 제외하면 지속적으로 10% 미만에 머무르는 등 연례적으로 저조한 집행실적을 보이고 있다. 2013년도의 집행률이 26.9%로 그나마 높아진 것은 개성공단 장기중단 사태에 따른 경협보험금 지급 및 개성공단 기업 특별대출에 따른 것으로 '순수'한 남북교류협력 사업이 증가한 원인이 아니다. 남북관계 현실, 우리의 경제적 현실, 국민들의 인식 등을 종합해 볼 때 무엇보다도 통일재원의 사전적 지출 성격을 지닌 남북협력기금의 집행률을 획기적으로 높이는 것이 중요하다. 해당연도 집행되고 남은 남북협력기금 사업비는 현재와 같이 불용 처리하여 국가로 반납하는 것이 아니라 남북협력기금에 통일재원으로 적립하여 사후 활용하는 방안을 검토하는 것이 현실적인 대안이라 판단된다.

66) 신동천·이은국·오재록, "통일비용과 남북협력기금," 『통일연구』, 제12권 제1호, 2008, 3쪽.

4절
결론

독일과 한반도의 분단 상황이 다르다는 점에서 양 지역 간 분단문제에 대한 비교연구의 타당성이 종종 의문시되기도 하지만, 긴장과 대립이 상존하는 상황에서 서독이나 한국 같은 분단국이 선택할 수 있는 정책대안은 무엇인가라는 질문이 제기되며 이러한 질문에 대한 답변을 찾는 과정에서 비교연구가 그 의미를 갖는다. 이에 이 논문에서는 서독이 동독의 정치범을 경제적 대가를 지불하고 구해 온 프라이카우프를 남북한의 이산가족, 국군포로, 납북자 문제에 적용할 수 있는지, 동독주민에 대한 인권침해를 기록했던 서독의 중앙기록보존소와 같은 북한인권기록보존소를 한국에 어떻게 설치할지, 통일과정에서 발생하는 재정문제 해결을 위해 도입했던 연대세를 한국에서는 어떻게 적용할지에 대해 대안을 모색하고자 하였다.

프라이카우프는 동독내에서 정치적 이유로 구금되어 인권침해를 받고 있는 반체제인사, 특히 정치범을 서독으로 이주시키기 위하여 서독정부가 일정한 대가를 동독에 지불하고 이들을 석방한 거래이다. 그 결과 31,775명의 석방에 약 23억 DM의 비용이 지출됐다고 추정되고 있다. 남북간에도 우리 쪽 이산가족 상봉 신청자가 약 6만 9천명이 있고, 국군포로 500여명, 전후 납북 미귀환자 516명이 존재한다. 독일에서 인도주의 문제 해결을 위해 추진했던 프라이카우프를 한국에 적용하여 국군포로, 납북자, 이산가족의 전원 상봉과 경제적 지원을 교환하는 '남북 인도주의 대타협', 즉 '한반도 프라이카우프'를 '과감'히 추진할 필요가 있다.

최근 국제사회에서는 북한인권문제의 '책임성 규명'이 중요 과제로 대두되고 있다. 서독은 동독의 인권침해를 기록하기 위해 잘츠기터를 설립하여 운영하였으며, 한국사회에서도 북한의 인권문제에 대한 책임성을 규명하기 위해 서독 사례를 적용한 북한인권기록보존소를 설치하는 내용의 북한인권법 제정 논의가 현재 국회에서 진행 중에 있다. 통일 후 형사소추의 근거자료 축적을 목표로 하는 북한인권기록보존소 설치가 북한 기관 종사자들에게 심리적으로 위축시킴으로써 실질적인 인권개선 효과를 이룰 수 있다는 지적이 있다. 이에 남북관계를 고려하고 북한주민의 객관적인 인권상황을 토대로 실질적 개선을 달성하기 위한 방안을 검토해 볼 필요가 있다.

독일 통일의 추진 동력은 서독의 경제력에서 기인했다고 평가할 수 있다. 궁핍한 경제에 지친 동독주민들은 통일로 인한 경제적 풍요를 상상하며 사회문화적 교류로 쌓아올린 신뢰감을 바탕으로 정치적 통합을 수용한 것이다. 통일 초기 구동독 경제가 무너지는 것을 방지하고 성장시키기 위해 서독정부는 막대한 재정지원을 시행하였으며, 1조 유로 이상의 막대한 통일비용을 지출하였다. 통일 당시 콜 수상은 세금 인상이나 해외자본의 차입 없이도 동독 경제를 재건할 수 있다고 표명했지만, 결국 연대세라는 세금을 징수할 수밖에 없었다. 우리도 2010년 이명박 대통령의 통일세 제안 이후 본격적인 통일비용 관련 논의가 있었다. 그러나 국민들의 조세저항 등을 감안하여 통일세를 신설하기 보다는 남북협력기금에 통일계정을 신설하고 통일재원을 적립하는 방안으로 정부 입장이 정리되었다. 그러나 이마저도 박근혜 대통령의 통일재원 적립에 대한 부정적 인식으로 추진 동력이 약해진 것이 현실이다. 이에 남북 상호 교류와 협력 사업을 위해 1조원 이상 편성되어 있지만 집행 실적이 저조한 남북협력기금을 최대한 활용하는 방안을 적극 검토할 필요가 있다. 이는 남북협력기금은 통일을 대비한 재원의 사전적 지출로서 통일비용을 분산시키는 기능을 수행하기 때문이다.

참고 문헌

▶ 단행본

국회 외교통일위원회,『2015년도 통일부 소관 예산안 및 기금운용계획안 검토보고서』, 서울: 국회 외교통일위원회, 2014.
김동명,『독일 통일, 그리고 한반도의 선택』, 서울: 한울, 2010.
김수암·이금순·최진욱·서은성,『국군포로, 납북자 문제 해결방안』, 서울: 통일연구원, 2007.
김영윤·양현모 편,『독일, 통일에서 통합으로』, 서울: 통일부, 2009.
김유진,『독일통일 전후 재정운용의 특징과 시사점』, 서울: 국회예산정책처, 2014.
김지윤·강충구·이의철·칼 프리드호프,『한국인의 대북·통일인식 변화』, 서울: 아산정책연구원, 2015.
김하중,『통일한국의 과거청산』, 서울: 나남, 2013.
리하르트 폰 바이츠제커 지음·탁재택 옮김,『우리는 이렇게 통일했다』, 서울: 창비, 2012.
손기웅,『독일통일 20년: 현황과 교훈』, 서울: 통일부 통일교육원, 2010.
______,『독일통일 쟁점과 과제 1』, 서울: 늘품플러스, 2009.
______,『독일통일 쟁점과 과제 2』, 서울: 늘품플러스, 2009.
염돈재,『독일통일의 과정과 교훈』, 서울: 평화문제연구소, 2010.
안지호·손기웅·김대경·베른하르트 젤리거,『서독의 대동독 인권정책』, 서울: 통일연구원, 2013.
이승현·김갑식,『한반도 통일비용의 쟁점과 과제』, 서울: 국회입법조사처, 2010.
이종석,『칼날위의 평화』, 서울: 개마고원, 2014.
이효원,『통일비용의 법률적 쟁점』, 서울: 법제연구원, 2010.
조동호,『통일비용보다 더 큰 통일편익』, 서울: 통일부 통일교육원, 2011.
통일부,『2014 통일백서』, 서울: 통일부, 2014.
통일연구원,『북한인권백서 2014』, 서울: 통일연구원, 2014.
최준욱,『통일재원 조달 방식에 대한 연구』, 서울: 한국조세연구원, 2011.
황병덕·여인곤·김면회·김학성·랄프 하베르츠·송태수·안숙영·윤덕룡·이무철·장준호·정상돈·정흥모,『독일의 평화통일과 독일통일 20년 발전상』, 서울: 늘품플러스, 2010.
황병덕·김학성·박형중·손기웅,『신동방정책과 대북포용정책』, 서울: 두리, 2000.

▶ 논문

김병호, "독일 통일의 현장 경험에서 본 한반도통일 담론," 한국독일사학회 제12회 학술대회 발표문, 2014년 10월 4일.

김영윤, "독일통일에서의 통일비용조달과 시사점,"『국민대학교 법학연구소 학술발표대회 논문집』, 2010.

손기웅·강구섭·양대종, "동서독간 정치범 석방사례 연구,"『한반도 군비통제』제45집, 2009.

신동천·이은국·오재록, "통일비용과 남북협력기금,"『통일연구』제12권 제1호, 2008.

신민영·최문박, "독일 통일로 본 통일 경제의 주요 이슈," LGERI 리포트, 2015년 1월 6일.

염명배·유일호, "독일과 한국의 통일비용 및 통일재원 비교 연구,"『재정학연구』4권 2호, 2011.

윤여상·이건호, "참여정부의 대북정책에 있어서 독일사회주의통일당 범법행위 중앙기록보존소의 의미: 탈북자 인권침해기록보존소의 한 모델로서,"『통일정책연구』15권 2호, 2006.

윤여상·제성호, "서독의 동독 인권침해 기록사례와 한국의 적용방안: '북한인권기록보존소' 의 설치·운영을 중심으로,"『중앙법학』제8집 제1호, 2006.

이건묵, "동독주민과 북한주민의 인권침해기록보존소에 대한 정치적 갈등사례 비교와 시사점,"『사회과학 담론과 정책』제4권 2호, 2011.

임동원, "무엇을 어떻게 해야 할 것인가," 부산 한반도평화포럼 토론회 기조연설, 2014년 11월 19일.

전상진·강지원·원진실, "통일에 대비한 한국의 통일비용 재원조달방안에 관한 논의,"『한·독 사회과학논총』제17권 제3호, 2007.

전지연, "독일 잘츠기터 중앙기록보존소를 통해 본 북한인권기록보존소 설치방안,"『통일과 법률』제15호, 2013.

정용길, "독일 통일과정에서의 동서독관계와 남북관계에서의 시사점,"『저스티스』통권 제134-2호, 2013.

한명섭, "북한 과거청산과 북한인권기록보존소 설치에 관한 고찰,"『통일과 법률』제18호, 2014.

홍 민, "북한의 인권문제 대응과 2015년 전망," 통일연구원 온라인 시리즈, CO 14-20, 2014년 12월 26일.

▶ 기타

"북 신동혁 증언 전면부정 대북 인권활동 전면 백지화 주장," 『통일뉴스』, 2015년 1월 20일.

"탈북자 증언의 신뢰성 문제, 어떻게 볼 것인가?," http://www.ukoreanews.com/news/articleView.html?idxno=2260

"통일장관이 검토하겠다는 '프라이카우프'란," 『연합뉴스』, 2013년 10월 15일.

국가인권위원회, "북한인권법 제정 논의 관련 국가인권위원회 입장," 2014년 11월 27일.

7장

'사회협약형 통일정책 수립에 관한 연구

한반도 평화통일을 위한 제20대 국회 역할을 중심으로

제20대 국회의원 총선거 결과 더불어민주당 123석, 새누리당 122석, 국민의당 38석, 무소속 11석, 정의당이 6석을 차지하여 여소야대의 '3당 체제'가 되었다. 20대 총선은 새누리당의 안정적 과반 의석이 깨지고, 더불어민주당이 제1당이 되었으며, 국민의당이 교섭단체 구성 요건을 안정적으로 뛰어넘는 38석 의석을 확보한 것이 특징이다. 어느 당도 일방적으로 정책을 추진할 수 없는 구조적 상황에 의해 국회 운영에 있어 대화와 협상이 더욱 중요한 과제로 제기되고 있다. 이런 상황으로 인해 '협치'라는 용어가 부각되고 있는 것이다.

본래 협치는 주로 거버넌스(governance)를 의미한다. 거버넌스는 통치를 의미하는 거번먼트(government)와 비교되어 자주 쓰인다. 거번먼트 즉 통치는 특정 개인이나 소수 집단이 정책결정을 하며 강제력으로 사회의 질서를 도모하는 방식이다. 통치의 가장 반대편에 있는 것은 '자치' 즉 셀프 거번먼트(self-government)로서, '나는 오로지 나만이 지배할 수 있다'는 것을 의미한다. 협치는 통치와 자치 중간에 있다고 볼 수 있다. 완전히 지배당하는 것과 완전히 자유로운 것은 사실상 불가능하므로 사실상 협치가 가장 현실적인 것이라고 할 수 있다.[1]

대한민국은 삼권 분립의 원리 하에 운영되는 대통령 중심제 국가이다. 견제와 균형을 유지하는 가운데 국회는 행정부의 독선을 감시하며, 민의를 수렴해 국정방향을 제시하고 그 과정을 주도할 위치에 있다. 그렇지만 대통령제 하에서 견제와 균형이 항상 이루어지기는 어려운 일이다. 특히, 북한 · 통일문제는 행정부, 그 중에서도 대통령의 철학과 통일관이 가장 큰 영향력을 미친다.[2] 지금까지 대북정책은 전통

1) 이나미, "20대 국회와 '협치'," 코리아연구원 현안진단 제290호, 2016년 6월 27일.

2) 서보혁, "남북관계에서 국회의 역할: 성찰과 과제," 『남북관계발전에 있어서

적으로 일부 소수 엘리트 집단에 의해 결정되는 고유영역 즉 통치행위로 인식되고 있다. 이는 오랜 기간 냉전적 국제정치 환경의 지배를 받아 온 대북정책 결정 관행에서 비롯된 점도 있고, 동시에 우리의 대북정책이 남북관계에 제한적 영향만 미치는 한반도의 분단현실에서 연유된 상황인식 때문이기도 하다.

우리의 경우 오랜 기간에 걸친 권위주의적 집권 세력들로 인해 다양한 대표성을 가진 집단들이 대북정책 결정 과정에서 배제되었다. 특히 대북정책이 우리 사회에서 갖는 특수성으로 인해 국회에서 조차 정보의 공유가 원활하게 이루어지지 못했다. 그 대표적 사례가 남북 당국간 주고받는 '통지문'을 국회에 공개하지 않는 것이다. 이러한 경험은 국회 내의 대북정책 논의를 정치적 갈등구조로 이끌었으며 아직까지 벗어나지 못하고 있는 실정이다.[3)]

이 글은 3당 체제라는 제20대 국회 지형 변화를 맞이하여 대통령·행정부의 독자적 영역으로 여기고 있는 통일정책을 어떻게 국회와 행정부의 협력을 '사회협약'이라는'제도화를 통하여 '지속한 통일·대북정책'을 만들 수 있을지 검토하는 것을 목적으로 한다.

국회 역할에 대한 평가와 향후 과제에 관한 공청회』, 국회 남북관계 및 교류협력 발전 특별위원회, 2014년 7월 23일, 11쪽.

3) 조윤영, "대북정책 추진과 국회의 역할-이명박 정부 대북정책을 중심으로," 『국회 연구용역 보고서』, 한국의회발전연구회, 2010, 2쪽.

1절
통일정책에 대한 사회적 합의의 필요성

일반적으로 사회협약(social pact)은 "통합적 공동정책 패키지에 대한 정부, 노동조합들, 사용자조직들 간의 정상 수준의 합의" 혹은 보다 협의로는 "임금 규제 혹은 복지나 노동시장 개혁을 위한 정부와 노조, 그리고 때로는 사용자 간의 전국적 합의"등 '합의' 도출에 초점을 두고 정의한다.[4] 이러한 '합의' 도출을 방점을 두고 협약을 정의한다면 "특정한 문제에 대한 사회 구성원 또는 집단 간의 갈등을 조정하는 과정과 함께 그 결과물로 나타나는 제도의 내용과 형식을 모두 의미하는 것"이라 할 수 있다. 사회협약정치에서는 이익결사체들이 상호 협동하면서 국가 관료제와 효율적으로 권력을 공유하고 있으며 그들은 정부와 정책을 협의할 뿐만 아니라 정책결정과 정책수행과정에 완전하게 통합된다. 더욱이 사회협약정치는 상향식 정당성, 책임 있는 양질의 의사결정 및 집행을 보장하여 이익갈등 조정과 사회통합에 기여할 뿐만 아니라 이해관계자들이 조정기구에 직접 대표되기 때문에 대의제 민

4) 장선화, "사회협약의 정치,"『한국정당학회보』제13권 제2호, 한국정당학회, 2014, 67쪽.

주주의에 내재하는 주인-대리인 문제(principle-agency problem)를 극복할 수 있다.[5)]

우리사회에서도 노사정위원회와 같은 노동정치의 사회협약과는 달리, 통일문제에 있어서는 사회적 합의 형성을 위한 그간의 수많은 노력에도 불구하고 '협약의 정치'가 본격화되거나 지속되지 못하고 있다. 남북관계에서 사회협약 정치의 지속성 부재는 대북정책에서 '타협의 정치'를 추진해야 할 구조적 조건이 형성되어 있음에도 불구하고 핵심 행위자인 정부와 여당이 협약정치를 무시 혹은 거부할 경우 실질적인 추진이 어려워지기 때문에 발생한다.[6)]

우리의 대북정책 당면 목표는 "남북관계의 안정적 관리를 통한 통일 기반의 조성"이다. 그러나 이러한 대북정책 목표를 달성하기 위해서는 나름 다양한 방안이 제시될 수 있으며, 실제 이 방안들을 둘러싸고 사회적 논쟁 내지는 갈등이 존재하는 것이 엄연한 우리의 현실이다. 다원적 민주주의 사회에서 서로 다른 의견들이 존재하는 것은 당연한 것이고, 또 다양한 의견이 존재함으로써 하나의 입장과 정책이 독주하는 것을 견제할 수 있다.

그러나 이러한 다양함이 극단적 대립과 분열을 초래하는 남남갈등으로 비화되면, 결국 사회가 발전 동력을 상실하고 역사적 퇴행을 겪을 수도 있다. 이런 양면성을 생각할 때 바람직한 현상은 다양한 의견들이 서로 조정하는 과정을 거치면서 국민적 합의가 도출되어 국가 정책이 탄력을 얻으며 실천될 수 있는 힘을 갖는 것이다.[7)]

---

5) 선학태, "아일랜드의 기적: 사회협약정치의 혁신성," 『한국정치연구』 제17집 제2호, 서울대학교 한국정치연구소, 2008, 277쪽.

6) 한반도평화포럼, 『통일은 과정이다』, 인천: 서해문집, 2015, 371~372쪽.

7) 윤대규, "대북정책에 대한 국민적 합의 도출 문제," 『통일경제』 11월호, 현대경제연구원, 2000, 76쪽.

남남갈등의 근본 원인은 지금의 한반도가 처한 과도기적 상황과 여기에서 비롯된 북한의 이중적 존재 규정에서 찾을 수 있다. 한반도의 과도기적 상황이 결국은 북한에 대해서도 적(enemy)과 동포(we-ness)라는 이중적 존재규정을 동시에 가능케 함으로써 일부에서는 아직도 적이라는 관점이 더 강조되는가 하면, 또 다른 일부에서는 이제 더불어 살아야 할 동포라는 관점이 더 역설되는 지금의 현상을 낳고 있는 것이다.[8)]

남남갈등이 우려되는 것은 남남갈등의 구조의 복합성이나 심각성 때문이 아니라 우리사회에 남남갈등을 조절할 수 있는 제도와 사회적 능력이 부재하다는 점 때문이라는 지적에 유의할 필요가 있다.[9)] 전통적으로 사회협약은 코포타리즘(corporatism)의 도구로서 임금 · 고용 · 사회복지를 둘러싼 노사정간 정치적 교환의 결과 형성된 국가수준의 합의로 분석되고 있으며 민주주의의 시험대로 평가되기도 한다. 코포라티즘은 시민사회 내의 다양한 이익집단 간에 서로 상충되는 이해관계가 높은 수준에서 대화와 타협을 통해 합의주의를 지향하는 모델이다.[10)]

우리가 현재의 남남갈등을 해소하지 못한다면 민족 과업이라 할 수 있는 한반도 평화와 통일을 달성하는 데 더 많은 시간과 노력이 투입될 수밖에 없다. 남북화해와 협력을 둘러싼 갈등이 이성적 토론의 수준을 넘어서 감정적 대립의 양상으로 전개되는 현재의 모습을 극복하지 못한다면 남북간의 분단을 해소하고 공존공영을 통한 평화체제 구

8) 김근식, "남남갈등을 넘어: 진단과 해법," 경남대학교 극동문제연구소 지음, 『남남갈등 진단 및 해소방안』, 마산: 경남대학교 출판부, 2004, 365~366쪽.

9) 정은미, "남남갈등 극복을 통합 대북정책 합의기반 강화방안," 『대북정책의 대국민 확산방안』, 서울: 통일연구원, 2009, 130쪽.

10) 송민순의원실·진영의원실, 『대북정책 국민적 합의 도출 방안은?』, 대북정책 토론회 자료집, 2009년 12월 3일, 88쪽.

축이라는 시대적 과제를 실현할 수 없는 것이다. 또한 통일문제를 추진하는 과정에서 정책방향에 대한 국민적 지지가 있지 못하면 통일시 수반되는 사회적 혼란, 경제적 비용, 정치적 부담 등을 감당하지 못하게 될 것이다.

어떤 정책이든 한 쪽에 치우친 선택은 늘 국론분열을 가져온다. '국민대협약'의 성립을 위해서는 도덕적 관점에서 대북압박만을 주장하는 강경대결론이나 북한과의 어떤 협력도 무조건 좋다고 보는 맹목적 접근론 모두 배제되어야 할 것이다. 이러한 내부적 갈등은 한반도 문제 해결 과정에서 우리의 주도권을 잃게 만드는 주된 원인이 되고 있다. 중요한 것은 남남갈등이 깊어지고 남북간에 '칼자루' 싸움을 하고 있는 사이, 한반도의 정세는 남북의 궤도가 아니라 주변국들의 전략적 이해관계에 맞추어 돌아간다는 것이다. '칼자루'가 있다면 실패한 체제인 북한이 아니라 성공한 우리가 당연히 쥐어야 한다는 것이다.[11)]

대북정책 추진기반의 강화는 남북관계 개선과정에 있어 중요한 의미를 지닌다. 현재와 같은 민족문제 정쟁화와 재생산이라는 악순환 구조는 해소될 필요가 있으며, 생산적인 합의구조의 형성이 필요하다.[12)] 통일문제를 민족 공통의 문제로 인식하고 합의를 통한 정책추진기반을 마련한다면 저비용 고효율의 대북정책 추진이 가능할 것이다. 통일문제는 더 이상 특정 정치집단이 정치적 이득을 기대할 수 있는 이슈가 아니며, 통일문제는 민족 모두의 안위와 미래와 직결되는 공통분모이기 때문이다. 이와 같은 점에서 통일문제에 대한 일종의 '국민협약'이 필요하다.

사회협약은 통일문제의 정쟁화 지양과 국민통합에 대한 전 사회적

---

11) 송민순, "독일통일의 교훈, 국민대협약," 『한겨레』, 2009년 11월 24일.

12) 조한범, 『남남갈등 해소 방안 연구』, 서울: 통일연구원, 2006, 67쪽.

합의 형식이 되어야 한다. 사회협약은 통일문제에 대한 대북정책의 국내정치 불이용 및 민족차원의 정책추진 원칙을 대 국민선언 형식으로 천명하고, 이를 구체화하는 노력으로 귀결되어야 할 것이다. 국민협약을 통해 분파적 이익에 따라 민족공통의 안위를 좌우할 가능성을 최소화해야 할 것이다. 국민협약은 여야 정치권, 시민사회, 진보와 보수를 망라하는 합의의 형식이 되어야 할 것이다. 이런 문제인식을 토대로 더불어민주당은 제20대 국회의원 선거 공약으로 "통일 · 대북정책에 대한 국민적 합의를 강화"하겠다고 밝히고, "여 · 야 · 정 · 시민사회가 참여하는 '통일국민협약' 체결 추진"을 제시한 바 있다. 제20대 국회가 본격적으로 활동에 돌입함에 따라 통일정책에 대한 사회적 합의를 도출하기 위해 본격적인 노력을 기울일 시점이다.

2절
사회협약의 가능성 검토
19대 국회 평가를 바탕으로

2016년 5월 29일부로 제19대 국회의 임기가 종료되고, 5월 30일부터 제20대 국회의 임기가 시작되었다. 〈표 7-1〉과 〈표 7-2〉에서는 제19대 국회 외교통일위원회의 처리 · 계류 의안을 통계를 정리한 것이다.

〈표7-1〉과 〈표 7-2〉를 비교해 보면 제19대 국회 외교통일위원회가 처리한 법안과 결의안 등 의안 수가 처리하지 못하고 폐기되는 의안 수보다 단 2개가 적은 것을 알 수 있다. 〈표 7-1〉에 나와 있는 처리된 의안 206개에서 "북한의 핵실험 규탄 결의안" 등과 같은 결의안 등을 제외하고 '순수한' 통일부 · 민주평화통일자문회의 소관 법률안은 총 49개 제정 · 개정 법률안이 처리되었다. 대표적인 처리된 법률안은 제정법인 『북한인권법』, 『남북교류협력법』, 『북한이탈주민 보호 및 정착 지원법』, 『개성공업지구 지원법』 등이 있다. 그러나 『남북 통일경제특구법』, 『금강산관광 중단 또는 5 · 24조치로 인한 남북경협 사업 손실보상 특별법』, 『통일법제추진위원회 설치 · 운영법』 등 많은 제정 · 개정 법률안이 처리되지 못한 채 임기 만료로 폐기되었다.

〈표 7-1〉 제19대 국회 외교통일위원회 처리의안 통계

구분	예산안 등	결산 등	법률안			동의(승인)안	결의안			건의안	규칙안	선출안	중요동의	의원징계	의원자격심사	총계
			의원	정부	계		일반	감사요구(청구)	계							
외교통상통일위원회			3	1	4	15	14	1	15							34
외교통일위원회			86	5	91	43	38		38							172
19대 국회 총계	33	4	6,931	764	7,695	172	274	26	300	5	12	52	89	6		8,368

※ 출처: 국회 홈페이지 (검색일: 2016년 5월 20일)
(http://likms.assembly.go.kr/bill/stat/statFinishBillSearch.do)

※※ 박근혜 정부 출범과 함께 통상 기능을 외교통상부에서 산업자원통상부로 이전함에 따라 정부조직법이 개정되었으며, 이 정부조직법 개정을 반영하여 국회 상임위원회 명칭이 외교통상통일위원회에서 외교통일위원회로 변경되었다.

〈표 7-2〉 제19대 국회 외교통일위원회 계류의안 통계

구분	예산안 등	결산 등	법률안			동의(승인)안	결의안	건의안	규칙안	선출안	중요동의	의원징계	의원자격심사	총계
			의원	정부	계									
외교통일위원회			138	6	144	20	44							208
19대 국회 총계			9,764	325	10,089	41	159		5			2		10,329

※ 출처: 국회 홈페이지 (검색일: 2016년 5월 20일)
(http://likms.assembly.go.kr/bill/stat/statMooringBill.do)

제19대 국회에서 나름 '협치' 가능성을 보여 준 것이 여야 간 이견으로 10여 년 동안 처리하지 못했던 『북한인권법』 제정이다. 민주당은 19대 국회 개원과 함께 새누리당이 제18대 국회에서 여야 간의 첨예한 대립으로 법사위에 계류되다가 최종 처리되지 못한 법안을 단 한 자도 수정하지 않고 제출한 것에 대해 "새누리당의 '오만과 독선'을 보여준다"고 비난하였다. 새누리당이 '상생 국회'를 이야기하면서 자신들의 주장은 단 한 자도 고치지 않겠다고 하는 것은 문제라고 지적한 것이다. 새누리당 의원이 발의한 법안 중에 가장 대표적 법안이 윤상현 의원의 『북한인권법』이다. 주요 내용은 북한인권자문위원회 구성, 북한인권 기본계획 및 집행계획 수립, 북한주민 인권 증진방안, 북한인권재단 설립, 북한 인권실태 조사·연구, 인권문제 해결을 위한 정책대안 개발, 북한인권기록보존소 설치, 북한인권 증진 관련 민간단체 지원 등이다.

『북한인권법』 제정에 대해 북한주민의 인권 증진에 반대할 국민들은 없다고 하면서도 이 법안이 북한주민 인권 증진에 있어 실질적 이익이 없다는 비판이 있었다. 북한인권의 실질적 개선보다는 대북압박의 상징적 요소로 작용할 가능성만 높다고 하면서 『북한인권법』 제정은 정부 정책의 유연성에 부담을 주고 북한주민의 실질적 인권 개선에도 도움이 되지 못한다는 입장이다.

이러한 여야 간에 인식 차이에도 불구하고 정치적 상황 등을 고려하여 『북한인권법』이 필요하다는 공감대가 형성되어 지난한 협상 결과 지난 2016년 3월 2일 본회의에서 의결하여 제19대 국회에서 마침내 제정되었다. 마지막까지 쟁점이 되었던 내용과 그 협상 결과를 〈표 7-3〉과 같이 정리하였다.

〈표 7-3〉『북한인권법』 주요 쟁점에 대한 협상 결과

새누리당	더불어민주당	최종 결과
법안 명칭: 북한인권법	법안 명칭: 북한인권증진법	북한인권법
제2조 (기본원칙 및 국가의 책무) ① 국가는 북한주민이 인간으로서의 존엄과 가치를 가지며 행복을 추구할 권리가 있음을 확인하고, 정치·경제·사회·문화 등 모든 생활영역에 있어서 이들의 인권을 증진(이하 "북한인권증진"이라 한다)하기 위하여 노력하여야 한다.	제2조 (기본원칙 및 국가의 책무) ② 북한인권증진 노력은 남북관계 발전과 한반도에서의 평화정착을 위한 방향으로 조화롭게 추진되어야 한다.	② 국가는 북한인권증진 노력과 함께 남북관계의 발전과 한반도에서의 평화정착을 위해서도 노력하여야 한다.
제4조(다른 법률과의 관계) 북한 인권에 관하여는 다른 법률에 우선하여 이 법을 적용한다.	제4조(다른 법률과의 관계) 북한인권증진을 위해 노력함에 있어서 「남북교류협력에 관한 법률」, 「남북협력기금법」, 「남북관계 발전에 관한 법률」에 특별한 규정이 있는 경우를 제외하고는 이 법에서 정하는 바에 따른다.	더불어민주당 안 수용
제5조(북한인권증진자문위원회) ② 위원회는 위원장 1명을 포함한 15명이내의 위원으로 구성하되, 위원장은 위원 중에서 호선하고, 위원은 북한인권 및 인도적 지원에 관하여 학식과 경험이 풍부한 민간 전문가 중에서 1/3은 통일부장관이 위촉하고, 2/3는 국회에 교섭단체를 구성한 정당이 각각 같은 수의 인원을 추천하고 통일부장관이 위촉한다.	제5조(북한인권증진자문위원회) ② 위원회는 위원장을 포함한 10명 이내의 위원으로 구성하되, 위원장은 위원 중에서 호선하고, 위원은 국회에 교섭단체를 구성한 정당이 각각 같은 인원수를 추천한다.	② 위원회는 위원장 1명을 포함한 10명 이내의 국회 추천 인사로 구성하고 위원장은 위원 중에서 호선한다. 국회가 위원을 추천함에 있어서는 대통령이 소속되거나 소속되었던 정당의 교섭단체와 그 외 교섭단체가 2분의 1씩 동수로 추천하여 통일부장관이 위촉한다.

제12조(재단임원의 구성) ① 재단에는 이사장 1명을 포함한 15명이내의 이사를 두며 이사장은 이사 가운데서 호선하고, 이사는 북한인권증진에 관한 학식과 경험이 풍부한 사람 중에서 3분의 1은 대통령령으로 정하는 당연직 이사로 위촉하고, 3분의 2는 국회에 교섭단체를 구성한 정당이 각각 같은 수의 인원을 추천하고 통일부장관이 임명한다.	제12조(재단임원의 구성) ① 재단에는 이사장 1명을 포함한 10명 이내의 이사를 두며 이사장은 이사 가운데서 호선하고, 이사는 북한인권증진에 관해 학식과 경험이 풍부한 사람 중에서 국회에 교섭단체를 구성한 정당이 각각 같은 인원수를 추천한다.	① 재단에는 이사장 1명을 포함한 12명 이내의 이사를 두며, 이사는 통일부장관이 추천한 인사 2명과 국회가 추천한 인사로 구성하되, 국회가 이사를 추천함에 있어서는 대통령이 소속되거나 소속되었던 정당의 교섭단체와 그 외 교섭단체가 2분의 1씩 동수로 추천하여 통일부장관이 임명한다.
제13조(북한인권기록보존소) ① 북한주민의 인권상황과 인권증진을 위한 정보를 체계적으로 수집 · 보존하기 위하여 법무부에 북한인권기록보존소 (이하 "기록보존소"라 한다)를 둔다. ④ 기록보존소에는 소장 1명을 두며, 소장은 고위공무원단에 속하는 공무원 또는 북한 인권과 관련하여 학식과 경험이 풍부한 민간전문가 중에서 법무부장관이 임명한다. ⑤ 기타 기록보존소의 구성 · 운영 등에 관하여 필요한 사항은 대통령령으로 정한다.	제13조(북한인권기록센터) ① 북한주민의 인권상황과 인권증진을 위한 정보를 수집 · 보존하기 위하여 통일부에 북한인권기록센터 (이하 "기록센터"라 한다)를 둔다. ④ 기록센터에는 소장 1명을 두며, 소장은 고위공무원단에 속하는 공무원 또는 북한 인권과 관련하여 학식과 경험이 풍부한 민간전문가 중에서 통일부장관이 임명한다. ⑤ 기타 기록센터의 구성 · 운영 등에 관하여 필요한 사항은 대통령령으로 정한다.	① 북한주민의 인권상황과 인권증진을 위한 정보를 수집 · 기록하기 위하여 통일부에 북한인권기록센터(이하 "기록센터"라 한다)를 둔다. ⑤ 기록센터에서 수집 · 기록한 자료는 매 3개월마다 법무부에 이관하며, 북한인권기록 관련 자료를 보존 · 관리하기 위하여 법무부에 담당기구를 둔다.

여야 간 쟁점이었던 『북한인권법』이 긴 협상을 통해 합의점을 도출한 사례를 바탕으로 제20대 국회에서도 협치 정신을 발휘한다면 지속가능한 통일정책 수행에 대한 국민적 합의를 마련할 수 있을 것이다.

통일정책에 대한 '협약'이 필요한 사례로 들 수 있는 것이 대북·통일정책에 대한 '고도의 통치행위' 논리이다. 2016년 2월 10일 정부는 '개성공단 전면중단 관련 정부 성명'을 통해 "이제 우리 정부는 더 이상 개성공단 자금이 북한의 핵과 미사일 개발에 이용되는 것을 막고, 우리 기업들이 희생되지 않도록 하기 위해 개성공단을 전면중단하기로 결정"했다고 발표하였다. 그러면서 "지금까지 개성공단을 통해 북한에 총 6,160억 원(5억 6천만 불)의 현금이 유입되었고, 작년에만도 1,320억 원(1억 2천만 불)이 유입되었으며, 정부와 민간에서 총 1조 190억 원의 투자가 이루어졌는데, 그것이 결국 국제사회가 원하는 평화의 길이 아니라, 핵무기와 장거리미사일을 고도화하는 데 쓰여진 것으로 보입니다."라고 밝혀 갈등을 조장한 바 있다. 이러한 조치의 당위성을 설명하면서 통일부는 "개성공단 가동 전면중단은 고도의 정치적 행위로 공익을 목적으로 한 행정조치"라며 "지난 5·24 대북제재조치와 비슷하다"고 설명하였다.[13]

이에 반해 법원에서는 5·24조치가 위법하다는 ㈜겨레사랑의 손해배상 청구 소송에서 1심 판결을 통해 "고도의 정치적 판단에 따른 행정적 행위"라는 표현을 사용하여 소위 통치행위를 인정하여 사법심사를 배제한 것이 아닌가라는 의문이 제기되었다. 통치행위는 실정법상의 개념은 아니며, 법치주의 원칙이 확립되고 국가기관의 행위의 합법

---

13) "개성공단 폐쇄… 입주 기업 피해 보상은 누가," 『법률신문』, 2016년 2월 15일. 여기서는 <http://www.lawtimes.co.kr/Legal-News/Legal-News-View?Serial=98602> (검색일: 2016년 2월 16일).

성에 대한 통제가 일반적으로 인정된 법제 하에서의 예외적인 현상이라는 주장이 있다. 법치주의 국가에서 통치행위라는 개념 자체를 인정할 수 있는지에 대하여 이를 인정할 수 있는지도 의문이지만, 법치주의가 확립된 현대국가에서는 법률적 판단이 가능한 모든 국가작용은 사법심사의 대상이 되는 것이므로 고도의 정치적 문제라 하더라도 그에 법률문제가 포함되어 있다면 그 한도 내에서 당연히 사법심사의 대상이 되어야 한다는 견해가 유력하다.[14]

국가안보를 위해서 단합이 필요하지만, 자유민주적 기본질서를 헌법정신으로 하는 우리 헌법 하에서 단합은 헌법이 정한 절차를 무시하고 비판적 의견이 봉쇄된 상태에서 정부에 의한 국가의사결정은 단합을 불러올 수 없다는 주장이다. 단합을 위해서는 헌법이 정한 절차를 통해 의사표현과 의견수렴이 이루러져 헌법이 정한 절차를 통해 권한행사하는 것이 필요하며, 이것이 헌법이 요구하는 법치주의라고 주장한다.[15]

이러한 인식을 바탕으로 2016년 2월 19일 있었던 국회 대정부질문에서 더불어민주당 김태년 의원은 "민주국가에서 고도의 통치행위란 존재하지 않는다"면서 "분열과 갈등은 국가 중대 사안을 독단적으로 밀어붙이는 것에서 시작을 합니다. 일방적으로 결정해 놓고 무조건 따르라고 하는 것은 더 이상 민주주의가 아닙니다. 국론을 하나로 모을 수는 더더욱 없습니다"라고 주장하였다. 국민의당 김동철 의원도 "결론적으로 개성공단 폐쇄는 제재의 실효성도 없고 졸속으로 일방적으로

14) 김동희, 『행정법 I: 신정보판』, 서울: 박영사, 1998, 9~10쪽. 여기서는 더불어민주당 한반도 경제통일위원회, 『개성공단 폐쇄와 위기의 남북관계: 전망과 대응』, 토론회 자료집, 2016년 2월 18일에서 재인용, 23~24쪽.

15) 더불어민주당 한반도 경제통일위원회, 『개성공단 폐쇄와 위기의 남북관계: 전망과 대응』, 토론회 자료집, 2016년 2월 18일, 31쪽.

결정을 해서 결국 박근혜정부의 최악의 결정"이라 비판한 바 있다.

이에 19대 국회에서의 '난제'였던 『북한인권법』을 여야가 긴 협상을 통해 합의안을 만들어 처리했다 점과 여전히 대통령과 행정부 일방의 대북정책이 진행되고 있다는 점을 충분히 고려하여 제20대 국회에서 '사회협약형 통일정책'이 실질적으로 운영될 수 있을지, 운영한다면 생산적이고 효율적인 방안은 무엇인지 논의해 보고자 한다.

3절
20대 국회와 '사회협약'형 통일정책 수립 추진 방안

헌법에서 대통령은 "국가의 원수이며, 외국에 대하여 국가를 대표" 하며 "조국의 평화적 통일을 위한 성실한 의무를 진다"고 규정하고 있다. 대통령은 취임하면서 "나는 헌법을 준수하고 국가를 보위하며 조국의 평화적 통일과 국민의 자유와 복리의 증진 및 민족문화의 창달에 노력하여 대통령으로서의 직무를 성실히 수행할 것을 국민 앞에 엄숙히 선서"한다. 이와 함께 국회의원들에게도 '통일' 노력의 의무를 부여하고 있다. 국회법 제24조에 따라 "나는 헌법을 준수하고 국민의 자유와 복리의 증진 및 조국의 평화적 통일을 위해 노력하며, 국가이익을 우선으로 하여 국회의원의 직무를 양심에 따라 성실히 수행할 것을 국민 앞에 엄숙히 선서"한다.

우리나라에서는 지금까지 행정부의 통일정책 내지 남북협상에 대한 관리 · 감독권한이 대통령중심제를 택하고 있는 정치제도의 특성으로 인해 행정수반인 대통령에게 집중되어 왔다. 특히 통일부에서 추진하는 통일정책의 수립 · 집행이나 남북협상의 추진 및 협정체결 등에 대한 평가는 행정부의 내부 환류 메커니즘에 거의 전적으로 의존해 왔다고 해도 과언이 아니다. 남북회담과 국내 정치적 조정 문제는 일반적으로 행정부의 독자적으로 조율 · 조정되기 어려운 경우가 대부분이며, 국민의 의견이 수렴되지 못한 채 정책의 정당성을 확보하는 데 한계가 있다. 특히 북한문제가 한국 국내정치의 개입변수로 작용하여 국내정치적으로 악용될 소지를 안고 있다.[16]

의회의 중요한 기능 중에 하나는 감시가 없으면 독주할 수밖에 없는 행정부에 대한 견제이다. 특히 대통령제 의회에서는 대통령의 집중된 집행 권력을 견제하고 균형하기 위하여 의회를 두었다고 할 수 있다. 대북통일정책은 외교정책 영역이면서 또한 국내정치 영역이라는 이중적 성격을 지닌다. 특히 분단국의 통일정책은 전통적 개념의 외교정책에 그대로 부합되지 않는 특징을 지니고 있다. 대북통일정책은 북한을 적으로 간주하는 안보정책과 북한을 민족으로 보는 통일정책의 양면적 성격 때문에 매우 민감하고 복합적으로 전개된다.[17]

대북정책을 둘러싼 갈등의 심화는 우리사회의 정당과 국회의 제도화 수준과 밀접한 관계를 갖고 있기도 하나, 대북정책을 둘러싼 정당 간 협의와 조정 그리고 참여의 필요성에 대한 정당과 의회의 '인식부재'도 한 원인으로 지적될 수 있다. 대북정책은 정치적 균열이 심각하게 존재하는 영역이다. 여기에 정당 간 분열을 조정하는 제도적 장치가 없기 때문에 정치적 균열이 정치적 불안정과 위기로 이어질 가능성이 상존한다. 결과적으로 이러한 문제는 대북정책의 수립과 집행 과정에서 정당과 국회의 역할이 제고될 때만 가능하다.

---

16) 오연천, "통일에 대비한 국회의 역할," 국회운영위원회 연구용역보고서, 2002, 108쪽.

17) 정동규, "남북 국회회담의 필요성과 추진과제," 『통일문제연구』 제21권 제2호, 평화문제연구소, 2009, 296쪽.

대북정책의 수립과 집행과정에서 국회의 주도권 확보가 제고되어야 할 필요성이 증가하고 있다. 현재까지 대북정책, 통일정책에 대한 주도권은 국가 또는 집권정당이 가졌으며, 일반 국민은 물론이거니와 국회나 정당의 역할이 미미한 것이 사실이다. 결국 제도적 개선과 함께 협의와 조정 그리고 행정부의 정책 입안 및 이행과정에 국민의 대표기관으로써 의회가 적극적으로 개입하여야 한다는 인식의 전환이 대북정책 수립에 있어 국민적 분열을 극복하고 합의를 이끌어 냄으로써 일관성을 가지고 적극적으로 추진될 수 있는 핵심적 요소라는 점은 아무리 강조해도 지나치지 않는다.[18]

이러한 인식에도 불구하고 통일정책에 대한 '사회협약'에 대한 회의적 시각은 여전히 존재한다. 그 이유는 첫째, 우리사회가 '사회협약'에 대한 경험이 대단히 부족하다는 것이다. 둘째, 통일정책에 있어서는 국가지도자의 철학이 가장 중요하다는 인식이 강하다는 것이다. 셋째, 우리 정당이 대북정책을 주도할 수 있을 만큼의 정책적 능력이나 정치력이 부재하다는 지적이다. 넷째, 국회가 사회통합 기능을 잘 수행했는가에 대한 비판적 시각이 여전히 존재한다는 점이다. 이러한 문제인식을 충분히 수용하여 국회와 정부, 대통령이 우리의 안전과 미래 비전과 직결되는 통일정책에 대해서는 국민 공감대를 확산하여 지속가능한 방향으로 만들어가야 할 것이다.

제20대 국회 개원을 대비하여 지난 5월 13일에 진행되었던 대통령과 3당 원내대표 회동 결과 "안보상황과 관련한 정보를 더 많이 공유하도록 정부가 노력키로 했다"고 밝혔다. 대통령은 남북관계에 대해선 '국제공조를 통한 북핵문제 선결론'을 거듭 제시했다. 박지원 국민의당

18) 유현석, 문경연, 『외교정책에 대한 국회역할 강화방안: 법, 제도적 방안을 중심으로』, 서울: 국회입법조사처, 2011, 45쪽.

원내대표는 "남북관계 개선을 위해 정상회담을 추진하고 한반도 문제를 우리가 주도하는 게 좋다고 말씀드렸더니, 대통령은 강경한 말씀으로 '북한이 핵을 계속 보유하는 것은 참으로 위험한 일이다. 국제사회가 이번만은 안 된다는 공감대를 형성했으니, 북핵 문제는 이번에 해결해야 한다. 대화를 계속해 다람쥐 쳇바퀴 돌 듯 하면 북한에 시간만 벌어줄 뿐'이란 반응을 보이더라"고 전했다.[19] 즉 통일 · 대북정책에 대한 대통령 '고유 권한'이라는 인식에는 변화가 없어 보여, 과연 '사회협약형 대북정책' 논의가 성과를 낼 수 있을지 의구심을 가지게 되지만 여소야대라는 정치 지형의 변화를 잘 활용하여 '협치'의 통일정책을 모색하여 정부를 설득해야 한다.

국회 차원에서 가장 '모범'적인 통일 · 대북정책 논의는 제13대 국회에서 운영했던 '통일정책특별위원회'(1988.6~1991.12)로 평가한다. 노태우 정부 시기인 1988년 6월 제13대 국회는 '통일정책특별위원회'를 설치하여 정부의 북방정책과 대북정책을 초당적으로 지원한 것이다. 이 위원회는 최초의 통일관련 특별위원회로, 국무위원과의 질의 및 토론, 각계 전문가와의 초당적인 공청회 개최, 남북기본합의서 채택 및 한민족공동체 통일방안 마련에 기여하는 등 매우 이상적이고 중요한 성과를 보여준 국회 특별위원회로 평가받고 있다.[20] '통일정책특별위원회'는 남북학생회담을 둘러싼 정부와 학생 측의 첨예한 대립과 갈등을 해소하기 위한 공청회와 통일정책 관련 공청회, 한민족공동체 통일방안에 대한 정부 보고회를 개최함으로써 정부와 여당, 그리고 야당 및 다양한 사회세력들의 통일논의들을 수렴하고 조정하는 성과를 거두었

---

19) "협치 탐색한 82분," 『한겨레』, 2016년 5월 14일.

20) 국회 대북정책 거버넌스 자문위원회·국회입법조사처·한국의회발전연구회, 『대북·통일정책과 국회의 리더십』, 국회입법조사처, 2013, 32쪽.

다. 이 활동에 대해 당시 보수적인 노태우 정부와 여당이 적극적인 북방정책 전개에 따라 선도적으로 대북정책을 추진하고 진보적인 야당이 여기에 정책적으로 협력하는 공간을 만들어 냈으며, 이는 대북·통일정책 추진에 있어 정부와 국회가 협력한 선례를 남긴 것으로 평가된다.

보통 국회에서 남북관계 관련 특별위원회 설치는 각 교섭단체 대표들 간의 '정치적 합의'에 따라 국회 운영위원회에서 논의·의결한 후 국회 본회의에서 구성 결의안을 의결하는 방식으로 처리된다. 제20대 국회 개원과 함께 여야 합의로 가칭 '지속가능 통일정책 수립을 위한 특별위원회'를 설치하여 '통일국민협약'과 '민족공동체 통일방안 계승·발전 방안'을 논의할 수 있을 것으로 판단된다. 국회의원 임기 4년을 고려하여, 전반기 2년은 '통일국민협약' 체결, 하반기 2년은 1994년 수립된 '민족공동체 통일방안'의 계승·발전 방안을 모색할 필요가 있다.

먼저 국회 내에 '지속가능한 통일정책 수립을 위한 특별위원회' 구성안은 〈표 7-4〉와 같이 검토할 수 있다.

〈표 7-4〉 **'지속가능한 통일정책 수립을 위한 특별위원회' 구성 제안(안)**

〈주문〉 가. 경색된 남북관계를 안정·발전시키고, 지속가능한 통일정책 수립을 위하여 『국회법』 제44조에 따라 국회 내에 '지속가능한 통일정책 수립을 위한 특별위원회'를 구성한다. 나. 위원 수는 20인으로 한다. 다. 특별위원회의 활동기간은 2018년 5월 30일까지로 한다. 〈제안이유〉 북한의 제4차 핵실험 등으로 장기간 지속되고 있는 남북관계 경색을 해소하고, 남남갈등을 해소하고 지속가능한 통일정책을 논의하여 '통일국민협약'을 체결하기 위한 방안을 국회가 주도하여 국민적 논의를 활성화하기 위해 여야 합의로 '지속가능한 통일정책 수립을 위한 특별위원회'를 구성하려는 것임.

여야 간의 합의로 '통일 특별위원회'가 구성하면 위원회 내에 전문가 등이 참여하는 자문위원회를 구성하여 특별위원회 활동에 적극적으로 결합할 수 있도록 해야 할 것이다. 전문가 자문위원회가 단순 '자문'에 그치지 않고 위원과 같이 활동할 수 있는 방안, 즉 위원들과 전문가들로 '통일국민협약 소위원회'를 구성하여 '통일국민협약'의 내용 등을 어떻게 만들 것인가를 집중 논의할 필요가 있다.

위원회 구성이 완료되면 정부 보고, 위원회 활동 방향 수립을 위한 공청회, 등 전체 위원회 활동과 '통일국민협약 소위원회' 활동을 병행하여 일정한 시점 이후에는 소위원회에서 마련한 안에 대해 '통일국민협약' 체결 관련 전문가 · 국민 토론회 등을 거쳐 최종 확정하고 정치적으로 선언하면 될 것이라 생각한다.

'지속가능한 대북 · 통일정책'의 한 영역인 '통일교육'에 대한 '사회협약' 차원으로 독일의 '보이텔스바흐 협약'(Beutelsbacher Konsens)을 사례로 참고할 수 있다.

1976년 가을 독일 남부 바덴-뷔르템베르크 주 정치교육원은 수차례에 걸친 회의 결과물로서 정치교육을 위한 최소조건을 확정했다. 각 정파가 합의에 도달한 이 협약은 정치 이데올로기적 갈등을 일거에 제거하려는 일종의 '사회적 대타협'으로 평가된다. 협약으로 채택된 정치교육의 최소조건은 '강제성의 금지', '논쟁성의 유지', '정치적 행위능력의 강화'이다.

강제성의 금지는 어떤 수단을 사용하든 원하는 정치적 견해를 주입하기 위해 강압적으로 학생들이 독립적인 판단을 하는 것을 방해해서는 안 된다는 조건이다. 논쟁성의 유지는 학문과 정치에서 논쟁이 등장하는 것처럼 수업 상황에서도 그러한 논쟁적 상황이 드러나야만 한다는 것이다. 논쟁이 되는 상이한 입장들이 소개되지 않고, 선택지들이 공표되지 않고 대안들이 자세히 설명되지 않을 경우 주입식 교육으로 곧장 가게 될 것이기 때문이다. 정치적 행위능력의 강화는 학생은 어떤 정치적 상황과 자신의 이익 및 이해관계 상황을 고려할 수 있어야 하며, 그러한 이해관계에 따라 당면한 정치적 상황에 영향을 끼칠 수 있도록 해야 한다. 이러한 원칙은 앞의 두 원칙의 논리적 결과로서 학습자 개인의 수행능력을 상당한 정도로 강조한다는 것을 의미한다.

보이텔스바흐 협약은 민주시민교육에서의 정치적 갈등과 논쟁의 접근방식과 민주시민교육을 위한 근본적인 공통의 토대를 마련할 필요가 있다는 인식에서 나온 최소합의라 할 수 있다. 통일교육과 북한에 대한 많은 인식의 차이를 갖고 있는 우리의 현실을 비추어 볼 때 통일교육에 대한 국민적 합의를 마련하고 이러한 합의를 대학통일교육에서부터 체계적으로 훈련받는 방안을 검토할 필요가 있다. 통일교육원이 주도가 되어 한시적으로 민관위원회를 구성하여 '지속가능한 통일교육 선언'을 만드는 것을 시도할 수 있을 것이다. 이명박 정부 시기 사회통합위원회가 '사회통합 컨센서스 2010 - 보수와 진보가 함께 가는 미래한국'을 발표한 것을 참고해 볼 수 있을 것이다.[21]

진보와 보수가 합의할 수 있는 내용은 ① 대외정책의 기본방향은 국익 극대화와 한반도의 평화 · 안정 · 번영, ② 북한의 정상국가화를 유도하는 대북정책과 남북관계의 원칙을 굳게 지키고, 더 내실화하며, 여 · 야, 보수 · 진보 할 것 없이 국가안보와 대북정책을 국내정치적 목적으로 이용해서는 절대로 안 됨, ③ 6자 회담의 필요성에 주목, 6자회담의 목표는 핵물질, 북핵 프로그램, 핵무기의 모든 게 불가역적으로, 검증 가능한 방법으로 완전히 폐기, ④ 북한인권 개선의 시급성 공동

21) 김종수, "대학통일교육 현황과 활성화 방안 연구," 『북한학 연구』 제11권 제1호, 동국대학교 북한학연구소, 2015, 110~111쪽.

인식, 북한인권의 실질적 개선을 위해서는 이른바 '헬싱키 프로세스'가 하나의 유용한 모델, ⑤ 한 · 미동맹의 필요성에 공감, ⑥ 중국의 부상을 중요한 현실로서 인정, 한 · 미동맹과 친중정책은 양자택일의 상호배타적 · 모순적 관계가 아님, ⑦ 천안함 사태는 참으로 비극적, 북한의 만행은 규탄. 국민의 30%가 정부의 천안함 사태 조사 발표를 믿지 않는 현실은 사회통합의 필요성을 절실히 느낌, ⑧ 이미 이루어진 전작권 합의를 완전히 無로 돌릴 수는 없음. 한미정상이 합의한 시한인 2015년까지 차질 없이 이양될 수 있도록 정부는 전력을 다 한다는 것이다.

또한 2015년 6월 8일 국회 남북관계 및 교류협력 발전 특별위원회와 중앙일보가 공동 주최한 "남남갈등을 넘어 평화와 통일을 향해 지속가능한 대북정책" 토론회에서 채택한 공동발표문도 참고할 수 있다. 여기에는 10개의 구체적 사항을 합의하고 발표했는데 국회와 정당들이 정권교체를 넘는 지속가능한 대북정책을 합의 수립하고 국민 앞에 천명할 것과 남북은 상대방을 공식 대화와 협상의 파트너로 인정하고 즉각 대화에 성실하게 호응해 나와야 한다는 것 등을 제시하고 있다.[22]

'통일 특별위원회'가 제20대 국회 하반기에는 현재 대한민국의 공식적인 통일방안인 '민족공동체 통일방안의 계승 · 발전 방안'을 모색하는 역할을 검토할 수 있다. 민족공동체 통일방안이 확정된 지 22년이 경과하면서, 북핵문제가 한반도 통일의 핵심 문제로 부각한 현 상황을 반영하여 북핵문제 해결과 화해협력 단계 간의 관계 설정이 필요하다. 또한 남북관계가 어느 수준까지 발전해야 화해협력이 이루어져 남북연합으로 진입할 수 있는지도 고민 지점이다. 또한 기능주의 이론을

---

22) 국회 남북관계발전특위·중앙일보, 『지속가능한 대북정책』, 국회, 한반도포럼, 중앙일보 공동학술회의 자료집, 2015년 6월 8일, 82~83쪽.

바탕으로 경제, 사회분야 등의 교류협력이 확산되면 북한이 본질적으로 변화할 것으로 생각했지만 북한의 근본적인 변화를 이끌어 냄에 있어 부족함이 많았다는 평가를 반영할 필요가 있다. 또한 2000년 6·15 공동선언에서 합의한 남측의 연합제와 북측의 낮은 단계 연방제가 공통점이 있다고 한 것을 어떻게 반영할 지도 고민해 볼 지점이다. 이와 같이 '민족공동체 통일방안'의 발표 이후 통일환경의 객관적 변화와 우리의 통일준비 상황을 반영한 업그레이드된 우리의 통일방안을 국회에서 주도적으로 논의를 이끌어갈 필요가 있다고 판단된다.

4절
결론

남북관계 상황을 어떻게 풀어나갈 지에 대해서 우리사회 내에 여러 의견들이 존재할 것으로 생각한다. 정부의 단호한 대응에 찬성하는 입장, 정부에게 보다 유연한 태도를 촉구하는 입장 등 여러 입장이 있을 것이다. 이러한 다양한 의견이 갈등적으로 대립하는 것이 아니라 합리적 논의를 통해 해결해 나가자는 것이 이 글의 근본적인 문제인식이다.

대북 · 통일정책을 현재와 같이 대통령과 정부가 일방적으로 주도할 것이 아니라 국회와의 원활한 소통을 통해 지속가능한 정책으로 만들어보자는 것이다. 제20대 국회가 여소야대의 '3당 체제'라는 어느 일방이 주도할 수 없는 구조적 조건이 마련된 만큼 국회가 통일 · 대북정책에 대해 지속가능한 정책을 '협약'할 수 있도록 적극 나서자는 것이다. 대북 · 통일정책에 대한 남남갈등을 해소하고 한반도 안정과 평화, 통일을 달성하기 위한 국민적 합의를 도출하자는 것이다. 이를 위해 제20대 국회 출범과 함께 '지속가능한 통일정책 수립을 위한 특별위원회'를 구성할 것을 검토할 것을 제안하였다.

'통일 특별위원회'가 안정적으로 활동하여 '통일국민협약'을 만드는 성과를 도출한 다음, 제20대 하반기 국회에서는 새롭게 업그레이드할 필요성이 제기되는 '민족공동체 통일방안'에 대한 계승 · 발전 방안을 만드는 역할을 할 수 있을 것이다. 이러한 논의가 이루어지기 위해서는 무엇보다도 통일정책이 대통령만의 고유한 권한이라는 인식에서 벗어나야 한다. 대통령과 정부는 야당을 비롯한 국회의 통일정책에 대한 입장을 존중하고 합리적 제안에 대해서는 수용하여 실질적인 정책에 반영하겠다는 전향적 자세가 필요하다.

참고문헌

▶ 단행본

경남대학교 극동문제연구소 지음,『남남갈등 진단 및 해소방안』, 마산: 경남대학교 출판부, 2004.

국회 남북관계발전특위·중앙일보,『지속가능한 대북정책』, 공동학술회의 자료집, 2015년 6월 8일.

국회 대북정책 거버넌스 자문위원회·국회입법조사처·한국의회발전연구회,『대북·통일정책과 국회의 리더십』, 2013년 9월 11일.

더불어민주당 한반도 경제통일위원회,『개성공단 폐쇄와 위기의 남북관계: 전망과 대응』 토론회 자료집, 2016년 2월 18일.

송민순의원실·진영의원실,『대북정책 국민적 합의 도출 방안은?』, 대북정책 토론회 자료집, 2009년 12월 3일.

유현석·문경연,『외교정책에 대한 국회역할 강화방안: 법, 제도적 방안을 중심으로』, 서울: 국회입법조사처, 2011.

조한범,『남남갈등 해소 방안 연구』, 서울: 통일연구원, 2006.

한반도평화포럼,『통일은 과정이다』, 인천: 서해문집, 2015.

▶ 논문

김종수, "대학통일교육 현황과 활성화 방안 연구,"『북한학 연구』 제11권 제1호, 2015.

김종수·탁용달, "대북정책 수행에 있어 국회 역할 제고 방안 연구," 통일부 연구용역 보고서, 2013.

서보혁, "남북관계에서 국회의 역할: 성찰과 과제,"『남북관계발전체 있어서 국회 역할에 대한 평가와 향후 과제에 관한 공청회』, 국회 남북관계 및 교류협력 발전특별위원회, 2014년 7월 23일.

선학태, "아일랜드의 기적: 사회협약정치의 혁신성,"『한국정치연구』 제17집 제2호, 2008.

오연천, "통일에 대비한 국회의 역할," 국회운영위원회 연구용역보고서, 2002.

이나미, "20대 국회와 '협치'," 코리아연구원 현안진단 제290호, 2016년 6월 27일.

윤대규, "대북정책에 대한 국민적 합의 도출 문제,"『통일경제』 11월호, 2000.

장선화, “사회협약의 정치: 세계화시대 경제위기와 집권 정당의 위기극복 전략,” 『한국정당학회보』 제13권 제2호, 2014.

정동규, “남북 국회회담의 필요성과 추진과제,” 『통일문제연구』 제21권 제2호, 2009.

정은미, “남남갈등 극복을 통합 대북정책 합의기반 강화방안,” 『대북정책의 대국민 확산방안』, 서울: 통일연구원, 2009.

조윤영, “대북정책 추진과 국회의 역할-이명박 정부 대북정책을 중심으로,”국회 연구용역보고서, 2010.

진희관·김종수, “자문기구 개편 방향과 통일협약 추진 방안,” 통일부 연구용역보고서, 2010.

▶ 기타

“개성공단 폐쇄… 입주 기업 피해 보상은 누가,” 『법률신문』, 2016년 2월 15일.

송민순, “독일통일의 교훈, 국민대협약,” 『한겨레신문』, 2009년 11월 24일.

8장

대학통일교육 현황과 활성화 방안 연구

통일은 분단구조의 불안정성과 비정상성을 극복하고 지속가능한 발전을 위해서, 남북한 주민이 같은 민족이라는 정체성을 기초로 하나의 민족공동체를 다시 이루며 살아가면서 통일편익을 누리기 위해 필요한 것이다.[1] 통일은 "도둑처럼 오는 것"이 아니라 국민 모두가 준비하고 만들어 가야 하는 것이다. 그런 차원에서 어떻게 통일을 준비하고 만들어 갈 것인가에 대한 체계적인 교육이 필요하다. 그러나 미래세대의 주역인 대학생들에 대한 통일교육은 미흡하다는 평가와 반성이 이 글의 출발점이다.

통일교육은 우리사회의 미래세대 주역인 대학생들을 다가오는 통일시대에 능동적 · 효율적으로 대응할 수 있는 자질을 함양할 수 있도록 한다.[2] 그러나 대학통일교육, 취업에 필요한 스펙 쌓기에만 몰두하는 대학생들에게 통일교육은 한낮 현실과는 동떨어진 이야기에 불과할 수도 있다. 현재 대학에서 통일교육은 내용도 대상도 거의 없는 공백상태라고 할 수 있다.[3] 따라서 이 글은 '통일시대'를 만들어 가기 위한 하나의 방안으로 대학통일교육이 중요하다는 인식 하에 현재 진행되

---

1) 통일의 필요성에 대해서는 통일부 통일교육원, 『2014 통일문제 이해』, 서울: 통일부 통일교육원, 2014, 11~14쪽 참고.

2) 초중고에서는 통일과 관련해서 초중고 수준 또는 일반시민으로서 갖추어야 할 태도, 지식, 신념, 행위규칙이 있다는 전제 하에 그런 메시지를 하나의 교재로 묶어서 내면화시키고 이해시키며 습관화시키는데 주된 목적이 있다. 그러나 대학에서는 통일과 관련된 이론과 사실, 정책의 수립과 평가, 비판 등을 주된 주제로 사고하고 논의, 토론하는 기술을 가르친다. 즉 통일에 대한 논의의 결과를 주입하는 게 아니라 통일에 대한 지식을 생산하게 하는데 목적을 두고 있다. 이러한 점에서 대학통일교육은 초중고 및 사회교육 부분에서 통일교육을 실시해야 하는 전문가를 양성하고 통일교육을 심화시키는 이중적 기능을 맡고 있다는 것이다. 송영대, "통일교과목의 교양필수화가 시급하다," 『통일한국』 1999년 11월호, 66쪽.

3) 이경희, "통일의식 제고를 위한 대학교육 방향," 『동북아연구』 Vol. 26 No. 1, 2011, 21쪽.

고 있는 대학통일교육의 현황과 문제점을 분석하고, 활성화 방안을 제시하는 것을 목적으로 한다.[4] 이 글은 문헌연구 방법을 중심으로 하되, 현재 대학에서 실질적으로 진행되고 있는 사례를 제시하고자 한다.

4) 통일교육원은 초중고 학생 대상 통일교육 실태를 조사하고, 그 결과를 반영하여 학교통일교육 강화 방안을 마련하는 등 구체적인 노력을 하고 있다. 이 논문은 초중고 학생 대상 통일교육이 중요하다는 것을 인식하면서도 상대적으로 대학통일교육이 더 취약하며 이를 개선하려는 노력도 미진하다는 판단으로 대학통일교육에 한정하여 연구하였음을 밝힌다.

1절 대학통일교육의 위상과 역할

1. 대학과 통일교육의 의미

대학은 진리의 탐구라는 본연의 가치를 지향하고 추구하는 지적 공동체이다. 오늘날 대학은 복잡 다양한 사회 현상에 대한 학문적 이론적 관심을 넘어 그 대안과 해법을 제공해야 하는 사회적 책무를 요구받고 있다.[5] 현재의 대학이 고등교육기관으로서 학문연구와 지식생산을 통하여 올바른 시대정신을 확립하여 사회의 발전에 기여하는 역할을 하는 곳에서 무한의 경쟁시대, 급변하는 세계의 정세 속에 살아남는 방법을 잘 터득해야 하는 인재를 양성하는 경영기관으로 변해가고 있는 측면이 있다.[6]

대학은 보편적 가치에 대한 인식의 지평을 열어주는 역할을 해야 한다. 대학은 시대의 역류와 역행에 동조하고 순응해서는 안 된다. 대학

5) 변종헌, “20대 통일의식과 대학 통일교육의 과제,”『통일정책연구』제21권 1호, 2012, 160쪽.

6) 김철, “대학의 이념과 21세기의 대학교육,”『교육의 이론과 실천』제11권 제1호, 2006, 20쪽.

의 영어식 표현이 'University'는 보편적(universial)이라는 말이 변한 것이다. 여기서 '보편적'이라는 말은 "우주의 모든 것에 적용되는" 혹은 "모든 사람에 의해 승인되고, 모든 것에 통용되고, 모든 것에 타당한 것"을 의미한다.[7] 이런 측면에서 대학교육은 인류가 추구하는 보편적 가치인 자유, 인권, 민주주의에 대한 이해와 실천을 필수적 요소라고 할 수 있다.

『고등교육법』 제28조에서는 대학의 목적을 "인격을 도야(陶冶)하고, 국가와 인류사회의 발전에 필요한 심오한 학술이론과 그 응용방법을 가르치고 연구하며, 국가와 인류사회에 이바지"한다고 규정하고 있다. 대학이 '국가발전에 이바지'하기 위해서는 통일이라는 시대적 과제에 대해 올바르게 인식하고 교육해야 한다. 통일교육은 "조국의 평화적 통일의 사명에 입각하여 정의 · 인도와 동포애로써 민족의 단결을 공고히 하고, 자율과 조화를 바탕으로 자유민주적 기본질서를 더욱 확고히 하여, …밖으로 항구적인 세계평화와 인류공영에 이바지함"을 천명한 우리나라 헌법전문과 "대한민국은 통일을 지향하며, 자유민주적 기본질서에 입각한 평화적 통일정책을 수립하고 이를 추진한다"라고 규정한 헌법 제4조의 정신을 구현해야 한다.[8]

대학생들은 우리 사회를 이끌어갈 주역으로서 국가란 무엇인가? 국제질서를 어떻게 볼 것인가 등의 문제제기를 통해 우리를 둘러싸고 있는 인간과 세계에 대한 정확하고 올바른 인식이 필요하다. 이러한 차원에서 대학통일교육의 의미는 대학이 국가 사회적 의무를 수행하며,

---

7) 정경환, "대학통일교육의 기본전제와 방향에 관한 연구," 『통일전략』 제13권 제4호, 2013, 176쪽.

8) 통일부 통일교육원, 『2014 일반용 통일교육지침서』, 서울: 통일교육원, 2014, 9쪽.

대학생들을 통일의 주역세대로 양성하는 것이다. 대학이란 존재는 복잡 다양한 사회 현상에 대한 학문적 이론적 관심을 넘어 그 대안과 해법을 제공해야 하는 사회적 책무를 요구받고 있기도 하다. 대학생들의 가치관과 태도, 능력은 우리 사회의 현실과 미래를 진단할 수 있는 중요한 척도임을 감안할 때 지성의 전당인 대학사회의 통일에 대한 인식은 통일의 전망을 가늠하는 데 있어서 매우 중요하다. 대학에서의 통일교육이 활성화되어, 대학생들이 건전한 통일의식을 갖고 사회로 나올 때 통일국가 건설에 대한 전망은 한층 더 밝아질 것으로 여겨지기 때문이다.[9)]

이러한 맥락에서 오늘날 대학들을 남북분단의 현실로부터 자유로울 수 없을 뿐만 아니라 이를 해결할 수 있는 지혜와 대안을 제시해야 하는 국가 사회적 의무를 외면할 수 없다. 연령상 20대에 해당되는 대학생들은 불확실하고 역동적인 남북한의 통일 과정과 통일 이후를 사실상 설계하고 준비해 나가야 할 중심 세대라는 점에서 통일문제에 대한 이들의 관심과 참여는 남북한 통일을 실현하는 데 있어 매우 중요한 요인의 하나이기 때문이다.[10)]

2. 대학통일교육의 정체성 확립

대학통일교육은 학교통일교육과 사회통일교육으로 구분되는 기존 통일교육 체계 내에서 그 위상은 모호하다. 대학생은 학교통일교육의

9) 이경태, “바람직한 대학통일교육 방향,” 『대한정치학회보』 11집 3호, 2004, 241쪽.
10) 변종헌, 앞의 글, 2012, 160쪽.

대상인가 아니면 사회통일교육 대상인가? 대학생을 초·중등학생과 같이 학교 차원에서 통일교육 대상으로 분류하면 학교 통일교육의 대상이지만, 통일교육 대상의 구분이 성년 여부에 따른 것이라면 사회통일교육의 대상이 된다. 통일교육원은 통일교육의 지도원칙과 내용체계 등을 제시하기 위해 매년 '통일교육지침서'를 학교용과 일반용 두 가지 형태로 발간하고 있다. 그런데 대학생은 학교 통일교육과 사회통일교육 어디에서도 분명한 교육대상으로 포함되지 못하고 있는 것으로 보인다.

통일교육에 대한 정의는『통일교육 지원법』제2조에서 "자유민주주의에 대한 신념과 민족공동체의식 및 건전한 안보관을 바탕으로 통일을 이룩하는 데 필요한 가치관과 태도를 기르도록 하기 위한 교육"으로 규정하고 있다. 현행『통일교육지원법』제8조 제3항에서는 "정부는 대학 등『고등교육법』제2조에 따른 학교를 설립·경영하는 자에게 통일문제와 관련된 학과의 설치, 강좌의 개설, 연구소의 설치·운영 등을 권장할 수 있다"고 규정하고 있다. 이와 같이 현행법에서 대학 통일교육에 대해 소극적으로 '권장'만 하고 있어 학교 통일교육 지침서에서는 대학생을 상정한 내용은 다루지 않고 있다. 통일교육이 헌법정신에 입각하여 이루어지는 국민교육임에도 기존 통일교육 체계 내에서 대학생은 사각지대에 있는 것이다.[11]

여기에다가 통일교육은 '북한의 정체성'에 대한 사회적 합의가 매우 취약한 데에서 기인하는 본질적 어려움이 존재한다. 북한을 통일을 위한 화해와 협력의 대상으로 보는 시각이 있는가 하면 경계의 대상이며 적대적 상대라는 시각이 공존하는 현실 때문이다. 북한의 정체성에 대

11) 고경민, "대학 통일교육 현황과 개선방향,"『학교 통일교육 발전 공개 세미나』, 2015년 2월 25일, 34~35쪽.

한 사회적 합의가 충분히 이루어지지 못한 상황에서 학생들에게 전달되는 지식과 정보가 객관적인가의 여부는 보는 사람의 관점에 따라 극단적으로 달라질 수 있다는 것이다. 따라서 북한에 대한 이해의 시각은 남북관계 흐름에 영향을 받을 수밖에 없는 종속변수라고 본다. 이처럼 남북관계가 갈등과 대립의 국면인가 아니면 교류와 화해협력의 국면인가에 따라 통일교육의 강조점과 내용이 조정되어 왔다는 점을 부인하기 어렵다.[12]

이런 차원에서 대학통일교육을 극심한 이념대립을 해소하는 훈련의 장으로 활용하는 방안을 검토할 필요가 있다. 정부가 통일정책을 홍보 차원에서 일방적으로 교육할 경우 소수견해를 가진 국민들로부터 외면·배척당할 가능성이 높으며 경우에 따라서는 다수의 국민들의 무관심도 유발시킬 수 있다. 따라서 통일교육은 국민들에게 특정 이념체계 및 정책을 주입시키는 방법이 아니라 통일문제 전반에 걸쳐 합리적이고 올바른 판단을 내릴 수 있는 국민들의 능력 배양에 주안점을 두어야 한다.[13] 극심한 정치 이데올로기적 대립은 공동체의 화합을 해치는 소모적일 뿐만 아니라 미래지향적인 사회적 대안을 제시하는 데에도 걸림돌이 된다. 거의 1993년 이후 줄어들 것 같았던 반공적 아비투스 성향에 의해 철저하게 대북 대결적 인식을 고조하면서, 반북적 안보 교육이 계획적으로 집중되었다는 것이다.[14] 따라서 어떠한 방식으로든지 간에 이데올로기적 갈등의 난맥상을 해결하는 것이 시급한 과제이다.

대북정책이 남남갈등에 함몰된 이유는 지난 30년 한국의 정치가 온

---

12) 변종헌, "대학 통일교육의 역설과 활성화 방안," 『윤리연구』 제78호, 2010, 308쪽.
13) 황병덕, 『독일의 정치교육 연구』, 서울: 통일연구원, 1995, 91쪽.
14) 박찬석, "학교 통일교육의 현재와 미래," 『북한학연구』 제8권 제1호, 2012, 8쪽.

건한 보수, 진보가 아니라, 상대적으로 극단적인 보수 진보에 의해 좌우되었기 때문인데 극단적 이념주의 세력은 대북정책을 국내정치에 활용하며 국민 이익의 희생 위에서 파당적, 이념적 이익을 도모하였다. 따라서 '지속가능한 대북정책'에 대한 사회적 고민과 논의가 진행되고 있다. 통일교육 차원에서 대안으로 독일의 '보이텔스바흐 협약'(Beutelsbacher Konsens)의 검토할 필요가 있다. 1976년 가을 독일 남부 바덴-뷔르템베르크 주 정치교육원은 수차례에 걸친 회의 결과물로서 정치교육을 위한 최소조건을 확정했다. 각 정치적 파가 합의에 도달한 이 협약은 정치 이데올로기적 갈등을 일거에 제거하려는 일종의 '사회적 대타협'으로 평가된다. 협약으로 채택된 정치교육의 최소조건은 '강제성의 금지', '논쟁성의 유지', '정치적 행위능력의 강화'이다. 강제성의 금지는 어떤 수단을 사용하든 원하는 정치적 견해를 주입하기 위해 강압적으로 학생들이 독립적인 판단을 하는 것을 방해해서는 안 된다는 조건이다. 논쟁성의 유지는 학문과 정치에서 논쟁이 등장하는 것처럼 수업 상황에서도 그러한 논쟁적 상황이 드러나야만 한다는 것이다. 논쟁이 되는 상이한 입장들이 소개되지 않고, 선택지들이 공표되지 않고 대안들이 자세히 설명되지 않을 경우 주입식 교육으로 곧장 가게 될 것이기 때문이다. 정치적 행위능력의 강화는 학생은 어떤 정치적 상황과 자신의 이익 및 이해관계 상황을 고려할 수 있어야 하며, 그러한 이해관계에 따라 당면한 정치적 상황에 영향을 끼칠 수 있도록 해야 한다. 이러한 원칙은 앞의 두 원칙의 논리적 결과로서 학습자 개인의 수행능력을 상당한 정도로 강조한다는 것을 의미한다.[15)]

보이텔스바흐 협약은 민주시민교육에서의 정치적 갈등과 논쟁의 접

15) 조상식, "민주시민교육의 교육 이론적 지평," 『교양사상연구』 제23권 제1호, 2009, 218~221쪽.

근방식과 민주시민교육을 위한 근본적인 공통의 토대를 마련할 필요가 있다는 인식에서 나온 최소합의라 할 수 있다.[16] 통일교육과 북한에 대한 많은 인식의 차이를 갖고 있는 우리의 현실을 비추어 볼 때 통일교육에 대한 국민적 합의를 마련하고 이러한 합의를 대학통일교육에서부터 체계적으로 훈련받는 방안을 검토할 필요가 있다. 통일교육원이 주도가 되어 한시적으로 민관위원회를 구성하여 '지속가능한 통일교육 선언'을 만드는 것을 시도할 수 있을 것이다. 이명박 정부 시기 사회통합위원회가 '사회통합 컨센서스 2010 - 보수와 진보가 함께 가는 미래한국'을 발표한 것을 참고해 볼 수 있을 것이다.[17]

---

16) 신두철·허영식, 『민주시민교육의 정석』, 서울: 오름, 2008, 94쪽.

17) 1. 대외정책의 기본방향은 국익 극대화와 한반도의 평화·안정·번영. 2. 북한의 정상국가화를 유도하는 대북정책과 남북관계의 원칙을 굳게 지키고, 더 내실화하며, 여·야, 보수·진보 할 것 없이 국가안보와 대북정책을 국내정치적 목적으로 이용해서는 절대로 안 됨. 3. 6자 회담의 필요성에 주목, 6자회담의 목표는 핵물질, 북핵 프로그램, 핵무기의 모든 게 불가역적으로, 검증 가능한 방법으로 완전히 폐기. 4. 북한인권 개선의 시급성 공동 인식, 북한인권의 실질적 개선을 위해서는 이른바 '헬싱키 프로세스'가 하나의 유용한 모델. 5. 한·미동맹의 필요성에 공감. 6. 중국의 부상을 중요한 현실로서 인정, 한·미동맹과 친중정책은 양자택일의 상호 배타적·모순적 관계가 아님. 7. 천안함 사태는 참으로 비극적, 북한의 만행은 규탄. 국민의 30%가 정부의 천안함 사태 조사 발표를 믿지 않는 현실은 사회통합의 필요성을 절실히 느낌. 8. 이미 이루어진 전작권 합의를 완전히 無로 돌릴 수는 없음. 한미정상이 합의한 시한인 2015년까지 차질 없이 이양될 수 있도록 정부는 전력: 이와 함께 2015년 6월 8일 국회 남북관계 및 교류협력 발전 특별위원회와 중앙일보가 공동 주최한 "남남갈등을 넘어 평화와 통일을 향해 지속가능한 대북정책" 토론회에서 채택한 공동발표문도 참고할 수 있다. 여기에는 10개의 구체적 사항을 합의하고 발표했는데 국회와 정당들이 정권교체를 넘는 지속가능한 대북정책을 합의 수립하고 국민 앞에 천명할 것과 남북은 상대방을 공식 대화와 협상의 파트너로 인정하고 즉각 대화에 성실하게 호응해 나와야 한다는 것 등을 제시하고 있다. 자세한 내용은 국회 남북관계발전특위·중앙일보, 『지속가능한 대북정책』, 2015년 6월 8일, 82~83쪽 참고.

대학통일교육의 정체성은 통일교육의 효과성 제고를 위해 교육 대상자의 연령과 특성, 수준을 고려하는 것에서 출발한다. 대학생들이 통일이라는 시대과제를 명확히 인식하고 자신들의 삶에서 어떤 노력을 할 것인지 충분히 알 수 있도록 하는 대학통일교육을 강화해야 한다. 이러한 과정에서 이념대립을 지양하고 통일 효과에 대한 객관적인 평가를 통해 적극적인 통일자세를 견지하도록 해야 할 것이다.

2절
대학통일교육의 현황

1. 대학의 통일교육 현황

대학통일교육의 문제점은 대학과 대학생들이 통일교육의 필요성을 인식하지 못하고 있다는 사실과 함께 통일교육을 받을 기회가 부족하다는 점이다.[18] 흥사단에서 실시한 대학생 통일의식조사 결과에 따르면 정규 교육 안에서 통일교육을 늘려야 한다는 답변이 57.2%로 줄여야 한다는 2.9%에 비해 압도적으로 높다. 대학생들은 평소 통일과 북한에 대한 정보를 접하게 되는 통로로 인터넷과 TV 및 종이신문 등의 기존 미디어를 통한 것이 높으며 반면 학교 수업은 8%가 채 되지 않아 매우 낮다는 결과가 나왔다.[19] 언론의 태도에 따라서 대학생들의 통일이나 북한에 대한 입장 선택도 영향을 받을 수 있기에 통일교육을 통

18) 이경희, 앞의 글, 2011, 28쪽.

19) 흥사단 민족통일운동본부,『2014 대학생 통일의식조사 보고서』, 2014년 11월, 11쪽; 이 조사는 수도권 4년제 대학교 대학생 1,120명을 대상으로 2014년 10월 27~31일 진행하였으며, 면접원에 의한 면접 설문조사 방식으로 진행하였으며, 최대허용 오차 95% 신뢰수준에서 ±2.8%p 이다.

해 통일 · 북한관련 정보들에 대한 객관적인 인식과 평가를 할 수 있는 올바른 시각이 형성되도록 해야 한다.[20]

이런 측면에서 우리민족의 최대의 숙원이자 최대의 관심사인 통일문제에 대하여 대학이 담당해야 할 책임을 다하고 있는가에 대해서는 의문을 가지지 않을 수 없다. 대학에서의 통일교육은 초 · 중 · 고등학교에서만큼 체계화되어 있지 못하고 있다. 물론 통일에 대한 논의는 통일에 대한 관심과 더불어 지속되어 왔다. 하지만 편견, 선입견, 맹목적 사고, 현실적 요구의 무시와 냉담성으로 아카데미즘적 성격이 미흡하다는 비판을 면하지 못하고 있다.[21]

과거 대학에서 통일과 관련된 교과목은 주로 국민윤리 과목이었다. 1968년 정부는 국민윤리 과목을 교양과목으로 채택할 것을 각 대학에 권장하였으며, 1970년부터는 국민윤리 교과목이 필수과목(2학점)으로 지정함으로써 1988년까지 국책과목으로 자리를 잡았다. 하지만 1989년에는 국민윤리 과목을 교양과목으로 채택하는 것이 각 대학의 재량 하에 놓이게 되어, 거의 대부분의 대학들은 국민윤리를 교양 선택과목으로 개편한 뒤 교양과목에서 국민윤리라는 과목명이 사라지게 되었다. 이는 한국사회의 민주화 분위기 고조에서 국민윤리로 대표되는 기존의 대학 통일교육은 엄격한 의미에서 통일교육이라기 보다는 반공교육이고 안보교육으로서 존재했기 때문이다.[22] 그간의 통일교육이 대학사회의 필요성에 의하여 자발적으로 실시된 것이 아니고 국가의 필요 · 정권의 필요에 의하여 시도되었기 때문에 대학교육의 본질인 합

20) 이미경, "대학생 통일의식 제고를 위한 통일교육 방안 모색," 『한국동북아논총』 제70호, 2014, 180쪽.

21) 이경태, 앞의 글, 2004, 249쪽.

22) 김강녕, "대학통일교육의 발전과 과제," 『지역통일기반조성과 대학통일교육 세미나 자료집』, 2011년 3월 31일, 42~43쪽.

리성에 근거한 과학적 접근이 되지 못했고 대학의 고유한 본질인 아카데미즘을 망각했다는 비판이 있어왔다.[23)]

전국대학 통일 · 북한 관련 교과목 현황 자료를 보면 대학 내의 통일교육은 주로 정치외교학과, 윤리교육과, 국제학부 등에서 남북한관계, 동북아관계, 통일문제 등을 다루는 일부 학과를 중심으로 진행되고 있다는 것을 알 수 있다. 즉 대학통일교육 대상이 특정 전공학생 중심으로 진행되고 있는 것이다. 조사대상 94개 대학 중에서 교양 과목조차 개설하지 않은 대학이 9개, 단 1강의 개설에 머무는 대학이 과반이 넘는 54개가 되어 교양과정을 통한 통일교육의 경우에도 다양성이 부족하다는 것을 알 수 있다.

아울러 학생들은 판문점을 비롯한 관련 현장 방문의 기회를 통하여 분단의 현실을 실감 있게 이해하고 관련 업무 종사자들에 대한 면접을 통하여 강의실에서 토론되었던 점들에 대해 의견을 나눌 수 있는 기회를 갖기를 원한다. 각 대학에서 활발하게 진행되고 있는 사이버 강의의 활용을 통해 보다 폭 넓은 수강생의 관심을 유도하고 이에 따른 시청각 교재의 개발과 다양한 컨텐츠의 개발이 이루어진다면 학생들의 요구를 충족할 수 있을 것이다. 다양한 컨텐츠의 개발을 개개 수업 단위나 학교 단위에서 효율적으로 이루어지기에는 한계가 있기에 정부가 정책적으로 예산을 확보하여 수행할 필요가 있다.[24)]

현행 대학 통일교육의 실태를 교과과정의 운영적인 측면과 내용적인 측면에서 살펴본 결과 대학통일교육은 대학생들의 통일문제에 대한 관심과 올바른 통일인식 함양이라는 통일교육의 목표를 달성하기

---

23) 이경태, 앞의 글, 2004, 254쪽.

24) 김주찬, "우리나라 대학의 통일교육과 대학생의 통일의식 변화," 서울: 통일부, 2002, 127쪽.

어려운 실정이다. 우선 대학 내 통일교육은 대학생 전체가 아닌 통일문제 관련 전공생 혹은 관심을 갖는 일부 학생들에게만 행해지는 현실 속에 통일교육의 기회와 대상자가 제한되는 등 통일교육 활성화가 이루어지지 않고 있다는 점이다. 여기에 북한·통일관련 정보와 자료이용의 제한 속에 대학 통일교육의 내용도 담당교수의 전공과 관심에 따른 시각과 이념적 성향에 의해 결정되기 때문에 통일문제에 대한 객관적이고 보편적인 입장을 정립하기보다 통일에 대한 가치관이나 신념에 있어 혼란을 가져올 우려가 다분한 실정이다.[25]

대학통일교육의 현실은 현 정부가 기회가 있을 때마다 강조하고 있는 '통일대박'을 뒷받침할 수 있을 만큼 체계적인 준비가 부족하다. 이는 앞에서 살펴본 것과 같이 대학에서 통일·북한 관련 교과목이 거의 형식적으로 개설되는 등 충분한 교육을 기회를 제공하지 못하고 있으며 그마저도 다양한 형식으로 제공하지 못하고 있는 것이다. 이에 대학통일교육의 활성화를 위해 법, 제도적 기반을 구축하고 예산 지원 등 다양한 방안을 모색해야 할 것이다.

2. 정부의 대학통일교육 지원 현황

정부차원의 대학통일교육에 대한 지원은 미미하다. 『정부조직법』 제31조에서는 "통일부장관은 통일 및 남북대화·교류·협력에 관한 정책의 수립, 통일교육, 그밖에 통일에 관한 사무를 관장"하도록 규정하고 있다. 즉 정부에서 통일교육에 대한 업무는 통일부가 주관 부처가 되는 것이다.

---

25) 이미경, 앞의 글, 2014, 185~186쪽.

통일부의 대학통일교육에 대한 지원 사업은 사업 내용이 단순하고 예산도 작은 규모이다.[26] 대학생 통일논문 공모 사업과 전국대학통일문제연구소협의회 위탁을 통한 통일아카데미, 통일포럼 등의 사업뿐이다. 정부가 제출한 2015년 대학통일교육 예산은 247백만 원으로 대학생 통일논문 공모 사업에 97백만 원, 대학통일교육 150백만 원으로 세부 편성되었다. 그러나 이마저도 국회 심의 과정에서 2천만 원이 삭감되어 2015년 대학통일교육 예산으로 227백만 원이 확정되었다.[27] 통일부가 세운 2015년 대학통일교육 사업 내용을 살펴보면 4개 대학에 각 700만원을 지원하여 통일아카데미를 개최하는 것과 16개 대학에 각 400만원을 지원하여 통일포럼을 개최하는 것 그리고 4개 대학의 통일

---

26) 통일부에서 발간하는 『통일백서』에서도 대학생 대상 통일교육에 대해서는 간략하게 서술하고 있다. 내용이 간략하여 전문을 살펴보면 다음과 같다. "대학사회의 통일논의 활성화를 위해 대학생 대상 통일환경·남북관계·북한 실상·통일미래 비전 등을 주제로 5회의 특별강좌 형태로 고려대학교·동국대학교·한남대학교·한림대학교 등 4개 대학교에서 '통일아카데미'를 개설하도록 지원하였다. 또한 대학생들의 통일에 대한 관심 제고와 남북관계 현실에 대한 올바른 인식을 높이기 위한 목적으로 경상대학교·명지대학교·선문대학교·신라대학교·영남대학교·전북대학교·제주대학교·창원대학교·청주대학교·충남대학교·평택대학교·한국외국어대학교 등 12개 대학교에서 '통일포럼'을 개최하여 통일특강, 세미나 등을 진행하였다. 또한 대학생과 대학원생이 통일문제를 주제로 연구할 수 있는 계기를 마련하기 위해 2013년 7월 9일부터 9월 2일까지 '제32회 대학(원)생 통일논문 현상공모'를 실시하였다. 65편의 응모작 중에서 최우수 1편, 우수 2편, 장려 3편, 입선 7편을 선정하여 시상하였다"가 전부이다. 통일부, 『2014 통일백서』, 서울: 통일부, 2014, 215쪽.

27) 국회에서 20백만 원을 삭감한 이유는 본격적인 예산 심의 이전에 대학생들의 통일의식 제고는 필요하나 매년 대학통일교육 사업을 독점적으로 전국대학통일문제연구소협의회에 위탁하여 진행되어 민간단체가 청년, 대학생을 대상으로 하는 사업 지원을 원천적으로 배제한다는 지적이 있었다. 이러한 지적에도 불구하고 통일부가 여전히 대학통일문제연구소협의회에 위탁하여 대학통일교육을 진행하겠다는 방식을 고집하자 이에 대한 '징벌적' 차원에서 예산을 삭감하게 되었다.

동아리를 지원하는 것이 전부이다. 이에 대해 통일부는 향후 대학통일교육의 방향에 대해 각 대학과 업무협약을 체결하여 강좌개설을 지원하고 통일부장관의 특강, 통일교육 공동연구, 통일교육 콘텐츠 공동개발 등을 추진하겠다는 입장이다.[28] 그러면서 향후 통일교육 강좌 개설 대학을 확대할 수 있는 다양한 유인책으로 국고보조금 지원 등이 필요하다는 입장이다.[29]

교육부의 대학 통일교육 관련 지원은 '전무'(全無)하다. 『정부조직법』 제28조에서는 교육부장관은 인적자원개발정책, 학교교육 · 평생교육, 학술에 광한 사무를 관장하도록 규정하고 있다. 교육부는 미래 통일한국의 '인적자원'을 개발한다는 측면에서 학교교육에서 통일교육을 진흥해야 하는 임무를 갖고 있는 것이다. 그럼에도 불구하고 교육부는 대학 통일교육 사업 내용과 부처 내 담당자와 담당 업무 내용을 묻는 질의에 대해 "대학의 학과 및 교육과정의 운영은 '고등교육법' 제20조 및 동법 시행령 제4조에 의거, 대학이 학칙으로 정하도록 규정"되어 "대학의 통일교육 과정의 운영 또한 타 교육과정과 마찬가지로 대학이 관련 법령과 학칙에 따라 자율적으로 개성 · 운영하고 있다"는 원칙적 입장만 제시하였다.[30] 즉 교육부가 대학통일교육을 거의 '방치'하고 있다는 것을 확인할 수 있다.

---

28) 통일부는 교육부, 17개 시도교육청과 업무협약서 체결을 추진하고 있다. 협력 내용은 청소년 통일교육을 위한 콘텐츠 보급, 체험 교육장소 제공, 참여·체험형 프로그램 확대실시와 초·중등학교의 통일교육 교과과정 및 창의적 체험활동 비중 확대, 교원의 통일교육 지원을 위해 통일교육원과 시도교육청 교원연수원의 통일교육 과정 확대 및 통일교육 콘텐츠 공동사용 등이다. 통일부, "학교통일교육 내실화 관련 시·도교육청 협조사항," 2015년 3월.

29) 신재표, "학교통일교육 개선방향에 대한 제언," 『학교 통일교육 발전 공개 세미나』, 2015년 2월 25일, 60쪽.

30) 민주당 박홍근 의원 질의에 대한 교육부 답변 자료.

살펴본 것과 같이 대학생은 통일시대를 앞당기고 이끌어 나갈 주역이라는 점에서 이들의 올바른 통일의식과 통일에 대한 실천의지 및 역량은 곧 통일의 미래를 가늠할 수 있는 잣대[31]임에도 불구하고 정부 차원에서 대학통일교육은 거의 방치하고 있는 상황임을 알 수 있다.

31) 고성준 편저, 『학교 통일교육의 새로운 이해』, 서울: 오름, 2012, 240쪽.

3절
대학통일교육의 활성화 방안

1. 대학의 시대정신 구현 노력과 정부 지원

대학은 통일시대라는 우리사회의 과제를 학생들이 인식하고 이를 준비할 수 있는 역량을 키워야 하는 사회적 책무를 가지고 있다. 시대정신이란 어떤 시대에 살고 있는 사람들의 보편적인 정신자세나 태도를 말하는 것이라 할 수 있다. 분단의 시대를 살아가는 우리에게는 통일이란 시대정신을 견지하여 분단극복이라는 시대과제를 해결하기 위해 노력해야 한다. 국민들에게 분단의 장기화에서 오는 여러 가지 고통과 폐해를 환기시키고, 통일 이후 얻을 수 있는 다양한 편익을 국가적 차원에서뿐만 아니라 개인적 차원에서도 구체적으로 제시하여, 통일이 분단 상황보다 더 나은 삶을 보장해 준다는 확신을 갖게 해야 한다. 바람직한 통일의 달성은 국민 모두가 얼마나 통일의지를 다지고 체계적이고 실질적으로 통일준비를 하느냐에 달려 있다. 국민들은 한반도 통일시대를 주도적으로 이끌고 실질적으로 대비할 수 있도록 우리 사회의 역량을 확충하여야 한다. 우리사회의 통일의지 결집과 국제

사회와의 협력 등을 통해 통일기반을 구축한다면 통일 이후 야기될 혼란을 최소화 할 수 있다.[32]

대학이 통일교육을 통해 통일이 오랫동안 하나의 민족국가를 이루고 살아왔던 우리의 역사를 복원한다는 의미에서 역사적 정통성을 회복함과 동시에 아시아 및 유럽 대륙으로 뻗어나가는 열린 공간의 시대를 한민족에게 제공하게 되며 통일한국이 21세기 동북아 시대를 선도하며 세계 평화와 인류 공영에 기여하는 중심 국가가 될 수 있다는 비전을 제시해야 할 것이다.[33] 통일교육을 실시함에 있어 겪게 되는 혼란 내지는 오류가 통일교육과 정부의 통일정책 홍보를 동일시하는 것이다. 신정부가 들어설 때마다 통일교육은 그 방향성을 표류하는 경향이 있다. 해당 정부가 지향하는 통일정책은 정치권력의 성격의 따라 정책이 다르게 나타남으로써 학교 현장에서 지도하는 교사들에게 정치적 부담을 주는 것이 현실이다. 따라서 통일교육은 평화적 통일을 지향하는 헌법정신을 바탕으로 꾸준히 실천해야 할 수 있는 정책이 나와야 한다.[34] 이런 차원에서 대학이 통일이라는 시대적 과제를 한쪽 이념에 치우치지 않게 균형적으로 교육하게 된다면 사회 전반에서 상대방에 대한 수용성이 높아질 것이다. 대학 자체적으로 통일이 절박한 시대과제라는 인식을 통해 학생들을 대상으로 통일교육을 전면화하고 있는 대학이 있다. 숭실대학교는 교육 목표의 하나로 '통일 지향적 민족교육'을 설정하고 "통일시대의 견인차 역할을 할 수 있는 창의적 리더를 양성하는 데 선도적 역할을 수행"하려고 한다. 숭실대학교에서는

32) 통일부 통일교육원, 앞의 책, 2014, 11~12쪽.

33) 통일부 통일교육원, 앞의 책, 2014, 32쪽.

34) 오기성, "학교통일교육의 주요 방향에 대한 성찰," 허문영·권오국, 『통일교육 과거·현재·미래』, 서울: 통일교육원, 2011, 189쪽.

통일교육 기회 확대를 통해 학생들의 통일에 대한 전반적인 관심을 끌어올리는 것이 무엇보다 중요함을 인식하고 교과과정 보완을 통해 2014년부터 숭실대학교의 모든 학생들은 교양필수로 '한반도 평화와 통일' 수업을 반드시 이수하도록 하였다. 이에 "통일교육을 굳이 대학에서 해야 하는가?," "꼭 '민감한' 통일교육을 해야 하는 것인가?"등의 의견도 제시되었지만 2014년 3,200명의 신입생 전체를 대상으로 1학기와 2학기에 나누어 수업을 진행하였다.

자체적으로 강의평가를 한 것을 보면 대형 강의의 문제점, 그로 인한 학생참여의 제한, 통일에 무관심한 학생들의 '교양필수'에 대한 거부감이 존재했다. 또한 기성세대의 입장에서 학생들이 "꼭 알아야 하는 것"과 학생들이 "알고 싶은 것"의 간극도 분명히 존재했다. 숭실대학교는 이러한 평가를 기반으로 2015년 '한반도 평화와 통일'은 "알아야 할 내용"과 "학생들이 원하는 내용"을 반영하여 수업 내용을 수정하였고, 멀티미디어와 온라인 방식에 익숙한 대학생들의 특성에 맞게 사이버 수업으로 형식을 변화하였다. 이론수업과 함께 '숭실통일 리더십스쿨'(3박 4일 캠프)에서 통일의 주제를 참여형 수업, 체험학습, 분단지역 현장학습 프로그램을 통해 스스로 가치관을 정립해 나가도록 하여 교육의 내용과 형식을 변화하였다.[35]

대학은 시대의 과제를 모색하고 해법을 제시하고자 하는 자기 책무를 수행하는 것은 바람직한 일이다. 이런 차원에서 숭실대학교와 같이 민족적 과제이면서 남북 주민 모두 행복하고 번영된 삶을 영위하기 위해 통일문제에 천착한 것은 고무적인 일이라 할 수 있다. 그러나 현재 대학의 여건 상 통일교육을 대학의 자율성에만 의존하기에는 한계가

35) 한헌수, "학교에서의 통일교육, 어떻게 해야 하나?," 『학교 통일교육 발전 공개 세미나』, 2015년 2월 25일, 16~17쪽.

있다. 교육부는 대학통일교육에 대한 중요성을 인식하지만 다른 교과와의 형평성 등을 고려할 때 권장하는 지침은 마련할 수 있지만 의무화하는 법 개정에 대해서는 회의적인 시각이다. 이에 교육부가 대학들이 통일교육을 적극적으로 실천할 수 있도록 재정적인 지원을 중점으로 검토할 필요가 있다. 앞 장에서 살펴 본 것과 같이 통일부와 교육부의 유명무실한 대학통일교육 예산을 전면 확대하는 방안을 검토해야 할 것이다.

2. 통일교육 기회 확대를 위한 제도 기반 구축

대학통일교육을 활성화하기 위해서는 먼저 통일교육에 대한 법적 근거의 보완, 강화가 필요하다. 대학통일교육은 대학+통일교육이란 이중적 성격으로 인해 교육부와 통일부의 협업체계 마련이 중요하다. 콘텐츠는 통일부, 구체적인 통일교육 실행은 교육부가 맡아서 하되 구체적 사항은 두 부처가 긴밀한 협의를 통해 결정하는 방식이 되어야 할 것이다. 통일부만큼 교육부가 대학통일교육의 주체로서 확고히 인식하고 실천 방안을 모색할 필요가 있다.

이런 차원에서 교육부가 담당하고 있는 『교육기본법』에서 통일교육의 필요성을 명확히 규정할 필요가 있다. 『교육기본법』은 “교육에 관한 국민의 권리 · 의무 및 국가 · 지방자치단체의 책임을 정하고 교육제도와 그 운영에 관한 기본적 사항을 규정”을 목적으로 제정된 법률이다. 현행 『교육기본법』에서는 통일교육을 진흥하기 위한 국가와 지방자치단체의 임무를 정확히 반영하지 않아 개정의 필요성이 있다. 우리

『헌법』에서는 통일을 국가적 가치로 지향하고 이를 위하여 자유민주적 기본질서에 입각한 평화적 통일 정책을 수립·추진할 것을 규정하고 있으며, 『남북관계 발전에 관한 법률』·『남북교류협력에 관한 법률』·『통일교육 지원법』 등의 법률에서 통일에 관한 헌법적 가치를 구현하고 있다. 한편, 교육에 관한 국민의 권리·의무 및 국가·지방자치단체의 책임을 정하고 교육제도와 그 운영에 관한 기본적 사항을 규정하고 있는 현행 『교육기본법』에서는 통일에 관한 헌법적 가치의 수용이 미흡한 실정이다. 이에 『교육기본법』 개정안은 국가 및 지방자치단체의 학생에 대한 교육 진흥 정책에 있어 헌법의 평화적 통일을 지향하도록 시책 수립·실시의 방향을 신설함으로써 통일지향에 관한 헌법적 가치가 교육정책으로 반영·진흥될 수 있도록 하려는 것을 핵심 내용으로 해야 할 것이다.

국회 외교통일위원회에서는 학교통일교육을 활성화하기 위한 『통일교육지원법』 개정안을 논의한 바 있다. 새누리당 송영근 의원이 대표 발의한 『통일교육지원법』 개정안 중 대학통일교육 관련해서는 정부가 학교 설립·경영하는 자에게 통일문제와 관련된 학과의 설치, 강좌 개설, 연구소의 설치·운영을 권장할 수 있다는 것을 권장하여야 한다는 의무 규정으로 변경하는 것이 내용이다. 이 개정안 내용 중 대학통일교육에 대해 "별도의 지원 없이 권장을 의무화 할 경우 교육수요에 다른 대학의 자율결정권을 침해할 소지가 있고, 별도의 예산지원이 따르지 않는 한 법률개정에 따른 실익은 크지 않을 수 있다"는 것이 통일부의 의견이다.[36)]

대학통일교육 활성화를 위해 '민주평화통일' 관련 교과목이 교양 선

36) 외교통일위원회 전문위원, "통일교육지원법 일부개정법률안 검토보고서", 2014년 11월, 11쪽.

택적 수준이 아니라 교양필수과목으로 지정하자는 제안도 있다. 이는 장기적으로 볼 때 한반도의 남북이 민주평화통일을 이룩해야 한다는 국민적, 민족적 일체감을 이룰 수 있는 가장 효과적인 정책 방안이며, 나아가 향후 통일비용을 최소화할 수 있다는 주장이 있다.[37] 그러나 과거에 국민윤리 교과 이수를 필수화했던 것과 같은 방식 보다는 대학의 학문적 자율성을 침해하지 않으면서 통일교육 강화 취지를 살리는 방식을 고려해야 한다는 지적이 있다.[38] 통일교육 의무화가 통일교육을 과거 권위주의체제 시절의 반공교육과 같이 지배집단의 체제유지에 기여하는 교육으로 전락시킬 수 있다는 지적에 유념해야 한다는 것이다.[39]

결론적으로 대학통일교육을 의무화하여 대학의 자율성 침해, 현 정부 통일정책 홍보 논란보다는 실제적으로 통일교육을 활성화 하는 방안 모색이 필요하다. 현 정부는 통일준비를 국정과제로 제시하고 있는데, 가칭 대학별로 '통일시민 양성교육 프로그램'을 만들어 분단의 문제점, 통일의 필요성, 북한에 대한 이해, 독일통일의 교훈, 다양성의 이해, 다름의 존중 등을 체계적으로 교육하는 방안을 검토해 볼 필요가 있다. 이런 사업을 교육부와 통일부가 협업을 통해 진행하고, 정부 예산으로 지원하게 된다면 대학이 통일교육을 활성화하는 계기를 마련할 수 있을 것이다. 교육대상도 대학생과 지역주민 등으로 개방적으로 실시한다면 지역의 통일교육 활성화에도 기여할 수 있을 것이다.

---

37) 안완기, "통일교육의 현황 분석과 내실화 방안 연구: 대학교육을 중심으로," 『한국동북아논총』 제33집, 2004, 231~232쪽.

38) 조정아, "통일교육지원법 개정안 검토의견," 『학교 통일교육 발전 공개 세미나』, 2015년 2월 25일, 65쪽.

39) 이우영, "대학 통일교육의 현황과 문제점," 『통일연구』 제1권 제2호, 1997, 54쪽.

3. 예비교원 통일교육 의무화

"교육의 질은 교사의 질을 능가할 수 없다"는 말처럼 통일 및 통일교육에 대한 교사들의 의지와 역량이 학교 통일교육의 성패에 있어서 중요한 관건이 된다. 현재 교육대학이나 사범대학 등 교원양성기관에서 통일교육을 전문적으로 지도할 신규교원들이 효과적으로 배출되지 않는 상황에서 통일교육의 성과를 기대하는 것 자체가 헛된 꿈이라는 것이다.[40] 즉 교원들에 대한 체계적인 통일교육이 필요하며, 대학통일교육 측면에서는 교원 양성기관인 교육대학과 사범대학의 통일교육 활성화가 중요한 과제인 것이다.

〈표 8-1〉 교육대학교 북한 및 통일 관련 교과목 현황

연번	대학	학과/학부	전공	교양
1	서울교대	윤리교육과	북한문제의 이해(2)	
		윤리교육과	통일교육연구(2)	
2	부산교대	윤리교육과	북한과통일론(2)	
3	대구교대	1학년 전체 선택	통일교육(2)	통일교육 (2)
4	경인교대	윤리교육과	통일교육론(2)	남북 통합과 한반도의 미래(2)
5	공주교대	초등윤리 교육학과	통일교육론(3)	
6	광주교대	윤리교육과	통일론(4)	
7	춘천교대	윤리교육과	통일교육(2)	통일문제연구(2)
		국어교육과		북한 말글의 이해(2)
8	청주교대		해당없음	

40) 차우규, "학교통일교육 활성화를 위한 교원양성 교육과정의 개선방안 연구," 『사회과 교육』 제42권 1호, 2003, 208쪽.

9	전주교대	윤리교육과	도덕과 교육세미나(3)	
10	진주교대	도덕교육과	통일교육론(3), 북한사회와 교육의 이해(3)	한국사회와 통일(2), 북한사회론(2)

※ 출처: 교육부 국회 제출자료

〈표 8-1〉에서 알 수 있듯이 초등학교 교원을 양성하는 교육대학교에서 통일교육 관련 교과목은 윤리교육과를 중심으로 한정적으로 개설되어 있으며, 전체 학생들을 대상으로 하는 교양 과목 조차도 개설하지 않은 대학이 과반이 넘는다는 것을 알 수 있다. 다른 선행연구를 통해 확인해 보면 국립 및 사립대학교의 사범대학에 개설되어 있는 북한 및 통일 관련 교과목도 교육대학교 상황과 유사하게 윤리교육과를 제외한 다른 학과의 교육과정에 북한 및 통일관련 교과목을 개설되어 있지 않다.[41]

교원양성기관인 교육대학과 사범대학에 대해서는 학교통일교육을 전체적으로 강화하는 효과적인 방안이란 측면에서 제도적으로 검토할 필요가 있다. 교원양성기관에서 통일교육 교육과정을 강화하기 위해서 고려해 볼 수 있는 가장 현실적인 방안은 대학의 자율적인 판단 아래 기존 교육과정 내에 북한 및 통일교육 관련 과목을 확충하되 정부가 적극적으로 유관 기관의 협조를 구하고 다양한 방식으로 인센티브를 제공하는 것이라 의견이 있다.[42]

그러나 교원양성 기관에서는 이러한 '소극적'방식보다는 보다 적극적인 방식을 검토할 필요가 있다. 예를 들면 통일교육을 주로 실시하

41) 차승주, "교육대학 및 사범대학에서의 통일교육 강화 방안에 관한 연구," 『2010년 신진연구 논문집』, 서울: 통일부, 2010, 11쪽.

42) 위의 글, 28쪽.

는 윤리교육과의 경우에는 교양필수로 '통일교육입문'을, 전공필수로 '북한이해', '통일이해' 과목을 수강할 수 있도록 해야 하며, 전공 선택으로 '남북한 도덕교육비교론', '남북한 도덕교육통합론' 등을 수강할 수 있도록 해야 한다는 것이다. 타 교과의 경우 교양필수로 '통일교육입문'을 수강하도록 하고, '북한이해'를 전공필수로 '통일이해' 등을 전공 선택으로 수강할 수 있도록 해야 한다는 것이다.[43] 교육대학 학생들 역시 교사들의 통일교육 역량을 강화하기 위해 교원양성기관에서 통일교육을 강화하는 방안에 대해서 81.1%의 지지로 그 필요성을 인정하고 있다.[44]

이에 교원양성기관이라 할 수 있는 교육대학과 사범대학에서는 통일교육을 법적으로 의무화하는 방안을 검토할 필요가 있다. 예비교원들이 통일·북한 관련 교과목을 필수적으로 이수함으로써 통일에 대한 이해를 제고할 필요가 있다. 교사들에 대한 통일교육은 궁극적으로 학생들에 대한 통일교육 강화로 이어져 우리 사회 전반적으로 통일의지를 고양시키는 원동력이 될 수 있기 때문이다.

---

43) 차우규, 앞의 글, 2003, 221쪽.
44) 차승주, 앞의 글, 2010, 41쪽.

4절
결론

대학은 보편적 가치에 대한 인식의 지평을 열어주는 역할을 해야 한다. 대학생들은 우리 사회를 이끌어갈 주역으로서 국가란 무엇인가? 국제질서를 어떻게 볼 것인가 등의 문제제기를 통해 우리를 둘러싸고 있는 인간과 세계에 대한 정확하고 올바른 인식이 필요하다. 이러한 차원에서 대학통일교육의 의미는 대학이 국가 사회적 의무를 수행하며, 대학생들을 통일의 주역세대로 양성하는 것이다.

그러나 현재 우리의 대학통일교육은 학교통일교육과 사회통일교육으로 구분되는 기존 통일교육 체계 내에서 그 위상이 모호하다. 여기에다가 통일교육은'북한의 정체성'에 대한 사회적 합의가 매우 취약한 데에서 기인하는 본질적 어려움이 존재한다. 이에 대학통일교육을 극심한 이념대립을 해소하는 훈련의 장으로 활용하는 방안을 검토할 필요가 있다. 독일의 '보이텔스바흐 협약'(Beutelsbacher Konsens)의 검토할 필요가 있다.

현재 대학통일교육의 가장 큰 문제점은 통일교육을 받을 기회가 부족하다는 점이다. 대학생들은 평소 통일과 북한에 대한 정보를 접하게 되는 통로로 학교 수업은 8%가 채 되지 않아 매우 낮다는 결과가 나왔다. 대학통일교육이 특정 전공학생 중심으로 진행되고 있는 것이다. 그럼에도 불구하고 정부차원의 대학통일교육에 대한 지원은 미미하다. 통일부의 대학통일교육에 대한 지원 사업은 사업 내용이 단순하고 예산도 작은 규모이다. 교육부의 대학 통일교육 관련 지원은 '전무'(全無)하다.

이 논문에서는 대학통일교육 활성화를 위해 대학의 시대정신 구현 노력과 정부의 재정지원, 통일교육 기획 확대를 위한 제도 기반 구축, 예비교원 통일교육 의무화를 제시하였다. 먼저 대학은 시대의 과제를 모색하고 해법을 제시하고자 하는 자기 책무를 수행하는 것은 바람직한 일이다. 그러나 현재 대학의 여건 상 통일교육을 대학의 자율성에만 의존하기에는 한계가 있다. 대학통일교육 활성화를 위해서는 대학 스스로가 통일이 우리시대의 과제임을 인식하고, 학생들에게 시대정신을 실현하기 위한 동기를 부여하는 자구적인 노력이 필요하다. 정부는 이러한 대학들의 통일준비 노력에 대해 재정적 지원을 통해 뒷받침할 필요가 있다. 두 번째 『교육기본법』 개정을 통해 교육부의 통일교육 실행에 대한 법적 근거 마련이 필요하며, 가칭 대학별로 '통일시민 양성교육 프로그램'을 만들어 체계적으로 교육하는 방안을 검토해 볼 필요가 있다. 이런 사업을 교육부와 통일부가 협업을 통해 진행하고, 정부 예산으로 지원하게 된다면 대학통일교육, 지역통일교육을 활성화하는 계기가 될 것이다. 세 번째 교원양성기관인 교육대학교과 사범대학에서는 통일교육을 의무화하는 방안을 검토할 필요가 있다. 예비교원들에 대한 통일교육은 궁극적으로 학생들에 대한 통일교육 강화로 이어져 우리 사회 전반적으로 통일의지를 고양시키는 원동력이 될 수 있기 때문이다.

참고문헌

▶ 단행본

고성준 편저, 『학교 통일교육의 새로운 이해』, 서울: 오름, 2012.

국회 남북관계발전 특위·중앙일보, 『남남갈등을 넘어 평화와 통일을 향해 지속 가능한 대북정책』, 2015년 6월 8일.

신두철·허영식, 『민주시민교육의 정석』, 서울: 오름, 2008.

통일부 통일교육원, 『2014 일반용 통일교육지침서』, 서울: 통일교육원, 2014.

________________, 『2014 통일문제 이해』, 서울: 통일부 통일교육원, 2014.

통일부, 『2014 통일백서』, 서울: 통일부, 2014.

황병덕, 『독일의 정치교육 연구』, 서울: 통일연구원, 1995.

▶ 논문

고경민, "대학 통일교육 현황과 개선방향," 『학교 통일교육 발전 공개 세미나』, 2015년 2월 25일.

김강녕, "대학통일교육의 발전과 과제," 『지역통일기반조성과 대학통일교육세미나 자료집』, 2011년 3월 31일.

김주찬, "우리나라 대학의 통일교육과 대학생의 통일의식 변화," 서울: 통일부, 2002.

김 철, "대학의 이념과 21세기의 대학교육," 『교육의 이론과 실천』 제11권 제1호, 한독교육학회, 2006.

박찬석, "학교 통일교육의 현재와 미래," 『북한학연구』, 제8권 제1호, 동국대 북한학연구소, 2012.

변종헌, "20대 통일의식과 대학 통일교육의 과제," 『통일정책연구』 제21권 1호, 통일연구원, 2012.

______, "대학 통일교육의 역설과 활성화 방안," 『윤리연구』 제78호, 한국윤리학회, 2010.

송영대, "통일교과목의 교양필수화가 시급하다," 『통일한국』 1999년 11월호.

신재표, "학교통일교육 개선방향에 대한 제언," 『학교 통일교육 발전 공개 세미나』, 2015년 2월 25일.

안완기, "통일교육의 현황 분석과 내실화 방안 연구: 대학교육을 중심으로," 『한국동북아논총』 제33집, 한국동북아학회, 2004.

오기성, “학교통일교육의 주요 방향에 대한 성찰,” 허문영·권오국, 『통일교육 과거·현재·미래』, 서울: 통일교육원, 2011.

이경태, “바림직한 대학통일교육 방향,” 『대한정치학회보』 11집 3호, 대한정치학회, 2004.

이경희, “통일의식 제고를 위한 대학교육 방향,” 『동북아연구』 Vol. 26 No. 1, 조선대학교 동북아연구소, 2011.

이미경, “대학생 통일의식 제고를 위한 통일교육 방안 모색,” 『한국동북아논총』 제70호, 한국동북아학회, 2014.

이우영, “대학 통일교육의 현황과 문제점,” 『통일연구』 제1권 제2호, 통일연구원, 1997.

정경환, “대학통일교육의 기본전제와 방향에 관한 연구,” 『통일전략』 제13권 제4호, 한국통일전략학회, 2013.

조상식, “민주시민교육의 교육 이론적 지평,” 『교양사상연구』 제23권 제1호, 한국교육사상연구회, 2009.

조정아, “통일교육지원법 개정안 검토의견,” 『학교 통일교육 발전 공개 세미나』, 2015년 2월 25일.

차승주, “교육대학 및 사범대학에서의 통일교육 강화 방안에 관한 연구,” 『2010년 신진연구 논문집』, 서울: 통일부, 2010.

차우규, “학교통일교육 활성화를 위한 교원양성 교육과정의 개선방안 연구,” 『사회과 교육』 제42권 1호, 한국사회과교육연구학회, 2003.

한헌수, “학교에서의 통일교육, 어떻게 해야 하나?,” 『학교 통일교육 발전 공개 세미나』, 2015년 2월 25일.

▶ 기타

외교통일위원회 전문위원, “통일교육지원법 일부개정법률안 검토보고서,” 2014년 11월.

통일부, “학교통일교육 내실화 관련 시·도교육청 협조사항,” 2015년 3월.

______, 『2015년 대통령 업무 보고자료』, 2015년 1월 19일.

흥사단 민족통일운동본부, 『2014 대학생 통일의식조사 보고서』, 2014년 11월.

출처

이 책에는 다음의 논문이 부분적으로 수정되어 실렸음.

1장. 북한 권력승계 담론 연구
- 평화연구 봄호, 2009.

2장. 북한 체제 변화와 '청년동맹': 동유럽 사례와 비교
- 평화학연구, 2010.

3장. 6 · 25전쟁과 북한 '청년영웅'
- 서강대 사회과학연구, 2010.

4장. 북한 김정은 시대 청년동맹 연구
- 통일정책연구, 2013.
- 통일부 연구용역 자료, 2016.

5장. 북한의 생애주기적 조직생활 변화와 내구력 평가
- 인문사회과학연구, 2008.

6장. 민족공동체통일방안의 계승 · 발전 방안 연구(김상범 공저)
- 북한학연구, 2016.

7장. 독일 통일정책의 한국 적용 의미와 방안: 프라이카우프, 잘츠기터, 연대세를 중심으로
- 정책연구, 2015.

8장. 사회협약형 통일정책 수립 방안 연구: 한반도 평화통일을 위한 20대 국회 역할을 중심으로
- 평화학연구, 2016.

9장. 대학통일교육 현황과 활성화 방안 연구
- 북한학연구, 2015.

위의 논문 외에도 다음의 논문이 부분적으로 수정되어 실렸음.

- 북한의 생애주기적 조직생활 변화와 내구력 평가, 인문사회과학연구, 2008.
- 북한 주민생활과 사상교양: 사상교양 공간 김일성혁명사상연구실을 중심으로, 정책연구, 2008.
- 북한의 친일파 처리에 관한연구(1945~1948), 대학원 동원학술상, 2005.
- 6.25전쟁과 북한 '청년영웅,' 정신문화연구 봄호, 2008.
- 북한 근로단체 침체기 연구: 1960년대를 중심으로, 21세기 정치학회보, 2007.

찾아보기

ㅈ

ㅊ

ㅋ

ㅌ

ㅍ

ㅎ

기타

저자 I 김종수

1971년 부산에서 태어나 동국대 북한학과에서 2007년에 “북한 ‘청년동맹’의 정치적 역할에 관한 연구”로 박사 학위를 받았다. 현재 더불어민주당 정책위원회 정책기획 겸 통일전문위원으로 일하고 있으며, 숭실대학교 베어드학부 겸임교수, 민주평화통일자문회의 상임위원, 통일연구원 자문위원 등으로 활동 중이다. 문재인정부 국정기획자문위원회 외교안보분과 전문위원, 통일준비위원회 정치 · 법제도 분과위원회 전문위원, KYC(한국청년연합회) 평화통일센터 사무국장 등을 역임했다.